상담심리 연구방법의 실제

천성문 · 함경애 · 박은아 · 김준성 · 강문선 공저

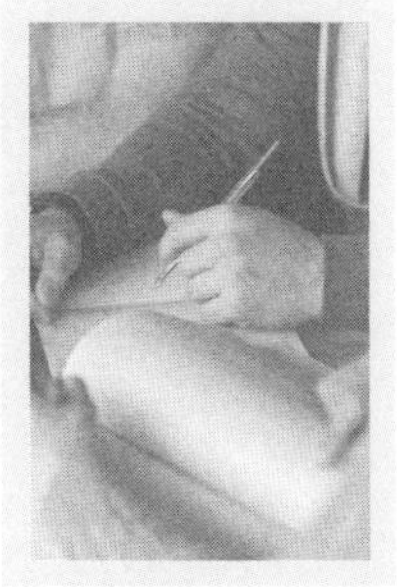

학지사

머리말

흔히 대학원 학위과정에서의 꽃은 '논문'이라 말한다. 논문을 작성해야 하는 시기가 오면 학생들은 고민에 빠지고 불안이 증가한다. 이들의 어려움을 들어 보면, 논문 작성 자체가 부담스럽다거나 논문 체계가 이해되지 않으며, 다양한 연구방법을 접하기 어렵고, 논문에서 결과의 해석을 어떻게 해야 할지 힘들다고 호소한다. 특히 상담 분야는 상담이론과 실제를 따라가기도 어려운데 논리성이 강조되는 논문에 대해서는 고개를 절레절레 흔드는 학생들이 많다. 그러나 상담 분야에서 임상 훈련과 논문 작성은 완전히 다른 독립적인 활동이 아니다. 즉, 내담자에 대한 사례개념화를 바탕으로 상담 목표를 잡고 상담을 진행해 가듯이, 연구도 연구목적을 가지고 그것에 대해 논리적이고 타당하게 연구 설계를 하고 이에 따라 논문 작성을 진행하는 과정이다. 인간에 대한 이해를 높이고 적절한 개입에 도움을 주기 위해 임상과 연구는 같이 갈 수밖에 없다.

따라서 이러한 목표 아래 이 책은 상담심리 전공에서 주로 연구되는 중점적인 연구방법들을 중심으로, 각 연구방법의 이해를 비롯하여 연구 절차와 실제를 연결해서 안내함으로써 해당 학생들이 연구를 이해하고 논문을 작성을 하는 데 도움을 주고자 하였다.

대학에서 연구방법론 강의를 수강하는 대학생 및 대학원생들을 독자층으로 생각하고 구성하였으나, 초보 연구자들과 학술지 게재를 목표로 논문을 작성하고자 하는 상담연구자들에게도 연구방법에 따른 논문의 흐름과 맥을 정리할 때 도움이 될 수 있을 것으로 기대한다. 또한 독자들 모두 연구방법과 논문 작성법에 대해 학습하고, 연구를 완성해 나가면서 논문 작업의 재미와 유익함을 느낄 수 있기를 소망하며, 책을 총 2부로 구성하였다.

1부는 '상담심리 연구논문의 구성 및 이해'로, 학술논문을 작성할 때 일반적인 구조에 따라 어떤 내용이 기술되어야 하는지를 여러 학술논문 사례를 통해서 실제적으로 다루고자 노력하였다. 구체적으로는 서론, 연구방법, 결과, 논의의 순으로 기술되어 있으며, 각 단계의 구성과 작성 시 유의사항을 설명하여 전반적인 논문의 흐름을 안내하고자 하였다. 덧붙여, 논문을 시작하기 전 준비과정과 태도부터 논문 작성과 마무리까지의 모든 과정이 실제적으로 어떻게 이루어지는지를 필자의 경험을 바탕으로 안내하였다. 부록 '연구 시작 전 살펴보기'에서는 초보 상담연구자가 논문을 쓰는 시작 단계에서부터 논문을 작성하는 단계까지 진행하는 데 있어서 점검 또는 결정 사항에 대해 지침서처럼 활용할 수 있도록 안내하고자 하였다.

2부는 '상담심리 연구방법의 이해 및 실제'로, 상담연구에서 주로 사용되는 연구방법을 중심으로 연구방법의 이해, 절차, 실제에 따라 내용을 구성하였다. 구체적인 연구방법은 관계연구, 척도개발 및 타당화, 프로그램 개발, 집단차이 연구, 메타분석이고, 학술지 논문 중 해당 연구법의 절차에 따라 보편적이면서도 참신한 특성을 가장 잘 반영한 논문을 선별하여 논문 작성의 실제 영역에 대해 상세히 설명함으로써 독자들에게 실질적인 도움을 주고자 하였다. 부록 '논문 작성 전 살펴보기'에는 『APA 논문작성법』(7판)을 바탕으로 인용과 참고문헌을 작성하는 방법을 체계적으로 제시하였다. 또한 최근 데이터 수집 방식이 인터넷을 활용하는 방식으로 확장되는 것을 반영하여 온라인 설문조사 방식의 설계방식을 자세히 기술하였는데, 이는 실제로 설문지를 만들고 활용하는 데 유용하게 사용될 것으로 생각한다. 마지막으로, 연구윤리가 법률조항으로 적용되어 법적 처벌을 할 수 있을 만큼 중요한 사항으로 인식됨에 따라 연구자가 지켜야 할 연구윤리와 관련된 질의응답을 정리하였다.

이렇게 구성된 『상담심리 연구방법의 실제』는 상담 관련 연구에 대한 전반적인 이해도를 높이고 각 연구방법별로 실제 논문을 바탕으로 설명하고 있어 독자가 스스로 연구를 설계하고 작성하는 데 도움이 되리라 생각한다.

이 책을 구성하고 집필하는 데 많은 시간이 걸렸고, 그 과정에서 책의 초고를 검토해 준 김명희 선생님과 문맥이나 글의 흐름을 살펴봐 주신 안유경 선생님 그리고 이기쁨 선생님과 이예전 선생님께 감사의 마음을 전한다. 아울러 책의 출간을 적극적으로 독려해 주신 학지사 김진환 대표님과 원고를 책으로 만드는 과정에서 섬세하고 빠르게 작업을 진행해 주신 편집부 관계자분께도 고마운 마음을 전한다.

저자 일동

차례

2부 상담심리 연구방법의 이해 및 실제

1부

상담심리 연구논문의 구성 및 이해

1장

논문 체계 및 작성

이 장에서는 학술논문의 일반적 구조인 서론, 방법, 결과 및 논의 순서로 제시한다. 이후 각 부분에 어떠한 내용이 서술되어야 하며 어떤 부분을 중요하게 다루어야 하는지에 대해 실제 학술논문의 사례를 통해 구체적으로 살펴보고자 한다.

1. 서론

서론은 연구의 필요성과 목적 그리고 연구를 통한 의의가 무엇인지에 대해 논리적이며 타당한 근거를 제시하여 독자를 설득할 수 있어야 한다. 다시 말해, 내 연구가 지금 이 시점에 왜 필요하며, 연구를 통해 어떠한 기여와 시사점을 얻을 수 있는지가 서론에서 분명하게 제시되어야 한다.

1) 서론의 구성

서론의 구성은 먼저 도입부에서 독자의 관심을 이끌어 내기 위한 사회적 이슈나 통계자료를 통해 내 연구의 핵심 주제를 제시하는 것으로 시작된다. 이후 관련 선행연구 탐색을 통해 현재까지 진행된 연구동향 및 제한점 등을 충분히 고찰하고, 이를 바탕으로 연구의 필요성과 목적을 논리적으로 추론하여 제시한다. 끝으로 연구를 통한 시사점이나 의의 등을 통해 본 연구의 가치를 충분히 이끌어 내는 것으로 마무리하게 된다. 서론의 구성을 구체적으로 살펴보기 위하여 서론을 구성하는 도입부, 선행연구에 대한 고찰, 연구의 필요성, 연구의 목적 및 연구의 의의에 대해 순서대로 자세히 살펴보도록 하자.

(1) 도입부

독자에게 문제에 대한 흥미로운 배경지식을 제공해서 연구주제에 대한 관심을 유도하는 것이 도입부의 목적이다. 이를 위해 다양한 방식으로 서론을 기술할 필요가 있으므로 연구문제와 관련된 주목할 만한 통계자료, 연구동향, 연구결과 등의 자료 제시, 내담자에게 나타나는 문제에 대한 간략한 시나리오, 문제나 주제에 대한 철학적인 숙고와 이슈 등을 작성한다. 문제에 대한 간략한 배경사항, 문제에 대한 연구자의 관심, 문제가 연구할 가치가 있다는 점 등을 기술하고 논문의 주요 개념을 기술해야 한다.

먼저, 연구문제와 관련된 실제적인 특징을 기술하여 독자의 관심을 모은 사례를 살펴보자.

연구문제와 관련된 내용 제시

- 연구문제

  자해경험이 있는 초기 성인기 한국인의 자해행동 특성(초발 연령, 자해방법 및 빈도, 자해 시작 계기 및 스트레스에 대한 반응으로 자해한 사유)이 어떠한가?

- 도입부 내용

  처음에는 감당하기 어려운 스트레스에 대한 반응으로 치사율이 낮은 방법의 자해를 시도하지만, 점차 다양화된 자극적인 방법(예: 칼로 피부를 긋거나 피부에 무언가 새기기, 피부를 불로 지지기 등)으로 더 자주 자해를 하게 됨으로써 자해행동이 만성화될 위험성이 크다(Klonsky & Muehlenkamp, 2007).

출처: 함경애, 김서영, 이동귀, 손하림(2021).

다음은 연구주제와 관련된 통계적 자료를 제시하여 독자의 관심을 유도하고 있는 사례를 살펴보자.

연구주제와 관련된 통계자료 제시

- 연구주제

  반려동물을 상실한 사람들에 관한 연구

- 도입부 내용

  반려동물 문화가 일찍이 발달한 서구 문화권에 이어 우리나라도 반려동물을 키우는 가구가 증가하고 관련 문화도 변화하고 있는 추세로, 2019년도 기준 전국 2,238만 가구 중 26.4%인 591만 가구, 즉 네 가구 중 한 가구 이상의 비율로 개, 고양이 등의 반려동물을 키우고 있는 것으로 나타났으며, 2015년의 21.9%와 비교해 꾸준한 증가 추이를 보이고 있다(농림축산식품부, 2020).

출처: 한성아, 유성경(2022).

연구주제와 관련된 보고서 제시

- 연구주제

  중학생 정서지능 향상을 위한 집단상담 프로그램을 개발

- 도입부 내용

  질병관리본부의 청소년 건강행태 조사(2017) 결과, 청소년의 스트레스 인지율은 37.2%로 성인의 스트레스 인지율 26%보다 11% 높은 것으로 조사되었고, 고학년일수록 높은 경향을 보였으며, 스트레스 요인으로는 공부(52.6%), 외모(13.1%), 직업(10.3%), 건강(5.1%), 용돈 부족(4.9%) 순으로 나타났다.

출처: 여숙현, 임정아, 최은미, 김명식(2019).

이처럼 서론은 연구주제와 관련된 대상이 현재 나타내고 있는 특징이나 어려움 등을 다양한 방식으로 작성해 나가면 된다.

연구자는 도입부를 작성하기 위해서 다음과 같은 질문을 스스로 해 보는 것이 필요하다.

❖ 연구자의 관심을 끈 큰 사건이나 보고서가 있나?

❖ 연관된 사건이나 보고서를 어떻게 간략하게 기술할 것인가?

❖ 사건이나 보고서가 왜 중요한가?

❖ 이 논문의 연구문제와 주요변인은 무엇인가?

(2) 선행연구에 대한 고찰

이제 선행연구의 검토를 통하여 지금까지 자신의 연구와 동일하거나 유사한 주제에서 어떤 변인을 설정하여 어떠한 방법으로 연구되었는지를 작성한다. 선행연구에 대해 작성할 때는 선행연구들의 공통적인 결과와 그것이 갖는 제한점이나 한계를 논리적으로 지적하며 중요하지 않은 세부사항은 피하고 해당 주제에 대한 자료나 개관 문헌을 독자가 참조할 수 있도록 제시한다.

이를 위해서는 관련 선행연구들을 비판적인 사고로 검토하는 것이 중요하다. 단순히 연구의 배경이 되는 이론이나 선행연구들을 요약만 해서 제시한다면 자신의 연구가 어떤 측면에서 기존의 연구와 다르고, 어떤 측면에서 의미가 있는지를 강조하기가 어려워진다. 그래서 이런 비판적 고찰을 통해 추론할 수 있는 의미와 함께 선행연구의 한계점에서 대안적 접근으로 나아가는 자신의 연구의 차별성을 설득력 있게 작성한다.

다음의 사례는 기존 선행연구의 한계점을 제시하면서 자신의 연구가 실무적인 관점에서 유용한 정보를 얻을 수 있음을 강조하고 있다.

위험요인을 밝힌 다수의 탐색적 연구가 가지는 한계점은 연구자가 관심을 두는 요인을 임의로 선별하여 단편적으로 조사함으로써 자해행동이 유발된 과정을 통합적으로 파악하기 어렵다는 점이다(김지윤, 김성연, 이동훈, 2020). (중략) 치료적 개입의 초점으로 삼아 변화 또는 신장 가능한 요인을 파악할 수 있도록 자해행동을 하게 된 과정별로 구체적인 위험요인을 제시한 이론모델에 기초하여 조사할 변인들을 선정한다면 실무적인 관점에서 구체적이고 유용한 정보를 얻을 수 있을 것이다.

출처: 함경애 외(2021).

만약 선행연구를 고찰할 때 선행연구가 거의 또는 전혀 없는 연구주제를 선택했다면 연구대상을 가능한 한 좁은 범위에서 확장하여 관련된 선행연구들을 찾아 제시한다. 예를 들면, 연구하고자 하는 주제가 은행원들의 심리적 어려움에 대한 구조적 관계를 탐색하는 것일 때 기존 선행연구에서는 은행원을 대상으로 한 연구가 부족하다고 가정하자. 이럴 때는 은행원이 감정노동자에 포함되므로 감정노동자를 대상으로 한 선행연구들을 찾아 그들의 심리적 어려움에 관한 내용을 자신이 연구하고자 하는 은행원과 연결시켜 제시할 수 있다.

선행연구에서 결과에 대한 불일치가 있을 경우에는 결과가 일치한 연구와 불일치한 연구를 구분하여 제시하여야 한다. 또한 기존 선행연구에서 서로 결과가 상이한 부분에 대해 자신의 연구를 통해 재검증할 기회를 연구의 필요성으로 강조하기도 한다.

선행연구의 고찰에서 유의할 점은 다음의 예시처럼 선행연구를 마냥 나열만 하기보다는 선행연구의 결과를 구조화해서 자신의 연구문제를 이끌어 낼 수 있게 기술해야 한다는 것이다.

- Wood, Joseph와 Linley(2007)는 감사하는 사람은 스트레스에 직면했을 때 특별한 스트레스 대처전략을 사용하여 스트레스 수준을 낮추는 것을 밝혔다.
- Folkman과 Moskowitz(2000)는 감사는 다른 긍정적 정서와 같이 인식의 범위를 넓혀 주어 유연하고 독창적인 생각을 가능하게 하며 스트레스와 역경에 대처하는 것을 촉진한다고 밝혔다.
- Bolte, Goschke와 Kuhl(2003)은 감사가 직관성과 창조성, 대처 기술을 향상시킨다고 했다.

→ 몇몇의 연구는 감사 성향이 심리적 안녕감에 영향을 끼치는 과정에 스트레스 대처전략이 함께 작용하고 있음을 시사한다(Bolte, Goschke, & Kuhl, 2003; Folkman & Moskowitz, 2000; Wood, Joseph & Linley, 2007).

질 높은 선행연구 고찰을 위해서는 학위논문보다는 학술논문 위주로 자료를 검색하고, 최근 발간된 연구인지, 그리고 학회지가 등재지 또는 우수 등재지인지 등을 고려해서 선행연구를 고찰하면 더 나은 질 높은 선행연구 고찰을 할 수 있다.

선행연구에 대한 고찰을 작성하기 위해서 다음과 같은 질문을 스스로 해 보는 것이 필요하다.

❖ 지금까지 연구되어 온 주제에 대한 연구의 흐름은 어떻게 진행되어 왔는가?
❖ 연구의 대상은 누구인가?
❖ 연구를 하기 위한 방법으로 무엇을 사용하였는가?
❖ 연구의 간략한 결과는 무엇인가?
❖ 앞으로의 경향은 어떻게 될 것이며, 앞으로 요구되는 것은 무엇인가?
❖ 이러한 요구를 충족하기 위해 무엇이 필요한가?

(3) 연구의 필요성

연구의 필요성은 독자에게 연구결과를 누가 어떻게 활용하는지를 알려 주기 때문에 연구에 있어 핵심이라 할 수 있다. 연구의 필요성 또는 중요성이라 하는데, 연구의 단기적 혹은 장기적인 목표와 이득, 결과가 어떻게 활용될 것인가에 대한 정보, 연구결과를 누가 사용할 것인가에 대한 정보, 연구를 하는 이유 등을 작성한다.

때로는 기존 연구가 부족하거나 또는 없어서 자신의 연구의 필요성을 주장할 때가 있다. 설령 기존 연구가 없다고 하더라도 그런 연구가 없었다는 사실을 전문가들 또한 이미 알고 있기 때문에 굳이 사전연구가 없어서 본인이 연구를 하게 되었다는 표현은 바람직하지 않다.

자신만의 연구를 어필하기 위해서는 기존 연구의 한계점을 보완하기 위한 새로운 연구의 필요성을 언급할 수 있고, 기존 선행연구의 결과들이 일치하지 않음을 강조하면서 새로운 연구의 필요성을 직간접적으로 표현할 수도 있다.

다음 사례에서 연구의 필요성을 다양한 방식으로 작성한 사례를 살펴보자.

국외연구는 있으나 국내연구가 없음을 제시

반려동물 문화가 정착한 서구 문화권에서는 사회학, 사회복지학, 수의학, 의학, 심리학 분야에서 반려동물 관련 연구가 이루어지고 있으며 반려동물 상실 애도에 관한 연구도 20세기 중후반부터 이루어져 왔다(모효정, 2015; 이현서, 2017; 정민지, 2019; Keddie, 1977; Quackenbush, 1985). 그에 비해 국내에서는 반려동물이 미치는 심리적 영향에 대한 연구가 주로 2010년대부터 대두되기 시작하였고 그중 반려동물 애도에 관한 연구는 2010년대 중반 무렵부터 시작되었다는 점에서 관련 연구가 아직은 제한적인 편이다.

출처: 한성아, 유성경(2022).

기존 연구의 부족함과 한계점 제시

은행원의 감정노동과 직무만족 사이에 영향을 미치는 변인들의 인과관계를 알아보는 것은 감정노동자들이 법으로는 보호받고 있지만 현장에서는 미흡한 실정(충청투데이, 2016. 3. 22.)에서 직무만족에 영향을 주는 연구는 의미가 있을 것이다. 또한 다른 서비스 직군들의 감정노동과 관련된 연구(김민지, 2013)는 많으나 은행원을 대상으로 한 연구는 다른 직종의 종사자에 비해 적은 편이다. 은행원 관련 논문은 대부분 은행의 경영과 관련된 것들이 많으며 최근에는 은행원의 감정노동(김성진, 홍창희, 2014)에 대한 관심이 높아지고 있기 때문에 은행원의 감정노동이 어떤 경로를 통해서 직무만족에 영향을 미치고 있는지에 대한 연구가 필요한 것이다.

출처: 김명희, 천성문(2018).

연구의 필요성을 작성하기 위해 다음과 같은 질문을 스스로 해 보는 것이 필요하다.

❖ 이 논문이 어떤 대상이나 상황을 예측하게 하는 것은 무엇인가?
❖ 이 논문이 어떤 대상이나 상황에 대한 통제를 도와주는 것은 무엇인가?
❖ 이 논문이 어떤 대상이나 대안들 중에서 선택을 도와주는 것은 무엇인가?

(4) 연구의 목적

연구의 정확한 목적을 명확하고 간결하게 작성하여 독자들이 이 연구를 수행하는 데 있어 주목적이 무엇인지에 대해 정확하게 이해하고 있음을 확인하게 한다. 서론에서는 가설, 영가설, 대립가설, 연구가설 등의 구체적인 형태로 연구의 목적을 작성하는 것이 아니라 연구의 개괄적인 목적을 읽는 이들이 편안한 마음으로 쉽게 이해할 수 있도록 작성해야 한다. 연구의 목적과 문제 진술문을 많이 혼돈하는데, 연구문제 진술문은 해결이 필요해서 제기한 질문이고 연구목적은 어떤 연구가 이루어진 이유이다.

연구의 목적을 작성할 때는 다음의 사례처럼 연구적인 측면과 실무적인 측면을 나누어서 제시하기도 하고, 어떤 연구목적을 달성하기 위해서 구체적으로 무엇을 연구했는지를 제시하기도 한다.

연구적 측면과 실무적 측면으로 나누어서 제시

본 연구는 질적 메타요약을 통해 상담자 발달과 관련된 수퍼비전 요소를 종합적으로 살펴보고자 한다. 연구적 측면에서 본 결과는 보다 세밀하게 탐색해야 할 질적 연구의 주제를 확인하는 것뿐만 아니라, 상담자 발달을 촉진하거나 저해하는 수퍼비전 요소를 다루는 양적 연구의 기반이 될 것이다. 실무적 측면에서 살펴보면, 본 연구결과가 수퍼비전에서 상담자 발달을 위해 적용해야 하거나 지양해야 할 요소를 파악하는 데 도움이 될 수 있겠다.

출처: 조은실, 이지영, 차윤지, 백인규, 양은주(2022).

연구목적 달성을 위한 내용을 제시

본 연구는 일반 중학생을 대상으로 Mayer와 Salovey(1997)의 정서지능 모델에 기초하여 집단상담 프로그램을 재구성 및 개발하고 그 효과를 검증하였으며, 중학교 청소년의 정서지능 향상을 목적으로 하였다는 점에서 기존의 연구와 차별된다고 할 수 있다. 본 연구를 통해 중학생 생활지도, 상담, 수업 등에 유용하게 활용할 수 있는 기초적인 집단상담 프로그램과 자료를 제시하고자 한다.

출처: 여숙현 외(2019).

연구목적을 작성하기 위해 다음과 같은 질문을 스스로 해 보는 것이 필요하다.

- ❖ 연구자의 구체적인 문제에 대한 정의는 무엇인가?
- ❖ 이 구체적인 문제를 왜 연구할 필요가 있는가?

(5) 연구의 의의

연구결과가 갖는 학문적 · 실제적 의의와 기여점 등을 제시하여 연구의 필요성을 설명해야 한다. 이때 실제적인 문제를 해결하거나 기존의 이론적 설명에 기여할 수 있는 사항들을 구체적으로 나열하고 각 사항에 대한 직접적 · 간접적 근거를 고찰하여 작성한다.

연구의 의의를 작성할 때는 다음 사례처럼 본 연구가 기여한 바와 후속연구의 방향성을 간략하게 기술한다.

> 여러 한계점에도 불구하고 본 연구는 초기 성인 남녀를 대상으로 자해행동 관련 특성, 자해행동 형태 및 자해행동 계기를 확인해 보았다. 또한 자해의 통합적 이론 모델에 대해 실증적인 검증을 시도한 드문 연구이며 자해행동 유무에 따른 집단 간 비교를 통해 성인 초기 자해행동에 대한 이해를 확장하고 이에 따른 후속연구의 가능성에 대한 기초를 제공하였다는 점에서 의의가 있다.
>
> 출처: 함경애 외(2021).

연구 의의를 작성하기 위해 다음과 같은 질문을 스스로 해 보는 것이 필요하다.

- ❖ 이 연구가 새로운 이론적 설명에 기여하는 것은 무엇인가?
- ❖ 이 연구가 실제적인 어떤 문제를 해결하는 데 어떤 도움이 되는가?

2) 서론 작성 시 유의사항

논문에서 서론을 작성할 때는 다음과 같은 유의사항을 염두에 두고 작성하여야 한다. 첫째, 도입 부분 진술 시 객관적이고 과학적인 근거가 아닌 개인이 느끼는 주관적인 관심과 경험을 바탕으로 근거 없는 표현을 하는 것은 학술적인 논문에서는 적절하지 않으므로 지양해야 한다. 둘째, 명확한 용어로 진술하며 독자의 흥미를 적절히 자극하도록 하고 수필식 문체나 만연체 문장을 지양하고 연구자가 전달하고자 하는 내용 위주로 간결하게 서술해야 한다. 셋째, 자신의 주제와 관련된 변인들을 각각 분리하여 차례대로 선행연구의 경향 및 방법들을 간단히 제시해야 한다. 넷째, 선행연구들의 특징을 비교 요약하면서 본 연구가 선행연구들과 어떻게 다르고 선행연구의 어떤 점을 보완하는지를 제시한다. 다섯째, 자신의 연구가 갖는 관련 학문 분야에서의 의의, 실제에서의 기여 및 시사점을 반드시 제시한다.

서론을 작성한 후에는 다음과 같은 질문을 통해 서론 작성에서 빠지거나 중복되거나 필요 없는 부분은 없는지 점검해 볼 필요가 있다.

- ❖ 독자가 주제에 관심을 갖도록 하는가?
- ❖ 이 연구가 왜 중요한지에 대해 이론적 근거를 세웠는가?
- ❖ 연구목적은 간단히 진술하였는가?
- ❖ 방법론은 간단히 논하였는가?
- ❖ 연구가설은 긍정적인 주장들로 구성되었는가?
- ❖ 하나의 가설은 구체적으로 하나의 진술만을 포함하는가?
- ❖ 연구문제나 연구가설은 연구목적과 관련이 있는가?
- ❖ 이 연구는 관련 분야의 선행연구와 어떤 관련이 있는가?
- ❖ 검증된 이론적 제안 혹은 주장은 무엇이며, 어떻게 도출되었는가?
- ❖ 같은 변인을 나타내는 두 가지의 다른 용어를 사용하지는 않았는가?
- ❖ 중요한 정의들 혹은 연구범위를 모두 기술하였는가?
- ❖ 연구의 범위와 한계를 진술하였는가?
- ❖ 예상되는 연구의 의의나 함의를 진술하였는가?

2. 연구방법

연구방법은 연구자가 서론에서 밝힌 연구의 목적과 가설에 따라 실제로 자신의 연구가 어떻게 진행되었는지에 대해 세부적인 절차를 기록하는 부분이다. 특히 연구방법은 연구결과의 신뢰성을 뒷받침하는 중요한 부분이기 때문에 연구자는 이 부분에 대한 명확한 이해를 바탕으로 사전에 체계적인 계획을 세워 의미 있는 분석이 이루어질 수 있도록 연구방법을 확립해야 한다.

1) 연구방법의 구성

이 장에서는 연구방법에 포함된 연구대상, 측정도구, 자료분석으로 나누어 실제 학술논문의 사례를 통해 구체적으로 살펴보고자 한다.

(1) 연구대상

이 영역은 누가 연구의 대상이 될 것인가를 나타낼 뿐만 아니라 그들이 얼마나 많은 특성을 설명할 것인지, 그들이 선정되는 방법을 상세하게 나타내어야 한다. 연구에서 대상은 연구대상 · 조사대상 · 피험자 · 분석대상 등 여러 가지로 기술된다. 특히 실험연구인 경우 피험자 선정 절차와 그 이유 등을 자세하게 제시하여야 한다. 이는 독자나 후속연구자들이 논문을 읽을 때 실험대상자의 특성과 관련하여 결과를 읽을 수 있도록 해 주며, 특이한 결과들에 대한 해석을 도울 수 있기 때문이다.

연구대상을 제시할 때에는 다음의 사례처럼 배경특성 변인에 따라 도표화하고 사례 수, 백분율을 함께 제시하는 것이 좋다. 또한 연구의 중요한 변인에 대해서는 평균이나 표준편차 같은 집단의 통계치와 더불어 빈도 분포를 함께 제시하는 것이 좋다.

참여자의 연령 범위는 20~65세, 반려동물 상실 후 경과 기간은 평균 3.24년(표준편차 4.22년)이었다. 인구통계학적 특성 및 상실과 관련된 정보는 〈표 1〉에 제시하였다.

표 1 연구대상의 인구통계학적 특성 및 반려동물 상실 관련 정보 (*N*=369)

구분		사례 수(명)	백분율(%)
성별	남성	78	21.1
	여성	291	78.9
연령대	20대	119	32.2
	30대	177	48.0
	40대	55	14.9
	50대	16	4.3
	60대	2	0.5

출처: 한성아, 유성경(2022).

연구대상에 관련된 통계치와 자료를 제시하는 목적은 연구결과를 읽고 해석하는 독자들에게 표집의 특성을 정확히 알리기 위한 것이다. 뿐만 아니라 이와 같은 표집의 특성을 자세히 기술하는 것은 다음에 이 연구를 반복하거나 확장하기를 원하는 연구자들에게 도움이 된다. 연구자는 자신의 연구를 다른 연구자가 반복하고자 할 때, 적어도 이론적으로 동일한 특성을 지닌 표본이 표집될 수 있도록 표집과 관련된 세부적인 정보를 구체적으로 정확히 밝혀 주어야 한다.

표 1-1 확률적 표집과 비확률적 표집

<table>
<tr><td rowspan="3">확률적 표집</td><td colspan="2">• 모집단의 각 추출단위가 표본에 포함될 확률이 얼마인가를 알 수 있는 표본추출 방법
• 객관적인 절차로 설계하여 표집하는 방법</td></tr>
<tr><td>단순무선표집
(무작위표집)</td><td>• 모집단의 구성원들이 표본에 속할 확률이 동일하도록 표집하는 경우
• 난수표, 제비뽑기 등을 이용</td></tr>
<tr><td>유층표집
(층화표집)</td><td>• 전집이 갖는 중요한 특성을 기준으로 여러 개의 하위집단을 구분하고, 각 하위집단에서 무선표집하는 경우
• 예: 성별, 연령별, 지역별 등의 유층으로 분류하고, 각 유층 내에서 무선적으로 표집</td></tr>
</table>

	군집표집 (집락표집)	• 집단 단위로 표집하는 경우
	단계적 표집	• 군집표집의 유형으로 1단계 표집단위를 뽑은 후에 2단계 표집단위를 뽑는 경우 • 예: 50개 학교를 표집하고, 그중에서 학교별로 1개 학급 표집
	체계적 표집 (계통표집)	• 모집단 표집 목록표에서 일정한 간격으로 표집하는 경우 • 예: 모든 중학교 1학년 1반 10번을 표집
비확률적 표집	• 연구자의 주관적인 판단에 의해서 표집하는 방법(무선 표집을 하지 않는 표집방법)	
	목적적 표집 (의도적 표집)	• 모집단을 잘 반영할 수 있을 것으로 판단되는 특정 집단을 표본으로 선정하는 방법
	할당표집	• 미리 정해진 기준에 따라 전체 표본을 여러 집단으로 구분하고 각 집단별로 대상을 표집하는 방법 • 유층표집과 유사
	우연적 표집 (편의/임의표집)	• 임의로 표본을 선정하는 방법
	눈덩이 표집	• 연구대상자에 대한 사전 정보가 거의 없어 소수의 연구자를 먼저 표집한 후 이들로부터 유사한 연구대상자를 소개받는 표집방법

이를 위해 연구자는 다음 사례에서 제시한 내용처럼 언제(when), 누구를(who), 어디서(where), 어떤 방법(how)으로, 몇 명(sample size)을 표집했는가를 밝혀야 한다. 가능하다면 확률적 표집을 하는 것이 바람직한데, 그렇게 하지 못하였다면 그 이유를 밝히고 연구에서 실제로 사용한 표본추출 방법을 사실대로 기술한다.

연구문제와 직접 관련이 있으며 연구결과를 해석하는 데 영향을 줄 수 있는 인구통계학적 특성도 보고한다. 그 이유는 연구에 참여한 사람의 성별이나 연구주제와 관련된 특성 등에서 연구결과를 적용 또는 일반화하고자 하기 위함이다. 이때 모집단의 특성과 인구통계학적 특성이 유사하다면 연구결과를 모집단에 일반화하기가 용이할 것이다.

다음 사례에서는 관계연구와 프로그램 개발 연구 시 연구대상을 작성하는 방식을 살펴보고자 한다.

관계연구 작성 예시

- 언제(when): 2018년 6월 11일부터 6월 30일까지 3주간
- 누구를(who): B시, K도, J도, 기타 지역에 소재한 은행원을 대상
- 어떤 방법(how): 설문조사를 실시
- 몇 명(sample size)을 표집: 총 380부가 배부되었으며, 회수한 374부의 설문지 중 무성의하게 응답한 34부를 제외한 340부를 대상으로 분석

→ 본 연구에서는 B시, K도, J도 지역에 소재한 은행원을 대상으로 2018년 6월 11일부터 6월 30일까지 3주간에 걸쳐 설문조사를 실시하였다. 설문지는 총 380부가 배부되었으며, 회수한 374부의 설문지 중 무성의하게 응답한 34부를 제외한 340부를 대상으로 분석을 실시하였다. 설문조사 실시 전 설문의 목적과 실시 방법에 대한 오리엔테이션과 정보제공에 대한 동의를 받았으며, 연구자가 직접 설문을 실시하기 어려운 경우에는 설문을 대신 실시해 줄 조력자가 설문 전에 오리엔테이션을 실시하였다. 설문을 작성하는 데 걸리는 시간은 평균 10~15분 정도였다. 본 연구에 참여한 대상의 성별 분포는 남자 136명(40%), 여자 204명(60%)이었고, 연령대는 20~30대 179명(52.7%), 40~50대(47.3%)였고, 직위는 행원 77명(52.7%), 대리 90명(26.5%)이었고, (중략) 담당업무는 수신창구 201명(59.1%), 여신창구 115명(33.8%)이었고, (중략) 근무년수는 10년 미만 143명(42.1%), 10년 이상 20년 미만 124명(36.5%), 20년 이상 73명(21.5%)이었다.

출처: 김명희, 천성문(2018).

프로그램 개발 작성 예시

- 언제(when): 2016년 3월부터 2016년 8월까지 총 8회기
- 누구를(who): J도에 위치한 8개 중학교 2학년을 대상
- 어떤 방법(how): 자발적 참여의사가 있는
- 몇 명(sample size)을 표집: 남학생 96명, 여학생 96명으로 총 192명

→ 본 연구에서는 J도에 위치한 8개 중학교 2학년 중 자발적 참여의사가 있는 중학생을 대상으로 프로그램을 실시하였다. 집단상담은 2016년 3월부터 2016년 8월까지 총 8회기와 추수회기로 진행되었다. 청소년 정서지능 향상 집단상담 프로그램에 참여한 중학생은 예비연구 집단(4집단)에 32명이 참여하였다. 실험집단, 비교집단과 통제집단은 한 집단에 8명씩 각각 8집단으로 구성되었으며, 남학생 96명, 여학생 96명으로 총 192명이 참여하였다. 최초에 참

여한 전체 학생 215명 중 프로그램 초나 중간에 이탈한 인원은 23명으로 전체 탈락률(drop-out rate)은 약 10.6%였다.

출처: 여숙현 외(2019).

연구대상을 작성하기 위해서는 다음과 같은 사항들이 기술되어야 한다.

대상에서 작성되어야 하는 사항

- 표본추출 시기: 표본을 추출한 시기를 밝혀 표본의 시간성에 대한 정보와 표본추출의 반복 가능성에 대한 타당성을 판단하는 데 도움을 줄 수 있다.
- 표본추출 장소: 연구의 반복 가능성을 높여 주는 정보이며, 피험자들이 지니고 있는 개별 특성이 장소에 따라 다르고, 그런 상이한 특성이 연구결과의 일반화 가능성과 직결된다.
- 표본특성에 대한 정보: 연구문제와 직접 관련되어 연구결과의 해석에 영향을 줄 수 있는 피험자 특성에 대한 정보만을 보고하면 된다.
- 표본추출 방법: 자신의 연구에 사용한 연구대상의 표집방법에 대한 정보를 밝혀 줌으로써 연구의 반복 가능성을 높여 줄 뿐만 아니라 연구대상과 관련된 연구결과의 일반화 가능성에 대한 증거를 제시하는 것이 된다.
- 표본의 크기: 표집의 오차와 직접적으로 관련이 있고, 통계적 분석방법 적용이 타당한지를 평가할 수 있는 객관적 정보가 되기 때문에 연구자는 전체 피험자의 수에 대한 정보뿐만 아니라 각 가설에 설정된 독립변인의 수준별 피험자의 수에 대한 정보까지 밝혀 주어야 한다.

연구대상의 영역에는 다음과 같은 세 가지 질문에 대한 해답이 포함되어야 하므로 연구대상을 작성하기 위해 스스로 자신에게 질문을 해 보는 것이 필요하다.

❖ 연구대상은 누구이고, 어디에서 얻었는가?
❖ 연구대상을 어떻게 선택할 것인가? 표본의 대표성과 외적 타당성 또는 보편성은 확보되었는가?
❖ 연구대상의 수는?

연구대상 작성 시 유의사항은 다음과 같다.

관계연구에서는 일반적으로 집단별로 최소한 300명의 피험자를 무선배치하기를 권장하고, 엄격한 통제가 가능한 경우 270명 정도도 타당하다.

실험연구에서는 실험집단과 통제집단 간에 관심 특성 및 배경적 특성에서 가능한 한 동질성이 확보되도록 어떻게 유의하였는지를 상세히 나타내야 한다. 집단별로 최소한 10~15명 이상이 무선표집/무선배치가 되어야만 모수적 통계검증에 요구되는 정상분포를 이룰 수 있는 것으로 기대하고 있다. 그러나 이는 통계적 분석을 위한 최소한의 조건이며, 가능한 한 각 집단에 최소한 20명 이상 배치하도록 권장하고 있다. 실험집단과 통제집단을 어떤 방법으로 선정했는지, 어떤 처치를 했는지에 대해 기술하고 필요한 경우 연구대상의 인구통계학적 특징도 기술한다.

메타분석에서의 연구대상은 '분석대상'으로 표현하며 분석대상인 논문을 어떤 검색엔진을 사용하고 어떤 검색어를 사용하여 검색했는지 등의 검색과정과 선정기준을 자세히 기술한다.

조사연구에서는 피험자 수가 각 하위그룹별로 20~50명씩 최소한 100명 이상은 되어야 한다. 연구대상이 사람일 때는 연령, 지역, 성, 인종 등과 같은 인구통계학적 특성도 제시해야 하며, 특정한 인구통계학적 특성이 결과를 해석하는 데 중요한 요인일 경우에는 그 집단의 교육수준이나 건강상태 등을 가능한 한 구체적으로 기술한다. 불성실한 응답 등의 사유로 조사대상자 모두의 자료가 곧 분석자료로 사용되지 않기 때문에 자료의 스크리닝 과정을 자세하게 기술해야 한다.

질적 연구에서 연구대상은 연구의 질을 결정할 수 있을 정도로 중요한 영향을 미치기도 한다. 소수의 연구대상을 통하여 심도 있는 연구결과를 찾고자 한다는 점에서 양적 연구에서처럼 표본의 크기는 중요하지 않지만 질적 연구의 타당성이 질적 연구결과가 다른 표본에서도 동일하게 적용될 수 있는 전이성이 있다는 점에서 보면 표집의 중요성을 무시할 수는 없다.

비확률적 표집방법, 즉 임의표집이나 할당표집, 지원자표집을 사용하였다면 그 이유를 충분히 기술한다.

(2) 측정도구

연구에 사용한 측정도구(instruments)에 대해 기술하는 부분이다. 연구에 사용된 질문지 혹은 실험에 이용된 처치가 도구인데 연구가설을 경험적으로 검증하기 위해 조작적 정의에 따라 주어진 변인을 측정할 수 있는 적합한 도구를 사용하여야 한다. 연구에서 도구는 실험도구 · 실험장치 · 조사도구 · 분석도구 등으로 표현하기도 한다. 실험도구는 실험에서 사용한 장치 · 자료는 물론 그 기능까지도 기술한다. 연구자는 ① 기존의 측정도구 중에서 자신의 연구목적에 맞는 측정도구를 쓰거나, ② 기존의 도구를 자신의 연구목적에 맞도록 수정하여 사용하거나 또는 ③ 새로운 도구를 개발하여 쓴다. 여러 가지 이유로 기존의 측정도구를 쓰는 경우에는 제작 연도와 개정 여부를 반드시 검토하여야 하며, 특히 외국 검사를 번안하여 쓸 때에는 새로운 도구와 마찬가지로 타당도와 신뢰도를 따져 보아야 한다. 측정도구는 반드시 측정하려고 하는 변인의 개념적 정의에 부합되는 것이어야 하고, 측정하려고 하는 변인을 신뢰할 만하고 타당하게 측정할 수 있는 것이어야 한다. 더불어 측정도구를 통해 수집된 자료를 채점하고 수량화하는 문제도 함께 검토해야 한다.

① 척도의 구성

일반적으로 가장 흔히 사용되고 있는 전통적 척도개발 방법은 Thurstone식 척도, Likert식 척도 그리고 의미미분법 척도 등 여러 가지가 있다. 각 형태의 척도는 그 척도를 만들기 위해 특정한 기법이 사용되고 있다. 연구에서 척도를 결정할 때는 각 척도화 방법의 특성과 장단점을 고려하여 자신의 연구에서 어떤 방법이 적절한지를 평가하여 사용할 측정도구를 결정해야 한다.

Likert식 척도는 사회과학 분야의 연구에서 가장 흔히 연구되는 척도 중의 하나이다. 태도의 연속선상에서 개인의 태도가 어느 위치에 있는지를 파악하기 위한 것으로 측정하려는 정의적 특징을 여러 단계로 분류하여 척도를 구성한다. 반응자들은 여러 개의 반응지 중에서 자신의 생각과 느낌의 정도를 가장 잘 말해 주는 반응지를 선택한다.

② 측정도구의 작성방법

연구자는 자신의 논문에서 자료를 수집하기 위해 사용한 도구의 구체적 명칭과 더불어 그 도구가 언제 누가 무엇을 측정하기 위해 개발되었는지에 대한 정보를 먼저 밝혀야 한다.

측정도구 기술 예시

- 측정도구명: 자해기능 평가지(The Functional Assessment of Self-Mutilation: FASM)
- 측정도구 개발자: Lloyd, Kelley와 Hope(1997)
- 측정 용도: 자해행동을 측정

→ 자해기능 평가지(The Functional Assessment of Self-Mutilation: FASM)

자해행동을 측정하기 위해 Lloyd, Kelley와 Hope(1997)가 개발하고, 권혁진과 권석만(2017)이 국내 대학생을 대상으로 타당화한 한국판 자해기능 평가지를 사용하였다.

연구자는 다른 사람이 도구를 직접 보지 않고도 측정도구를 구성하고 있는 검사의 전체 문항 수, 하위척도의 수, 하위척도별 문항의 수, 척도의 유형 등에 대한 정보를 알 수 있도록 구체적으로 기술해야 한다. 다음의 사례에서처럼 하위요인마다 예시문항을 기술하는 것이 좋다.

FASM은 크게 세 부분으로 구성되어 있다. 첫 번째 부분은 자해행동 특성을 묻는 문항들로, 최근 1년 내 자해 시도 여부, 자살 의도 여부, 자해 시작 전 생각 시간, 자해 시 술/약물 복용 여부, 자해 시 고통 정도, 최초 자해 연령 등을 묻는 6개 문항으로 구성되어 있다. 두 번째 부분은 자해행동 형태와 치료 여부를 물어보는 12문항으로, '고의로 자신을 때렸다.'와 같은 문항으로 구성된다. 여기에 '상처를 치료하지 않고 그대로 두었다.'를 추가하여 13문항으로 사용하였다. 세 번째 부분은 자해행동 동기 관련 특성에 해당하는 자해행동을 하게 된 이유와 목적을 묻는 17개의 문항으로, '나쁜 기분을 멈추기 위해'와 같은 문항으로 구성되었다.

출처: 함경애 외(2021).

또한 자신이 사용한 측정도구가 얼마나 신뢰할 만하고 타당한 도구인지 기술해야 한다. 만약 연구에서 하위척도들을 자료분석에 사용했다면 하위척도별로 신뢰도를 보고할 필요가 있다. 신뢰도는 측정도구가 구성개념을 얼마나 일관되고 안정적으로 측정하는지를 의미한다. 대부분의 논문에서는 문항의 신뢰도를 문항의 내적 일치도, 내적 합치도, 내적 일관도, 신뢰도 계수 및 Cronbach's α 등으로 혼용해서 사용하고 있다.

측정도구를 구체적으로 작성하기 위해서는 다음과 같이 작성되어야 한다.

> ① 측정도구의 이름, ② 두문자어, ③ 저자, ④ 중요한 참고문헌, ⑤ 측정도구를 평가하기 위한 구인의 간략한 설명, ⑥ 항목의 수, ⑦ 항목의 종류, ⑧ 요인 또는 하위요인 그리고 그것의 정의, ⑨ 채점의 방향 지시와 높은 점수의 의미, ⑩ 신뢰도 추정값, ⑪ 타당도 추정 값

③ 측정도구의 선정 및 작성 시 유의사항

첫째, 기존의 검사를 사용할 경우 절대로 검사의 명칭만 보고 선택해서는 안 된다. 검사가 측정하는 것은 검사 명칭에 달려 있는 것이 아니기 때문이다. 둘째, 본검사에 앞서 연구대상자와 동일한 소수의 표본을 사용하여 예비검사를 수행함으로써 있을 수도 있는 문제점을 미리 예방하는 것이 좋다. 또한 외국의 측정도구를 번안하여 사용할 경우 반드시 역번역 과정을 거쳐 의미가 제대로 전달되는지를 확인해야 한다. 마지막으로, 비록 기존 연구에서 신뢰도, 타당도가 높게 산출되었다 하더라도 대상이 변하면 양호도 또한 변할 수 있으므로 반드시 양호도를 점검해야 한다.

(3) 자료분석

연구자가 선정한 연구문제가 아무리 실제적 · 이론적으로 중요하고 연구가설을 검증하기 위해 정확하고 타당한 절차를 통해 자료를 수집했다 할지라도 그 가설을 검증하기 위해 수집된 자료를 분석할 수 있는 적절한 통계적 방법을 선택하지 못하거나 분석방법이 없을 경우 연구가설을 검증할 수 없다. 어떤 통계방법을 사용할 것인가는 전적으로 연구자가 검증하려고 하는 연구가설과 변인의 성질, 수집된 자료

의 성질, 표본의 크기 등에 따라 결정된다.

여기서 자료를 정량화하고 분석하기 위한 기본 개념인 척도의 종류 및 특징을 살펴보고, 수집된 자료의 특성을 요약·기술하는 기술통계적 방법에 대하여 소개한다. 이어서 표본의 특성으로 전집의 특성을 추정함으로써 얻은 결과를 일반화하는 다양한 추리통계적 방법을 제시할 것이다. 자료가 수집된 뒤 연구자가 어떻게 자료를 조직하고 분석하였는지를 기술하는 영역이다. 통계적 분석을 위주로 하는 양적 연구의 경우 연구문제 혹은 가설별 통계분석 방법을 기술하는 것이 바람직하다.

또한 질적 연구라면 자료의 분석 단위, 코딩 방법, 분석 및 유목화 방법 등을 보다 자세하게 기술해야 한다. 그리고 한 연구에서 여러 개의 가설이 검증될 경우, 연구자는 각 가설별로 적용된 통계적 분석방법을 분리해서 밝히는 것이 좋다.

① 자료분석의 작성방법

통계분석 방법은 검증되는 가설의 내용과 자료의 성질에 따라 결정된다. 연구자가 선행연구의 고찰에서 도출한 연구가설을 먼저 진술하고 진술된 연구가설을 검증하기 위해 수집된 자료를 어떤 통계적 방법으로 분석했는지를 밝혀야 한다. 그리고 통계적 분석 결과의 유의성 검증을 위해 유의수준을 어느 정도로 설정하여 통계치의 통계적 유의성을 검증했는지를 진술해야 한다.

한 연구에서 여러 개의 가설이 검증될 경우, 연구자는 각 가설별로 적용된 통계적 분석방법을 분리해서 밝히는 것이 좋다. 그리고 SPSS, SAS 등과 같은 통계분석용 전문 프로그램을 사용하여 자료를 분석하였을 경우, 자신이 사용한 구체적인 프로그램의 이름과 사용된 프로그램에서의 구체적인 절차를 밝혀 두어야 한다. 이는 자신의 논문을 읽는 다른 연구자에게 사용된 프로그램에 관한 정보를 제공한다는 점도 있지만 자신이 사용한 통계분석 프로그램의 절차가 연구가설의 검증에 적합한 것이었음을 보여 주기 위해서이다.

다음 사례들에서 다양한 연구방법으로 제시된 자료분석 기술을 살펴보자.

관계연구 작성 예시

수집된 자료는 SPSS 23.0과 SPSS PROCESS Macro 3.4.1을 이용하여 분석하였다. 첫째, 연구대상의 일반적 정보를 확인하기 위하여 빈도분석을 실시하였다. 둘째, 측정도구의 신뢰도를 확인하기 위하여 문항내적 합치도(Cronbach's α) 계수를 산출하였다. 셋째, 주요변인의 일반적 경향성과 정규분포 충족 여부를 확인하기 위하여 기술통계 분석을 실시하였다. 넷째, 각 변인들 간의 관련성을 확인하기 위하여 Pearson 적률상관분석을 실시하였다. 다섯째, 매개효과를 검증하기 위하여 PROCESS Macro의 model 4를 활용하고 매개효과의 통계적 유의성은 5,000회의 부트스트래핑을 실시하여 확인하였다. 여섯째, 조절효과를 검증하기 위하여 PROCESS Macro를 사용하고 조절효과 양상은 단순 기울기 분석으로 확인하였다. 일곱째, 조절된 매개효과를 검증하기 위하여 PROCESS Macro model 14를 활용하고 5,000회의 부트스트래핑을 실시하여 간접효과의 유의성을 검증하였으며, Johnson-Neyman 방법을 사용하여 조절변인의 수준에 따른 매개효과의 크기를 살펴보았다(Preacher & Hayes, 2008).

출처: 한성아, 유성경(2022).

프로그램 개발 연구 작성 예시

프로그램에 참여한 실험집단, 통제집단과 비교집단 간 동질성 평가를 위해 일원변량분석을 실시하였다. 또한 실험집단, 통제집단과 비교집단 간 효과 검증을 위해 반복측정을 실시했고, 집단 내 사전, 사후와 추수 비교를 위해서는 대응표본 t검증을 통해 결과를 분석하였다.

출처: 여숙현 외(2019).

질적 메타 연구 작성 예시

동일한 주제를 설명하는 축약 진술문을 모아 그룹화하고, 각 그룹의 진술문 내용을 통합하여 축약 진술문을 만든 뒤, 빈도효과 크기와 강도효과 크기를 산출한다. (중략) 빈도효과 크기와 강도효과 크기는 그림 1에서 제시한 공식에 따라 산출하였다. (중략) 한편 강도효과 크기는 각 연구물에서 산출되는 축약 진술문 수를 전체 축약 진술문 총수로 나누어 산출한다. 이에 강도효과 크기로 각 연구물이 전체 분석 결과에 기여하는 정도를 파악할 수 있다(Sandelowski & Barroso, 2006).

출처: 조은실 외(2022).

경로분석 연구 작성 예시

수집된 자료를 바탕으로 연구문제에 답하기 위하여 SPSS 21.0과 Mplus 7.0 프로그램을 이용하여 분석을 실시하였다. 우선 자해행동을 경험한 집단의 자해행동의 특성 및 자해동기 관련 특성들을 살펴보기 위하여 빈도분석과 다중응답분석, 대응표본 t검증을 실시하였다. 다음으로 자해행동 경험 여부에 따른 (중략) 차이를 살펴보기 위하여 독립표본 t검증을 실시하였다. 그리고 자해행동 경험의 유무를 집단별로 (중략) 관련성을 살펴보기 위해 상관분석을 실시하였다. 이후 자해행동 여부를 판별하는 예측변인들을 탐색하기 위해 로지스틱 회귀분석을 실시하였다. 마지막으로 자해행동에 대한 통합적 모형을 검증하기 위하여 경로분석을 실시하였다.

출처: 함경애 외(2021).

척도개발 연구 작성 예시

K-CPIS의 최종 문항을 선정하기 위하여 SPSS 23.0과 AMOS 23.0의 통계 프로그램을 활용하였다. 예비연구 단계와 동일한 절차로 문항분석을 실시하여 각 문항의 평균, 표준편차, 왜도, 첨도를 확인하였고, 문항 전체 상관 및 문항-총점 상관을 통해 문항양호도를 분석하였다. K-CPIS의 구인타당도 근거를 제시하기 위하여 확인적 요인분석을 실시하였다. (중략) 특정한 잠재변수를 측정하기 위한 측정변수들이 서로 같은 잠재변수를 측정하고 있는지를 나타내는 수렴타당도와 다른 잠재변수를 측정하기 위한 측정변수들과 분명하게 구분되는지를 나타내는 판별타당도를 검증하였다(심준섭, 2015; Anderson & Gerbing, 1988; Fornell & Larcker, 1981). (중략) 판별타당도는 서로 다른 변수 간에는 그 측정치에서도 분명한 차이가 나야 한다는 것으로 상관계수와 표준오차를 활용한 신뢰구간을 통해 검증하였다. 그리고 준거 관련 타당도를 확인하기 위하여 상담사 전문직 정체성 요인과 관련이 있는 상담사 발달수준, 상담사 활동 자기효능감 및 상담사 소진과의 상관관계를 살펴보았다.

출처: 최서윤, 최한나(2021).

② 자료분석 작성 시 유의점

첫째, 통계적 분석방법을 사용하는 경우 유의도 수준을 반드시 명시해야 한다. 사회과학 분야에서는 통상 $p<.05$, $p<.01$ 혹은 $p<.001$ 수준으로 설정하는 것이 일반적이다. 둘째, 특정한 통계적 분석을 수행하기 위한 전제조건(예: 정규성, 등분산

성)을 확인한 절차가 있다면 이 또한 기술해야 한다. 셋째, 질적 연구의 경우 분석방법의 타당성, 신뢰성을 확인하기 위한 절차를 상세히 기술해야 한다.

예를 들면, p값은 보통 proberbility에서 온 말로 보통 유의도라고 읽는다. p에 대한 통계학적 설명은 'p값은 가설이 맞다고 결정할 때에 실제로 관찰되지 않을 크기의 평균값을 얻게 될 확률이다.'이다. 쉽게 말하면, '두 집단이 차이가 있다($p < .05$).'의 뜻은, 이 판단이 잘못될 가능성(유의성, 조심성, proberbility)은 5% 이하라는 것이다. 나는 '이 판단이 맞다.'라고 적어도 95% 정도 자신 있다는 주장을 하는 것이다. 사회현상에 대하여 어떤 판단(두 집단이 차이가 있다 혹은 없다)을 내릴 때, 그 판단은 수학에서 말하는 1+1=2처럼 참과 거짓으로 분명히 나뉘는 것이 아니기 때문에 그 판단이 틀릴 가능성도 얼마간은 있다고 말하는 것이다.

3. 결과

'구슬이 서 말이라도 꿰어야 보배'라는 말이 있다. 논문 작성에서 연구결과는 구슬을 잘 배열하고 꿰는 과정이다. 하나하나 좋은 연구방법과 가설을 갖고 있다고 한들 결과에서 오류를 범하게 되면 그 논문은 좋은 논문이 될 수 없다.

연구결과 서술 시, 첫째, 연구목적과 관련된 자료만 제시한다. 연구목적에 제시되지 않는 결과 내용은 가급적 삼가고 연구의 초점을 유지하는 것이 중요하다. 둘째, 통계결과를 제시할 때는 정돈되고 논리적인 방식으로 제시한다. 즉, 자료의 시각적 제시를 위해서 도표나 그림을 사용하도록 하고 이에 대한 설명을 덧붙여서 독자들에게 가독성을 높이는 것이 중요하다. 셋째, 결과 제시 틀로서 표와 그림, 충분한 통계치, 통계적 검증력, 통계적 유의성 및 효과의 크기 등을 꼼꼼히 살펴보고 제시하여 연구의 신뢰성 및 타당성을 높이도록 한다.

1) 결과의 구성

연구결과 부분은 연구방법에 따라 얻은 연구결과를 기록하는 부분이다. 연구방법에서 기술된 절차에 따라 자료를 수집하고 분석하게 되면 가설의 진위를 가릴 수 있는 결과를 얻게 된다. 연구자는 가설이 사실인지를 명확히 보일 수 있도록 연구가설과 직접적으로 관련된 연구결과만 제시해야 한다. 그러기 위해서는 자신이 사용한 통계분석 방법에서 약속된 양식에 따라 간단하고 명료하게 제시해야 한다.

통상적으로 결과는 내용상 크게 3개의 부분으로 구분된다.

- 분석의 기초가 되는 자료를 요약해서 제시
- 가설과 관련된 통계분석의 결과를 정해진 양식에 따라 제시
- 연구설계나 방법에 따른 추가 분석 필요시 제시

(1) 자료의 요약 제시

수집된 전체 자료를 논문에 제시할 수 없기 때문에 자료의 특성을 가장 잘 요약해 주는 통계치를 계산하여 도표나 그래프로 제시한다. 자료를 요약하기 위해 어떤 통계치를 계산하여 보고하느냐의 문제는 연구가설에 따라 달라진다. 만약 연구가설이 집단 간의 차이를 검증하는 경우, 집단별 사례 수(n), 평균(Mean), 표준편차(SD)를 보고하면 된다. 그리고 만약 관계연구나 회귀분석을 실시할 경우에는 변인 간의 상관계수를 추정하여 정리한 상관계수 행렬 표를 제시하면 된다.

다음 사례들에서 다양한 연구방법으로 제시된 자료의 요약에 해당하는 작성방법을 살펴보자.

관계연구 작성 예시

- 측정변인의 기술통계: 수집한 자료의 일반적인 경향성과 정상성을 확인하기 위해 평균, 표준편차, 왜도 및 첨도를 산출하였으며, 이에 대한 분석 결과를 〈표 2〉에 제시하였다.

표 2 측정변인들의 평균, 표준편차, 왜도 및 첨도 (*N*=340)

	평균	표준편차	왜도	첨도
표면행위	19.76	6.15	−.42	.35
내면행위	23.49	6.46	−.35	.67
감정부조화	24.12	4.51	−21	.93
심리적 소진	56.14	18.40	−.24	−.20
직무만족	67.54	11.31	−.14	.62

- 측정변인들 간의 상관분석: 은행원의 감정노동과 감정부조화, 심리적 소진 및 직무만족 간의 관계를 알아보기 위하여 Pearson 상관계수를 산출하였고, 그 결과를 〈표 3〉에 제시하였다.

표 3 측정변인 간의 상관관계 분석 (*N*=340)

측정변인	1	2	3	4	5
1. 표면행위	−				
2. 내면행위	.21**	−			
3. 감정부조화	.57**	.29**	−		
4. 심리적 소진	.33**	−.20**	.30**	−	
5. 직무만족	−.14**	.37**	−.12*	−.52**	−

*$p<.05$, **$p<.01$

출처: 김명희, 천성문(2018).

프로그램 개발 연구 작성 예시

실험집단, 통제집단과 비교집단의 사전 동질성을 분석하기 위해 세 집단 간 분노조절, 우울, 대인관계, 정서지능을 비교했다. 그 결과 세 집단 간 정서지능, 우울, 분노조절, 우울, 대인관계의 차이는 통계적으로 유의미하지 않아 실험집단, 통제집단과 비교집단 간 사전 동질성이 검증되었다(〈표 4〉 참조).

표 4 실험집단, 통제집단과 비교집단의 사전 비교

척도 \ 집단	실험집단 (*n*=64)	통제집단 (*n*=64)	비교집단 (*n*=64)	F
정서지능(전체)	3.17(.48)	3.16(.35)	3.23(.25)	0.53
우울(전체)	14.50(10.58)	12.89(10.54)	11.31(13.27)	2.08
분노조절(전체)	3.15(.41)	3.10(.52)	3.25(.46)	1.60
대인관계(전체)	3.42(.56)	3.59(.53)	3.56(.57)	1.65

출처: 여숙현 외(2019).

질적 메타 연구 작성 예시

수퍼비전을 통한 상담자 발달 경험을 다루는 질적 연구 9편을 대상으로 질적 메타요약을 실시하였다. 그 결과 총 239개의 진술문을 추출하였고, 주제가 유사한 진술문끼리 그룹화하여 25개의 축약 진술문을 산출하였다. 산출된 축약진술문은 〈표 5〉에 제시하였다.

표 5 축약진술문의 주제 그룹 및 빈도효과 크기

주제 그룹	#	축약진술문	연구물 A	연구물 B	연구물 C	연구물 D	연구물 E	연구물 F	연구물 G	연구물 H	연구물 I	빈도효과 크기 (%)
수퍼바이저 요소	1	수퍼바이저의 이론적 배경은 수퍼바이저 선택이나 수퍼비전 관계에 영향을 미치며, 이론적 틀이 다를 때 수퍼비전 관계에 영향을 미칠 수 있다.		*		*		*	*			44.44
	2	수퍼바이저의 태도가 지지적 · 수용적 · 개방적일 때 수퍼바이저는 수퍼비전에서 편안함과 신뢰감을 느낀다.	*	*	*	*	*	*	*	*	*	100.00
	3	수퍼바이저가 공감이 부족하고 비난하거나 경직된 태도를 보이면 수퍼바이지는 위축되며, 수퍼비전 내에서 갈등을 경험한다.	*	*		*	*	*	*			66.67
	4	수퍼바이저의 권위나 전문성은 수퍼비전에 대한 수퍼바이지의 신뢰와 개방적인 의사표현, 피드백 수용을 촉진하지만, 오히려 솔직한 의사표현을 저해하기도 한다.		*	*	*		*		*	*	66.67
	5	수퍼바이저의 수퍼비전 준비도는 수퍼비전에 대한 수퍼바이지의 욕구 충족 정도에 영향을 미친다.	*			*		*				33.33
	6	수퍼바이저가 명료한 설명, 경험과 비유를 활용한 교육, 생각할 시간을 제공할 때 수퍼바이지의 학습이 촉진된다.	*		*			*	*	*		55.56

출처: 조은실 외(2022).

(2) 통계분석 결과의 제시 및 기술

연구가설의 검증을 위해 실시된 통계분석 결과를 요약해서 제시해야 한다. 통계분석 결과의 요약은 각 통계방법에서 통용되고 있는 양식을 따르는 것이 권장하며, 산출결과를 도표로 정리하여 작성한다.

연구논문의 경우 원칙적으로 결과와 논의의 장을 분리해서 제시하도록 되어 있어 결과의 장에서는 통계적 검증을 통해 확인된 연구가설의 기각 여부만을 기술하면 된다. 그리고 연구결과에 대한 해석과 선행연구나 관련 이론의 맥락에 비추어 설명하는 내용은 논의의 장에서 제시한다.

다음 사례들에서 다양한 연구방법으로 제시된 주요 통계결과 작성방법을 살펴보자.

관계연구 작성 예시

- 연구문제

반려동물 상실로 인한 애도와 심리적 성장의 관계를 애도에 대한 의미재구성이 매개하는가?

- 연구결과

의미재구성이 지속애도와 외상 후 성장 간의 관계를 매개하는지 검증하기 위해 PROCESS Macro의 model 4(Hayes, 2013)를 통해 검증하였고 검증 결과를 〈표 6〉에 제시하였다. 독립변인인 지속애도가 매개변인인 의미재구성을 유의미하게 설명하였고 (중략) 의미재구성 변인의 양가적 특성 및 연구가설과 일치한 결과가 나온 것으로 해석할 수 있다(Gillies, 2005).

표 6 지속애도와 외상 후 성장의 관계에서 의미재구성의 매개효과

	B	SE	*t*	95% CI	
				LL	*UL*
지속애도 → 의미재구성	−.13	.03	−4.39***	−.19	−.07
지속애도 → 외상 후 성장	.34	.06	5.67***	.22	.46
지속애도 → 외상 후 성장	.47	.05	8.72***	.36	.58
의미재구성 → 외상 후 성장	.97	.09	10.72***	.79	1.15

$^{***}p < .001$

출처: 한성아, 유성경(2022).

프로그램 개발 연구 작성 예시

• 연구문제

정서지능 향상 집단상담 프로그램에 참여한 청소년의 경우 비교집단과 통제집단에 참여한 청소년에 비해 정서지능의 변화는 어떠한가?

• 연구결과

실험집단, 통제집단과 비교집단 간 정서지능(전체)과 하위요인의 사전, 사후, 추수 비교를 실시했다. 그 결과 정서지능(전체)의 집단과 측정시기의 상호작용이 통계적으로 유의해 (중략) 그 효과가 추수 때도 유지되는 경향을 보였다고 제한적으로 해석할 수밖에 없다(〈표 7〉 참조).

표 7 실험집단, 통제집단과 비교집단의 사전–사후–추수 비교: 정서지능

평가 시기	사전평가			사후평가			추수평가 (2개월 후)			집단 측정 시기 F	대응표본 t검증(paired t-test)					
											사전 · 사후			사후 · 추수		
집단 정서 지능	실험 (n=64)	통제 (n=64)	비교 (n=64)	실험 (n=64)	통제 (n=64)	비교 (n=64)	실험 (n=64)	통제 (n=64)	비교 (n=64)		실험	통제	비교	실험	통제	비교
정서 인식, 표현	3.28 (.45)	3.15 (.19)	3.24 (.41)	3.53 (.49)	3.18 (.35)	3.37 (.57)	4.00 (.68)	3.23 (.52)	3.41 (.61)	35.82**	−3.22**	−.83	−1.51	−6.12*	−1.75	−.47
공감 능력	3.09 (.50)	3.07 (.42)	3.19 (.30)	3.41 (.51)	3.06 (.47)	3.25 (.55)	3.13 (.40)	3.08 (.42)	3.27 (.56)	3.30*	−3.74**	.09	−.71	3.45*	−.22	−1.13
사고 촉진	3.53 (.78)	3.43 (.74)	3.46 (.66)	3.89 (.74)	3.45 (.75)	3.47 (.84)	3.71 (.80)	3.50 (.66)	3.47 (.84)	1.64	−2.89**	−.11	−.06	1.63	−.65	1.00
정서 활용	3.29 (.83)	3.41 (.69)	3.44 (.61)	3.75 (.91)	3.45 (.76)	3.47 (.81)	3.66 (.95)	3.46 (.65)	3.47 (.81)	2.29	−3.54**	−.33	−.25	1.52	−.09	1.00
정서 조절	2.67 (.63)	2.77 (.58)	2.81 (.38)	2.79 (.70)	2.67 (.65)	2.88 (.47)	2.70 (.59)	2.75 (.68)	2.87 (.47)	.93	−1.06	.82	−1.17	1.14	−1.05	−.44
전체	3.17 (.48)	3.16 (.35)	3.23 (.25)	3.47 (.56)	3.16 (.44)	3.29 (.44)	3.27 (.30)	3.22 (.34)	3.30 (.46)	3.51**	−4.91**	−.78	−.76	2.04*	1.22	.73

*$p<.05$, **$p<.01$

출처: 여숙현 외(2019).

경로분석 연구 작성 예시

• 연구문제

수정된 자해의 통합적 이론모델이 제안한 위험요인 중 초기 성인기 한국인의 자해 여부를 판별하는 예측변인은 무엇이며, 자해행동이 유발되는 경로는 어떠한가?

• 연구결과

자해행동 여부를 잘 판별해 주는 예측변인을 확인하기 위하여 (중략) 예측변인으로 투입하고, 자해행동 여부를 준거변인으로 한 로지스틱 회귀분석을 통해 살펴보았고, 그 결과를 〈표 8〉에 제시하였다.

표 8 자해행동 유무에 따른 자해집단 판별에 미치는 영향 로지스틱 회귀분석

준거변인	예측변인	*B*	*S.E.*	*Wals*	*Exp(B)*
자해행동 유무	정서강도 및 반응성	.07	.02	11.80***	1.07
	적대적 가정환경	.01	.02	.09	1.01
	분리 상실경험	.13	.03	15.38***	1.14
	파국화	.02	.04	.29	1.02
	고통감내력 부족	.09	.03	7.91**	1.10
	감정표현 불능	.00	.03	.03	1.00
	의사소통 기술	−.01	.04	.10	.99
	사회적 문제해결 부족	−.03	.02	2.15	.97
	−2log likelihood	470.31			
	χ^2	2.54			
	Goodness of fit 유의확률	.960			

*$p<.05$, **$p<.01$, ***$p<.001$
주: 자해경험이 있는 집단은 1로, 자해경험이 없는 집단은 0으로 코딩된다.

자해행동에 대한 통합적 모형에 대해 검증하기 위하여 정서강도 및 반응성(유전적 요인)과 분리 상실경험(환경적 요인), 고통감내력 부족(개인 내적 취약요인), 사회적 문제해결 부족(대인관계적 취약요인), 자해행동을 이용한 경로분석을 실시하였고, 〈표 9〉와 [그림 1]에 제시하였다.

표 9 연구모형의 경로계수 결과

경로			B	SE	β	*t*	R^2
정서강도 및 반응성	→	고통감내력 부족	.36	.04	.59	8.30***	.352
분리 상실경험	→		.02	.09	.01	.17	
정서강도 및 반응성	→	사회적 문제해결 부족	.67	.08	.60	8.63***	.355
분리 상실경험	→		−.06	.19	−.02	−.28	
정서강도 및 반응성	→	자해행동	.17	.16	.10	1.06	.266
분리 상실경험	→		1.39	.34	.35	4.06***	
고통감내력 부족	→		.76	.26	.27	2.94**	
사회적 문제해결 부족	→		−.02	.16	−.01	−.10	
정서강도 및 반응성	↔	분리 상실경험	6.47	3.30	.19	1.96*	
고통감내력 부족	↔	사회적 문제해결 부족	11.78	3.14	.34	3.75***	

*$p<.05$, **$p<.01$, ***$p<.001$

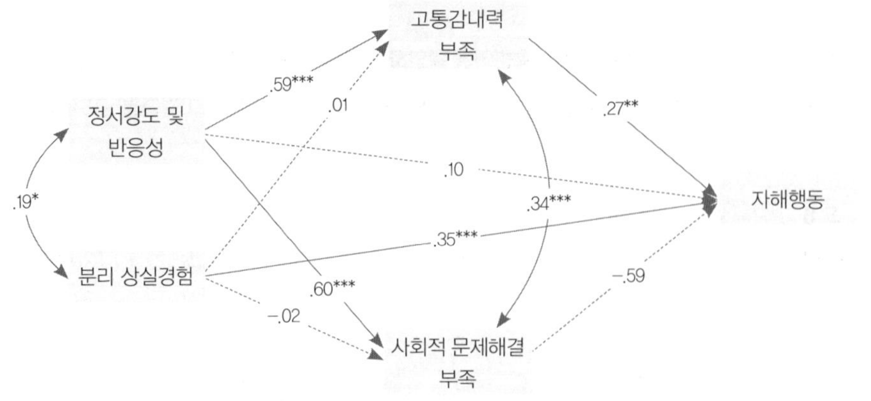

*p < .05, **p < .01, ***p < .001

주: 유의한 경로는 실선으로, 유의하지 않은 경로는 점선으로 표시하였다.

[그림 1] 연구모형의 표준화 경로계수

출처: 함경애 외(2021).

2) 결과 작성 시 유의사항

논문에서 결과를 작성할 때에는 다음과 같은 유의사항을 염두에 두고 작성할 수 있도록 한다. 첫째, 수집한 자료가 주어진 통계분석 방법을 사용할 수 있는 조건을 갖추고 있는지를 사전에 검토한 후 사용해야 한다. 둘째, 연구자는 통계분석용 프로그램 출력결과에서 자신의 연구가설과 관련된 부분만을 요약해서 연구결과로 제시하여야 한다.

한편, 결과 작성 후 다음과 같은 질문을 통해 결과 작성에서 빠지거나 중복되거나 필요 없는 부분은 없는지 점검해 볼 필요가 있다.

❖ 서론에 제시된 연구문제에 따른 연구결과가 차례대로 정확하게 제시되었는가?

❖ 연구목적과 관계된 자료가 제시되었는가?

❖ 통계에 대한 관련 세부사항이 정확히 기술되었는가?

❖ 결과가 분명하게 제시되었는가?

❖ 표와 그림이 분명하게 작성되었는가?
❖ 표, 그림의 번호와 본문에서의 표, 그림 번호를 일치시켰는가?
❖ 결과들을 비교한 결과를 기술하였는가?
❖ 결과를 선택 · 정리하여 제시하였는가?

4. 논의

결과 부분에서 보고된 내용은 아직 해석되지 않은 단순한 정보에 불과하다. 이 정보와 관련된 선행연구나 관련 이론 틀 내에서 논리적으로 해석하고 설명할 때, 이러한 정보는 의미 있는 지식으로 바뀔 수 있다. 연구결과로서의 정보가 이해된다는 것은 이 정보가 해당 분야의 이론이나 선행연구 결과 맥락 속에서 논리적으로 해석된다는 것이다. 따라서 단순 정보에 불과한 연구결과를 선행연구와 관련 이론의 관계에 따라 이론적으로 고찰해야 과학지식으로 재생산할 수 있다.

1) 논의의 구성

연구자마다 기술하는 순서가 조금씩 다르지만, 대부분은 연구결과 요약, 결과 설명 및 해석, 연구의 의의, 연구의 제한점 및 후속연구를 위한 제언으로 논의가 구성된다.

(1) 연구결과 요약

논의 시작은 대체로 연구결과를 요약하면서 시작된다. 즉, 연구의 목적이나 분석방법을 요약해서 서술한다. 이때 주의해야 할 점은, 첫째, 기술적인 세부사항은 생략한다. 통계치나 통계적인 세부사항을 다시 언급해서는 안 된다. 둘째, 명확한 표현을 사용한다. 통계적 전문 용어를 가능한 한 사용하지 말고 연구결과를 분명하게 기술해야 한다. 셋째, 연구결과를 요약할 때는 연구결과들이 각 가설이나 연구문제를 지지하는지 혹은 지지하지 않는지에 따라 논의를 조직한다.

(2) 결과 설명 및 해석

연구결과가 선행연구에 부합한 경우와 그렇지 않은 경우에 대해 나눠서 살펴보면 다음과 같다.

첫째, 연구결과가 관련 이론이나 선행연구 결과에 부합한다고 가정할 때 결과는 하나의 사실(fact)로서 이론의 타당성을 경험적으로 확인하거나 이론의 실제 적용범위를 확장해 줌으로써 결국 기존의 이론에 기여하는 경우가 된다. 따라서 연구자는 자신의 연구결과와 관련 이론 간의 관계를 통해 자신의 연구결과가 기존의 이론에 어떻게 기여할 수 있는지를 논의를 통해 설명해야 한다. 만약 연구결과가 선행연구 결과 간의 관계 속에서 도출된 것이라면, 추론된 선행연구 결과 간의 관계가 자신의 연구결과에 의해 경험적으로 확인된 것이므로 선행연구 결과와 자신의 연구결과를 하나의 관계를 설명하는 데 있어서 선행연구와 어떤 점에서 다른지를 강조하여 논의해야 한다. 즉, 연구자는 자신의 연구와 선행연구들의 차이점을 파악하여 그러한 차이점에도 불구하고 맥락을 같이하는 것으로 나타난 자신의 연구결과를 부각시켜 해석해야 한다.

다음 사례를 통해 선행연구와 부합된 경우 다양하게 작성하는 방법을 살펴보자.

선행연구와 부합된 예시 1

본 집단상담 프로그램에 참여한 중학생은 정서지능이 사전에 비해 사후에 긍정적으로 증진되었고, 하위척도인 정서의 인식과 표현은 추수에도 긍정적으로 유지되었으며, 사고촉진과 정서활용도 상당히 긍정적인 변화를 보였다고 할 수 있다. 김효정(2015)과 홍진숙, 선우현, 유경훈(2016)은 정서지능 프로그램의 효과성을 검증한 연구를 통해 프로그램 사후 정서지능의 하위요인인 정서인식, 정서표현, 정서활용 등이 향상되었다고 보고했는데 본 연구의 결과와 매우 일치한다.

출처: 여숙현 외(2019).

선행연구와 부합된 예시 2

자해행동 형태의 빈도를 다중응답분석으로 살펴본 결과, '고의로 자신을 때렸다.' '자신을 깨물었다.' '벽이나 책상 등에 머리를 부딪친다.' 순으로 나타났다. 이는 성인(구민정 외, 2019; 권혁진, 권석만, 2017; 이영지, 육성필, 2020; 한지혜, 2018) 및 청소년(안영신, 송현주, 2017; 이동귀 외, 2016)의 자해 형태와 일치하는 결과이다. (중략) 이는 청소년의 경우 성인 및 대학생과 달리 최초의 자해 계기가 충동적으로 시작할 가능성이 높다는 연구결과(김수진, 김봉환, 2015)와 함께 청소년의 경우 더 치명적인 방법을 선택하고 있음을 알 수 있다.

출처: 함경애 외(2021).

둘째, 연구결과가 관련 이론이나 선행연구 결과와 부합되지 않는, 즉 연구가설에 기각된 경우이다. 이러한 경우 초심연구자들은 일단 자신의 연구결과가 잘못된 것으로 단정하고 당황해한다. 연구결과는 주어진 연구 조건으로 얻은 사실적 정보이다. 만약 주어진 연구결과를 얻기까지의 모든 연구과정이 과학적 방법의 조건을 충족시켰다면, 자신이 경험적으로 얻은 연구결과가 비록 논리적 기대와 일치하지 않더라도 그 자체로서 중요한 의미를 지닌다. 따라서 연구자는 일치되지 않게 나타난 가능한 이유를 논리적으로 제시하여 새로운 설명을 제공하면 된다. 하지만 아직 경험적으로 검증되지 않는 또 하나의 가설이기 때문에 차후에 새로운 연구를 통해 확인해 보아야 할 연구거리임을 명시하여야 한다.

다음 사례를 통해 선행연구와 부합되지 않는 경우 다양하게 작성되는 방법을 살펴보자.

선행연구와 부합되지 않은 예시 1

- 우울은 실험집단, 통제집단, 비교집단 모두 사전, 사후, 추수 간 변화가 없었다. 정서지능 중 하위요인인 정서인식은 자아존중감과 우울과 관련이 있고(Ferdandez-Berrocal, Extremera, & Pizarro, 2006), 낮은 정서인식은 높은 정서표현 억제와 관련이 있으며, 우울, 신체화, 불안 등의 내현화 증상과 관계가 깊다는 선행연구(Brian & Burch, 2009)와 불일치하는 결과라 할 수 있다.

• 불일치에 대한 이유 설명

본 연구에 참여한 중학생의 경우 일반군에 속하는 학생이므로 우울수준이 비교적 낮아, 정서지능의 증진과 우울감소의 효과를 검증하기 어려웠던 것이 아닌가 생각된다. 또한 8회기라는 비교적 단기간의 회기로 우울의 감소까지 영향을 주기에는 다소 어려움이 있지 않았나 추론된다. 향후 일반 청소년뿐 아니라 우울 위험군이나 우울군에 속하는 중학교 청소년에게도 이 정서지능 향상 프로그램을 실시하여 그 효과를 검증해 볼 필요가 있는 것 같다.

출처: 여숙현 외(2019).

선행연구와 부합되지 않은 예시 2

• 감정부조화는 직무만족에 유의한 영향을 미친다는 선행연구(김란, 2012; 최홍식, 2011)와 상반된 결과이다.

• 불일치에 대한 이유 설명

은행원의 감정부조화는 직무만족에 직접적인 영향을 미치지 않는 본 연구와 선행연구의 결과 차이는 연구의 대상에 따른 차이에서 비롯된 것일 수도 있다. 이유는 고객의 자금으로 성장하는 은행들은 고객만족 전담 부서를 두거나 창구 직원들의 친절함을 평가하면서 고객중심의 맞춤 서비스를 제공하고 있다. 그렇다 보니 은행원들은 고객의 무리한 요구도 서슴없이 들어주어야 하는 과정에서 감정부조화를 경험하면서도 언제나 참아야 하고 고객에게 맞춰 주어야 한다는 생각은 직무만족에는 큰 영향을 주지 않는 것으로 판단된다.

출처: 김명희, 천성문(2018).

(3) 연구의 의의

연구의 의의는 연구결과가 가지는 의미, 즉 이론, 방법론, 응용의 시사점 등에 대해 고찰하고 서술하는 부분이다. 먼저, 자신의 연구결과가 기존의 이론들과 일치하는지, 그리고 왜 일치하는지 또는 왜 일치하지 않은지 고민해 봐야 한다. 또한 기존의 이론이 현행 연구에서 연구되지 않은 대상들, 예를 들어 임상집단, 사회적으로 소외된 집단, 연령의 제한이 있는 대상 등을 기존의 이론을 적용해 봤는지에 대한 부분도 의의로 생각해 볼 수 있다.

연구방법과 관련해서 연구방법이 기존 방법상의 중요한 차이점은 없는지, 이를 통해 진보한 점은 없는지도 살펴봐야 한다. 기존의 연구방법에서 매개연구를 예로 들면, 선행연구에서 위계적 회귀분석의 3단계(Baron & Kenny, 1986) 분석방법으로 연구를 실행했지만, 현재 연구에서는 구조방정식처럼 한 단계 진보된 연구방법을 사용하였다면, 이것 또한 연구방법이 가지는 의의라 할 수 있다. 또 다른 예로, 기존의 변인 간의 연구를 살펴보는 횡단적 연구에서 종단적 연구를 했을 경우에도 연구방법적으로 큰 의의가 있다. 1년 6개월의 연구 기간 중, 6개월 정도의 시간적 간격을 두고 자료를 수집하고, 그 수집된 종단자료를 기반으로 연구를 실시하였다면 변인 간의 인과관계를 면밀하게 살펴볼 수 있는 연구방법에서의 의의가 될 수 있다.

연구자의 연구가 실제 현장에서 어떻게 적용될지에 대해서도 구체적으로 고민해봐야 한다. 관계연구에서 찾은 주요한 변인의 관계를 바탕으로 프로그램 개발이나 상담 적용 시 심리적인 적응을 돕는 데 도움을 줄 수 있는 기틀을 마련하는 것이 의의라 할 수 있다. 관계연구에서 자주 등장하는 매개변인으로 자아존중감, 공감 능력, 분노 표현 등이 있는데, 이런 주요변인들은 프로그램 개발이나 개인 상담 시 내담자의 문제행동을 줄이거나 성장 · 변화시키는 데 근거를 마련할 수 있다. 즉, 집단상담 프로그램이나 교육 프로그램 개발, 개인 상담 시 변화 가능한 매개변인의 수준을 높여, 문제행동을 줄이거나 생활의 적응도를 높이는 데 바탕이 될 수 있다.

다음 사례를 통해 다양하게 작성되는 연구의 의의를 살펴보자.

연구의 의의 예시 1

본 연구가 갖는 의의는 다음과 같다. 첫째, 인간 사별 경험에서의 애도와 외상 후 성장, 애도에 대한 의미재구성 과정이 반려동물 상실경험에도 발생할 수 있음을 확인하였다. 둘째, 반려동물 상실을 경험한 사람들에게도 지속애도 증상이 나타날 수 있음을 확인하였다. 급변하고 있는 반려동물 문화 속에서 국내 반려인들의 내적 경험에 대한 사회적 이해와 지지가 필요함을 알 수 있다. 셋째, 조절변인으로서의 긍정적 사회적 반응의 수준에 따른 매개효과의 양상을 확인하였다.

출처: 한성아, 유성경(2022).

연구의 의의 예시 2

본 연구의 학문적 의의는 다음과 같다. 첫째, 한국 상담의 문화에 근거하여 상담사들의 지각과 정서를 반영한 구성개념을 탐색하였다는 점에서 의의를 지닌다. 본 연구에서는 이론적 개념에 국한하지 않고 현장에서 활동 중인 한국 사회의 상담전문가들이 인식하는 전문직 정체성의 개념을 확인하는 시도가 되었다. (중략) 본 연구의 실무적 의의는 다음과 같다. 첫째, K-CPIS는 한국에서 개발된 첫 도구로 한국 상담문화와 전문직 상담사의 생각이 반영되어 개발되었다. 이는 하나의 직업이 전문직이 되기 위한 구성 요건 중 '고유한 지식의 평가 및 기준'에 해당하는 것으로 체계적인 전문서비스를 위한 조건이다(Hall, 1968; Raskin, 1987; Sexton & Whiston, 1995). 따라서 한국 상담의 사회·문화적 특수성과 한국 상담의 전문직 특성을 연구할 때 K-CPIS가 도움을 줄수 있을 것이다.

출처: 최서윤, 최한나(2021).

(4) 연구의 제한점

처음 연구를 설계할 때부터 연구과정에서 일어날 법한 실수나 오류를 줄이도록 해야 한다. 그러나 연구 도중 어쩔 수 없는 제한점이 발견된다면, 다음 후속연구를 위해서 분명하게 이를 밝히고 가능한 범위 안에서 대안을 제시해야 한다.

제언은 연구 진행 중에 부득이하게 발생한 문제나 연구대상, 측정도구, 연구방법 등에서 오는 한계를 밝히고, 이러한 문제점이나 연구결과를 토대로 후속연구를 위한 연구자의 의견을 제시하는 부분이다. 이는 후속연구자에게 도움이 될 뿐 아니라 연구내용을 자세히 설명하기 위해서도 필요하다. 제언의 항목 수는 연구주제에 따라 달라지겠지만, 보통 3~5개 이내로 제한한다. 제언마다 한두 문장씩 더 자세한 논평을 달아 두며, 시제는 '~할 필요가 있다.'처럼 미래형으로 사용한다.

다음 사례를 통해 연구의 제한점 작성방법을 살펴보자.

연구의 제한점 예시 1

끝으로 본 연구의 제한점을 살펴보면, 첫째, 연구결과의 일반화와 기초자료로서의 가치를 확보하기 위해서 후속연구에서는 보다 많은 연구 참여자를 대상으로 연구를 진행할 필요가 있다.

출처: 함경애 외(2021).

연구의 제한점 예시 2

후속연구를 위한 몇 가지 제언은 다음과 같다. 첫째, 본 연구에서 개발된 K-CPIS의 하위요인과 상담사 발달수준, 자기효능감, 소진과의 구조적 관계는 확인하지 못하였다. 추후 연구에서 하위요인과의 구조적 관계와 경로를 확인하는 과정을 통해 이론적 검증을 더 구체화할 필요가 있다. 이는 상담사 전문직 정체성이 상담사와 내담자, 상담과정 전체에 중요한 영향을 미치는 요인임을 확인하는 데 도움을 줄 수 있을 것으로 본다.

출처: 최서윤, 최한나(2021).

(5) 후속연구를 위한 제언

연구자는 도출된 연구결과를 바탕으로 어떠한 후속연구를 할 것인지 스스로 자문해 보고, 후속연구의 방향을 고민해 보아야 한다. 자신의 연구를 통해 무엇을 알아내고 찾았는지도 중요하지만, 자신의 연구를 기초로 해서 앞으로 어떤 연구를 더 해야 할지를 독자에게 전달하는 것도 매우 중요하다. 논문을 읽는 독자가 후속연구를 위한 제언에서 아이디어를 얻어 연구를 실행함으로써 새로운 이론이 창출될 수 있기 때문이다. 논문에서의 제언은 후속연구자에게 새로운 연구를 시작하게 하는 출발점과 같은 역할을 하며, 연구자의 연구가 단편적으로 끝나는 것이 아니라 지속해서 이어지게 하는 역할을 한다는 것을 명심해야 한다.

다음 사례를 통해 후속연구를 위한 제언 작성방법을 살펴보자.

제언 작성 예시 1

실제 본 연구에서도 수퍼바이저의 권위나 전문성이 수퍼비전 내에서 솔직한 의사표현을 저해함을 확인하였으며, 해당 축약 진술문은 빈도효과 크기가 6위에 해당하였다. 그러나 이러한 결과가 국내의 문화적 특성에 의한 것임을 확인하기 위해서는 수퍼비전을 주제로 한 국내외 연구를 모두 포함하여 탐색하는 후속연구가 필요하겠다.

출처: 조은실 외(2022).

제언 작성 예시 2

위와 같은 연구의 의의에도 불구하고 본 연구는 제한점을 가지고 있으며, 이를 바탕으로 후속연구를 위한 몇 가지 제언은 다음과 같다. 첫째, 본 연구에서 개발된 K-CPIS의 하위요인과 상담사 발달 수준, 자기효능감, 소진과의 구조적 관계는 확인하지 못하였다. 추후 연구에서 하위요인과의 구조적 관계와 경로를 확인하는 과정을 통해 이론적 검증을 더 구체화할 필요가 있다. 이는 상담사 전문직 정체성이 상담사와 내담자, 상담과정 전체에 중요한 영향을 미치는 요인임을 확인하는 데 도움을 줄 수 있을 것으로 본다.

출처: 최서윤, 최한나(2021).

한편, 가끔 제언을 마치 연구자 자신이 하지 못한 숙제를 떠넘기는 것처럼 작성하는 경우도 있으므로 주의해야 한다. 제언은 연구자의 연구결과나 논의, 한계점을 바탕으로 구체적으로 작성되어야 한다. 즉, 자신의 연구에 나타난 특이한 결과, 연구 진행과정에서 발견한 한계점이나 새로운 아이디어, 연구할 만한 가치를 지닌 것, 연구로서의 구현 가능성이 있다고 생각하는 연구방법과 방향을 상세히 제시해야 한다.

❖ 한계점의 내용을 기반으로 한 후속연구 제시
- 연구대상 일반화의 문제: 한 지역 대상이 아닌 전국 단위의 대상으로 모집
- 연구대상의 표집방법: 확률 표집방법 사용
- 측정도구의 문제: 신뢰도와 타당도가 높은 검사를 개발하거나 설문조사 외에 행동관찰이나 개인적 면담 등과 같은 다양한 측정방법을 사용

❖ 후속연구에서 발전시켜야 할 방향 제시
- 선행연구와 연구자의 연구를 종합한 연구결과를 기반으로 한 다양한 방법
- 횡단자료에 대한 한계점의 경우 종단자료로 재검증 필요성
- 후속연구에 충분히 고찰해 볼 필요성이 있는 다양한 변인

2) 논의 작성 시 유의사항

연구자는 논의 작성 후 결과에 대한 요약과 결과를 뒷받침하는 선행연구들 그리고 결과에 대한 연구자의 해석, 연구결과가 가지는 의미 등이 명확히 제시되었는지를 다음의 점검사항을 통해 확인해 본다. 그리고 제언을 작성한 후 연구목적이나 방법 및 연구문제와 결과가 정확하게 제시되었는지, 연구의 한계를 명확히 밝히고 후속연구를 위한 연구자 자신의 의견이 제시되었는지에 대해 다음의 점검사항을 확인해 본다.

한편, 논의 작성 후 다음과 같은 질문을 통해 논의 작성에서 빠지거나 중복되거나 필요 없는 부분은 없는지 점검해 볼 필요가 있다.

❖ 연구목적과 논의 방향이 제시되었는가?
❖ 연구결과와 요약이 명확하게 제시되었는가?
❖ 연구결과들만 나열한 것이 아니라 결과들을 논의하였는가?
❖ 연구결과와 선행이론들을 통합하였는가?
❖ 선행연구와의 일치점 혹은 불일치점이 제시되었는가?
❖ 일치 혹은 불일치에 대한 결과 설명 및 해석이 제시되었는가?
❖ 의의(이론의 증명, 연구방법, 실질적 시사점)가 제시되었는가?
❖ 연구의 한계점을 명확히 알고 제시하였는가?
❖ 본 연구를 통해 얻을 수 있는 실질적인 응용방법이나 개선안이 제시되었는가?
❖ 후속연구를 위하여 앞으로 살펴보아야 할 문제와 쟁점이 제시되었는가?

참고문헌

김명희, 천성문(2018). 은행원의 감정노동, 감정부조화, 심리적 소진 및 직무만족 간의 구조적 관계분석. **인문사회과학연구, 21**(3), 291-319.

여숙현, 임정아, 최은미, 김명식(2019). 중학생 정서지능 향상 프로그램 개발 및 효과. **상담학연구, 20**(1), 191-209.

조은실, 이지영, 차윤지, 백인규, 양은주(2022). 한국 상담자의 발달과 관련된 수퍼비전 요소에 대한 질적 메타요약. **한국심리학회지: 상담 및 심리치료, 34**(2), 259-285.

최서윤, 최한나(2021). 한국 상담사 전문직 정체성 척도개발. **한국심리학회지: 상담 및 심리치료, 33**(3), 983-1014.

한성아, 유성경(2022). 반려동물 상실 애도와 심리적 성장의 관계: 의미재구성과 긍정적 사회적 반응의 조절된 매개효과. **한국심리학회지: 상담 및 심리치료, 34**(2), 623-642.

함경애, 김서영, 이동귀, 손하림(2021). 초기 성인기 자해행동. **재활심리연구, 28**(1), 137-162.

Baron, R. M., & Kenny, D. A. (1986). The moderator-mediator variable distinction in social psychological research: Conceptual, strategic, and statistical considerations. *Journal of Personality and Social Psychology, 51*(6), 1173-1182.

Bolte, A., Goschke, T., & Kuhl, J. (2003). Emotion and intuition: Effects of positive and negative mood on implicit judgments of semantic coherence. *Psychological Science, 14*(5), 416-421.

Folkman, S., & Moskowitz, J. T. (2000). Positive affect and the other side of coping. *American Psychologist, 55*(6), 647-654.

Lloyd-Richardson, E. E., Kelley, M. L., & Hope, T. (1997). *Self-mutilation in a Community Sample of Adolescents: Descriptive Characteristics and Provisional Prevalence Rates.* Poster session presented at the annual meeting of the Society for Behavioral Medicine, New Orleans, LA.

Wood, A. M., Joseph, S., & Linley, P. A. (2007). Coping style as a psychological resource of grateful people. *Journal of Social and Clinical Psychology, 26*(9), 1076-1093.

부록

연구 시작 전 살펴보기

논문 작성이란 무엇인가? 이는 연구자가 자신의 관심 분야에서 연구주제를 결정하고 비판적 태도로 선행연구를 검토하여 연구문제나 연구가설을 구체화해 나가는 것이다. 이에 연구자는 논문을 작성하기 전에 논문이 무엇인지, 왜 작성해야 하는지를 항상 염두에 두어야 한다. 그리고 논문을 작성할 때는 기술적인 면보다는 연구자가 평소에 어떤 분야나 주제에 관심이 있는지, 왜 그 분야에 관심을 갖고 있는지, 어떻게 논문을 작성하고 완성해 나갈 것인지를 먼저 생각하는 것이 필요하다. 즉, 자신이 정말로 관심 있는 것이 무엇인지, 어떤 연구방법에 관심이 있는지, 하고 싶은 것이 무엇인지에 대해 끊임없이 호기심을 가지고 스스로 찾아내는 것이 가장 중요하다.

한편, 논문은 지도하는 교수에 따라 논문을 작성하는 형식이 다를 수 있다. 어떤 지도교수는 가독성에 우선순위를 두어 독자들이 논문을 읽을 때 중요한 포인트를 잘 잡을 수 있게 문맥을 잡아 주느라 방점을 찍기도 하고, 또 어떤 지도교수는 주제에 적합한 연구문제나 연구가설을 설정하고 이를 검증하기 위한 연구방법을 선택하는 지도과정에 중점을 두기도 한다. 그러나 연구자가 논문의 첫 단추라 할 수 있는 연구의 대상과 주제에 대한 깊은 고민을 시작 단계에서 깊이 생각하지 않으면, 가독성이 높아 읽기 쉬운 논문이거나 또는 기술적인 측면에서 논리적인 논문이라 하더라도 별 의미가 없을 수도 있다. 그러므로 지도교수의 도움을 받아 논문을 작성할 때 가장 핵심적인 부분은 초기에 연구자 자신이 어떤 연구를 할 것인지 깊이 고민하는 것이라 할 수 있다.

그렇다면 초보 상담연구자가 논문을 쓰기 전 시작 단계에서는 연구주제를 어떻게 선정하고, 연구주제 선정 후 논문 작성 단계에서는 어떻게 작성해야 하는지 선행연구 검토, 연구문제 도출, 연구의 중요성 검토, 연구가설 및 연구문제 설정, 연구방법 결정 순으로 하나하나 살펴보도록 하자.

1. 관심 분야(연구주제) 선정

상담이나 사회과학 분야에서 연구가 이루어질 때 중요한 것은 먼저 관심 분야에 대해 고찰하는 것, 즉 연구주제를 선정하는 것이다. 연구자는 논문을 작성하기 위해 주제를 선택하고 연구방법론을 모색해서 필요한 데이터를 수집하고 결과를 도출하여 논문을 구성한다. 연구주제를 선정할 때 이러한 전 과정이 관련이 없다고 생각할 수 있지만 실제로 많은 연구를 수행한 연구자들은 전 과정을 고민한 후 연구주제를 선정한다. 데이터가 없는데 결과를 예측할 수 있을까 하는 의문점이 있을 수 있다. 하지만 선행연구를 바탕으로 데이터의 결과를 예측할 수 있다. 예측된 결과에 따라 거꾸로 추적하면서 연구주제를 선정하는 것이다.

연구자가 연구주제를 선정할 때는, ① 연구자의 관심 분야는 무엇인가, ② 데이터 자료를 얻을 수 있나, ③ 데이터를 분석할 수 있는 능력이 있나, ④ 글쓰기가 가능한가 등을 고려해야 한다. 이 중에서 가장 중요한 부분은 연구자의 관심 분야와 데이터를 쉽게 얻을 수 있는지 여부이며, 다음으로는 자료분석 능력을 꼽을 수 있다. 만약 연구의 계획을 다 끝내고 서론부터 논문을 쓰기 시작해서 연구방법까지 다 작성했다고 가정해 보자. 그다음 과정은 데이터를 얻어 결과를 분석하는 것인데, 데이터를 수집할 수 없다고 했을 때 지금까지 작성한 서론부터 연구방법까지는 모두 삭제해야 하는 불상사가 발생할 수 있다. 그래서 연구자의 관심 분야에서 데이터를 입수할 수 있는가가 제일 중요하다고 볼 수 있다.

만약 연구대상의 데이터를 쉽게 얻을 수도 없고, 연구주제도 명확하게 떠오르지 않는다면 이에 대해 너무 어렵게 생각할 필요는 없다. 연구와 관련된 자료는 데이터 업체를 통해서 얻을 수도 있다. 그리고 주제가 잘 떠오르지 않는 경우에는 자신의 삶에 대한 태도에서 연구주제를 정해도 된다. '나는 내 아이들을 친구들과 다르게 굉장히 세심하고 완벽하게 키우고 싶다. 그래서 그렇게 하지 않을 때 매우 수치스럽고 죄책감을 느끼며 자책하는 경우가 많다.'와 같은 특성을 지녔다면, 완벽주의와 관련된 연구주제에 흥미를 느낄 수 있을 것이다. 또는 '나는 옛날부터 밖에 나가면 불안하고 사람들 앞에서 발표하는 것이 너무 힘들었다.'와 같은 특성을 지녔다면, 사회불안과 관련된 연구주제를 통해 무엇이 나의 삶의 태도에 영향을 주었는지 탐색하고 연구하면서 자신에게 풀리지 않던 숙제를 풀 수 있을 것이다.

2. 선행연구 검토

연구주제가 정해지면 연구자는 다음 단계인 선행연구를 검토해야 한다. 연구자의 연구는 새로운 것을 창조하고 개발하는 것이 아니라 자신의 연구를 통해 기존 연구를 한 단계 끌어올리는 개념으로 접근해야 한다. 즉, 현재 작성하고 있는 논문은 기존 연구에 더하여 연구를 축적한 것이라고 보면 될 것이다. 그렇기 때문에 선행연구에 대한 검토가 매우 중요하다. 기존 선행연구에 대한 검토 없이 연구가 진행되면 연구자가 예측한 연구결과를 도출하기가 힘들 수 있다.

선행연구를 검토하는 것이 중요한 또 다른 이유는 그것이 '내가 하고 싶은 연구를 다른 연구자가 이미 했다면 어떻게 할까?'라는 질문에 대한 답을 찾는 일이기 때문이다. 예를 들어, 다문화 청소년을 대상으로 멘토링 프로그램을 만들고 싶은 연구자가 있다. 연구주제를 정하면서 다문화 청소년에 대한 자료를 수집하고 척도까지 준비를 마쳤는데, 선행연구를 한 번 더 꼼꼼히 검토한 결과 이미 관련 연구논문이 발표된 상태라면 어떻게 할 것인가? 지금까지 몇 백 페이지의 자료를 수집하고 검토한 시간과 노력을 당연히 다 내려놔야 한다. 안타깝게도 그 연구주제를 사용할 수 없으며, 다른 연구주제를 새로 찾아야 한다는 것을 의미한다.

이처럼 선행연구 검토는 논문에 들인 시간과 정성을 되돌리게 하지 않는 무엇보다 중요한 단계라 할 수 있다. 따라서 선행연구의 검토는 연구설계 단계부터 기존 연구를 잘 찾아서 충분히 살펴보고 준비가 된 상태에서 연구설계를 마무리하는 것이다. 그래서 먼저 자신이 관심 있는 대상 및 주제에 대해 선정했다면 그다음에 반드시 선행연구를 꼼꼼하게 검토해서 자신의 연구주제와 중복되지 않는지 확인해야 한다. 이처럼 선행연구 검토는 면밀히 고찰해야 할 충분한 이유가 있다.

3. 연구문제 도출

연구자는 관심 분야에서 연구주제가 결정되면 선행연구를 충분히 검토한 후 연구문제를 도출하게 된다. 연구문제는 연구주제의 일반적인 내용에서 구체적으로 검증 또는 측정 가능한 형태로 도출해야 한다. 예를 들어, 자살행동을 보이는 청소년이 연구대상이라면 자살행동을 하는 이유, 자살을 시도하기 전과 시도한 후의 변화를 살펴보고, 그런 다음 자살행동을 극복하게 된 이유가 무엇인지에 대해 궁금하다면 그것을 연구문제로 도출하면 된다.

그러나 연구과정에서 자살행동을 하는 청소년의 상황 및 특성과 관련된 자료를 찾지 못할 수도 있을 것이다. 필자의 경험으로 예를 들면, 처음 필자의 연구계획은 자살행동을 하는 청소년을 위한 프로그램 개발이었다. 그러나 자살행동과 관련된 선행연구를 검토하는 과정에서 자살행동을 하는 청소년에 대한 면담자료들이 없다는 것을 알게 되었다. 그래서 필자는 자살행동을 하는 청소년을 직접 만나서 어떤 것이 힘든가, 무엇이 괴로운가, 자살 시도를 할 때 무엇이 자신을 멈추게 하는 데 도움이 되었는가에 대한 면담을 직접 했다. 이런 과정을 거쳐 필자는 연구문제 1에서 청소년들을 대상으로 면담을 통한 질적 연구를 한 다음, 그 내용을 분석하여 연구문제 2에서 프로그램을 개발하였다. 즉, 처음 연구계획과는 달리 자살행동 청소년을 위한 프로그램 개발을 위해 자살행동과 관련한 자료를 수집하기 위하여 질적 분석 연구가 추가된 것이다.

이렇듯 선행연구가 없으면 우리는 굉장히 난감하고 어려운 상황에 부딪히게 될 것이다. 하지만 연구주제와 관련된 선행연구 자료가 없을 경우, 연구 자체를 포기하기보다는 연구주제와 관련된 질적 연구나 관계연구를 통해 연구주제의 바탕이 되는 의미 있는 논문이 충분히 나올 수 있다. 그리고 연구자료를 얻기 위해 여러 연구를 한꺼번에 시도할 필요는 없다. 논문의 연구문제나 주제는 언제든지 상황에 따라 바뀔 수 있다. 그러나 여기에서 중요한 것은 연구자 자신이 어디에 관심이 있는가에 초점을 맞추고 있어야 한다는 것이다. 수없이 많은 실수와 흔들림 속에서 연구자 스스로가 큰 중심을 잡고 있다면, 연구는 다시 시작되며 또한 계속 진행될 수 있다.

따라서 연구자가 관심 있는 연구주제를 가지고 연구문제를 도출할 때, 연구문제는 검증과 측정이 가능하도록 구체적으로 제시되어야 한다. 연구란 관심대상에 대해 설문이나 면담해서 결과를 얻어 그 결과가 의미하는 바를 논리적으로 알아보는 과정이므로, 처음에 명확하고 측정 가능하도록 연구문제를 설정하는 것은 연구 전반에 영향을 미친다. 연구문제가 명확해야 연구방법과 연구결과가 연구 중간에 내용이 바뀌지 않고 계속 안전하게 진행될 수 있다.

4. 연구의 중요성(필요성) 검토

연구의 중요성은 달리 말하면 연구의 필요성이라고 할 수 있다. 연구의 필요성은 연구의 배경과 연구목적을 설명하는 것으로, 이때 설명은 큰 범위에서 점점 좁혀 작은 범위로 이루어져야 한다. 즉, 설명은 마치 깔때기 모양처럼 이루어져야 하는데, 이때 호리병처럼 좁았다 넓어졌다 하는 형식으로 설명이 이루어져서는 안 될 것이다.

연구의 필요성은 연구 관점을 점점 좁혀 가면서 연구목적에 도달하는 과정이다. 이를 위해서는 자신의 주관적인 입장에 근거한 주장뿐 아니라 다른 학자들도 관련된 연구에 대해서 주장하고 있는 선행연구를 함께 제시하고 그 연구들이 어떤 대상과 이론으로 문제를 접근하고 그 결과를 도출했는지 아주 간략하게 설명하면 된다. 이러한 근거와 입증이 끝나면 기존 선행연구들의 제한점을 언급한 후, 이를 보완하기 위한 자신의 연구목적을 제시함으로써 연구의 필요성을 기술하면 되는 것이다. 이때 연구의 필요성은 'why' 관점에서 자신이 연구를 왜 하는가를 기술하면 되고, 연구의 목적은 'what'의 관점에서 자신이 무엇을 할 것인지에 대해 기술하면 된다.

연구의 중요성에서 우리는 연구윤리에 대한 문제도 잊지 말아야 한다. 즉, 아동·청소년이나 정신적으로 취약한 대상자에 대한 연구를 진행할 때 그들에 대한 윤리적 문제를 고려해야 한다. 예를 들면, 연구할 때 미성년자의 경우 보호자의 동의를 받아야 하고, 면담이나 설문 작성 시 문제가 발생하거나 부정적인 감정이 일어날 경우를 대비하여 외부 심리상담자와 연결하는 것도 한 가지 방법이다.

연구문제 도출 시 연구대상과 연구방법을 선정할 때 고려해야 할 사항은 현실적 제한에 관한 것이다. 아무리 관련 선행연구가 없고 연구자의 호기심을 자극하는 주제라 하더라도 연구자가 대상을 구할 수 없거나, 구할 수는 있더라도 그 인원수가 제한적이라면 다시 생각해 봐야 한다. 예를 들어, 성중독자들에 관한 척도를 개발하고 싶다면 우선 예비문항을 선정한 다음 그에 대한 1차 요인분석과 2차 타당도를 보기 위해 몇 백 명의 인원이 필요한데 그 대상을 구하기 힘들 수 있다. 따라서 연구문제를 도출하고 선정할 때 연구자가 현실적으로 이러한 연구수행이 가능할지에 대해 고려해야 한다.

5. 연구가설 및 연구문제 설정

논문을 작성할 때 필수요소 중 하나는 논리적이면서 이론적 근거에 따라 문제를 제기하는 것이다. 이러한 문제제기를 연구가설 또는 연구문제라고 한다. 이 둘은 논리적으로 제시함으로써 제기된 의문이 단순한 호기심이 아님을 보여 주어야 한다. 연구가설이나 연구문제에 근거 없이 변수가 포함될 경우 연구자는 해당 변수가 포함된 연구가 수행된 이유를 설명할 수 없으므로 연구의 중요성을 설명할 근거를 제시할 수 없다. 또한 선행연구에 기초하지 않고 연구가설이나 연구문제를 설정하는 경우에는 의미 있는 결과가 도출되더라도 그 의미를 논의하기가 어렵게 된다.

연구가설과 연구문제는 문장의 형식으로도 구분할 수 있다. 일반적으로 연구가설은 그 문장이 '~일 것이다.' 또는 '~할 것이다.'로 평서문으로 끝맺음이 되어 구체적인 표현의 느낌이 든다. 예를 들면, '공격성은 자살행동에 영향을 미칠 것이다.'로 작성한다. 반면 연구문제는 문장이 '~인가?' 또는 '~한가?'로 의문문으로 끝맺음이 되어 추상적인 표현의 느낌이 들며, '자살행동에 영향을 미치는 변인은 무엇인가?'와 같이 작성한다.

이러한 연구가설 및 연구문제 설정이 반드시 지켜져야 할 규칙은 없지만 대부분

탐색적인 연구주제, 즉 주관적인 느낌이 부각되는 질적 연구에는 연구문제가 자주 사용된다. 반면 이론적 근거가 탄탄하고 선행연구가 충분하여 이를 통해 연구결과가 예측 가능할 경우 연구가설을 설정하는데, 이는 주로 양적 연구에서 많이 찾아볼 수 있다.

6. 연구방법 결정

연구방법은 크게 양적 연구와 질적 연구로 나뉜다. 설문조사로 대표되는 양적 연구는 연구주제에 관한 기존 선행연구와 이론적 근거를 바탕으로 일반적인 원리와 법칙을 확인하고자 할 때 사용되는 연구이다. 연구주제에 대한 이론과 지식이 충분할 때는 기존의 지식을 바탕으로 연역적인 접근이 가능하므로 가설을 세우고 이 가설을 검증하는 방식으로 연구를 진행하게 된다. 그래서 연구자들이 비교적 많이 선택하는 방법이기도 하다. 인터뷰로 대표되는 질적 연구는 연구주제를 하나의 현상으로 귀납적으로 이해하고자 할 때 사용되는 연구로 심층적인 연구를 할 때 사용된다. 또한 이 둘을 합친 혼합연구도 있다.

연구자가 연구방법을 선택하기 전에 반드시 거쳐야 하는 것이 있다. 앞에서도 언급했듯이 자신이 하고자 하는 연구에 대해 기존에 선행연구가 있는지에 대한 탐색이 필요하다. 이러한 과정이 끝나더라도 많은 연구자가 연구방법을 결정하는 데 어려움을 호소한다. 그만큼 연구가설이나 연구문제에 맞는 연구방법을 결정하는 것은 어려운 전문 영역이기 때문이다. 연구방법을 결정하기 위해서 먼저 지도교수나 논문에 대한 멘토가 있다면 이에 대해 아주 면밀히 컨설팅을 받아야 한다. '연구문제나 연구가설을 효과적으로 보여 줄 수 있는 연구방법은 무엇일까?' 혹은 '결론을 유의미하게 이끌어 내려면 어떻게 해야 할까?'에 대한 고민이 있을 때 전문가의 도움을 받는다면 더욱 검증력이 높고 타당한 연구방법을 결정할 수 있다.

2부

상담심리 연구방법의 이해 및 실제

2장

관계연구: 매개연구 중심

1. 관계연구의 이해

관계연구란 한 변인이 변화함에 따라 다른 변인의 변화(증가 혹은 감소)가 일어난다는 가정하에 변인 간의 관계를 검증하는 연구를 말한다. 예컨대, 대학생들의 전공몰입과 취업의 질, 괴롭힘 피해경험과 우울, 학업 스트레스와 학업지연 행동의 관계 등을 알아보고자 하는 것이 관계연구라고 할 수 있다.

관계연구에는 변수들 간에 얼마만큼 관련이 있는지 알아보는 상관분석이 있고, 상관계수에 기초하여 한 변인이 다른 변인의 값을 어느 정도 예측하는지 살펴보는 회귀분석이 있다. 그리고 회귀분석에서 파생되어 발전한 분석으로 독립변수가 종속변수에 영향을 미치는 관계에서 중간에 중계자 역할을 하는 매개변수를 추정하는 매개분석이 있다. 그 밖에도 회귀분석을 확장하여 여러 변수 간의 인과관계를 분석하는 경로분석, 경로분석에서 더 발전된 형태로 측정모형과 구조모형을 통해 변수 간의 인과관계를 파악하는 구조분석이 있다.

관계연구에서 주제를 선정할 때 가장 중요한 것은 관련 변인에 대한 탄탄한 이론적 근거를 찾는 것이다. 이론적 근거가 불분명할 경우에는 두 변인 간 관계가 분명해야 한다. 만약 선행연구를 통해 변인들 간의 관계를 뒷받침하지 못하고 연구자의 임의대로 변인을 선정하게 되면 연구설계는 쉬울 수 있으나, 결과를 통해 추론할 수 있는 논리적 설명이 부족하여 연구가 왜곡될 수 있다. 또한 연구대상과 연결시켜 변인이 연구되어야 할 이유를 제시해야 한다.

관계연구는 설문지를 통한 조사연구를 기반으로 단순 관계연구, 매개연구, 조절연구, 매개된 조절연구, 조절된 매개연구 등 발전된 다양한 연구가 진행 중에 있다.

이 책에서는 관계연구 중에서 상담심리연구에서 많이 적용되고 있는 매개연구방법을 활용한 논문 작성에 대하여 전반적으로 살펴보고자 한다.

1) 매개연구의 목적

상담심리연구에서 매개변인을 확인하고 효과 검증을 하는 목적은 무엇일까?

첫째, 특정 개입(또는 처치)이 효과가 있다는 명백한 증거가 존재할 때 무엇이 그 개입을 효과적으로 만드는지를 밝히기 위함이다. 즉, 개입을 통해 발생하고 다시 성과에 영향을 미치는 기저의 변화과정을 알고 싶을 때 매개효과를 검증한다. 이러한 작업은 개입 및 성과와 관련이 있는 심리과정에 대한 이론을 세우고 검증하는 일로 이어질 수 있다. 이를 통해 기존의 이론이나 모델에서 제기했던 주장과 가설의 타당성 여부를 실증적으로 입증해 볼 수도 있고, 때로는 연구결과에 따라 수정된 이론이나 모델을 제안할 수도 있다.

- 연구목적: 흡연에 대해 금연효능감, 약물에 대한 비합리적 신념이나 기대가 영향을 준다는 Marlat과 Gordon(1985)의 재발방지모델을 검증하기 위해
- 연구설계: 금연효능감과 흡연에 대한 비합리적 신념이나 기대가 심리적 특성과 청소년 흡연 간의 관계를 매개하는지 검증

출처: 김명식, 권정혜(2004).

둘째, 상담에서 보다 초점을 두고 개입해야 할 변인들을 확인하고 상담 개입 전략을 수립하는 데 도움을 줄 수 있다. 특히 독립변수가 종속변수에 미치는 영향을 매개변인이 완전매개 하는 것으로 드러난다면, 이는 예측변인이 아니라 매개변인에 초점을 두고 상담전략을 수립해야 함을 시사한다.

- 연구대상: 대학생
- 연구결과: 내현적 자기애와 사회불안의 관계를 내면화된 수치심과 자기비난이 완전매개
- 개입전략: 상담자는 내담자의 내현적 자기애에 초점을 둘 것이 아니라 내면화된 수치심과 자기비난에 초점을 두고 개입전략 수립(즉, 예측변인보다 매개변인에 초점을 두고 상담을 진행하는 것이 훨씬 효과적일 수 있다는 연구결과를 반영한 개입전략 수립)

출처: 강문선, 이영순(2019).

매개변수는 독립변수와 종속변수의 관계를 설명해 주는 변수이다. 독립변수가 '어떻게' 또는 '왜' 종속변수를 예측하거나 야기하는지를 알고 싶을 때 이를 설명해 주는 것을 매개변수라고 할 수 있다. 즉, 독립변수와 종속변수 간 관계의 '과정'이나 '기제'를 설명하는 변인을 의미한다.

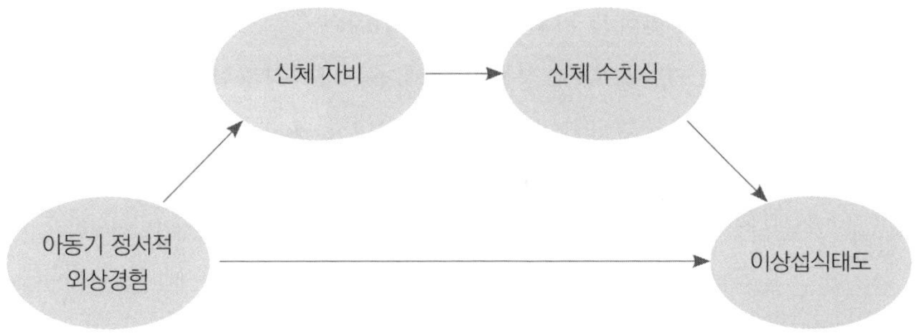

- 연구 질문: 독립변수가 '어떻게' 또는 '왜' 종속변수를 예측/야기하는가?(독립변수가 종속변수에 영향을 미치는 기제를 설명)
- 예: 아동기 정서적 외상경험이 이상섭식태도를 예측(야기)하게 된 것은 신체 자비와 신체 수치심에 대한 인식이 잘못되었기 때문이다.
  → 아동기 정서적 외상경험과 이상섭식태도를 매개하는 변인으로 신체 자비와 신체 수치심이라는 매개변인을 넣음으로써 독립변인과 종속변인 사이에서 관계를 매개할 수 있다. 이를 통해 이상섭식태도를 낮추기 위한 접근에 있어서 아동기 정서적 외상의 경험이 있다고 하더라도 상담적 개입을 통해 신체상에 대해 어떤 인식을 가지고 있는지 신체 자비와 신체 수치심을 수정하면 이상섭식태도 문제가 감소될 수 있음을 시사한다.

출처: 이소민, 이지연(2021).

2) 매개변인 선정 시 고려사항

이처럼 매개변수가 독립변인과 종속변인 간 관계의 '과정'이나 '기제'를 설명하는 변인으로서 중요한 역할을 한다면 매개연구에서 매개변인을 선정하는 것이 매우 중요함을 알 수 있다. 그렇다면 매개변인 선정 시 고려해야 할 사항은 다음과 같다.

첫째, 타당한 이론적 근거에 기반을 두고 매개변인을 선정해야 한다. 사회과학 영역의 연구에서 설정할 수 있는 매개변인은 셀 수 없을 만큼 다양하고 무한하다. 이 중 어떤 변인을 가장 중요하게 볼 것인가? 가장 안전하고 확실한 방법은 연구자가 관심을 갖고 있는 현상과 밀접한 관련을 가진 이론을 토대로 매개변인을 선정하고 그 효과를 검증하는 것이다.

예를 들면, 현재까지 외상 후 증상을 이해하고 치료하는 데 가장 효과적으로 알려진 접근은 인지행동이론이다. 인지행동이론에서는 외상사건으로 인해 자신과 세상에 대한 기본적 생각이 변하게 되고 이로 인해 심리적 부적응으로 이어진다고 주장한다. 이러한 이론에 기반을 두고 성폭력 피해자들의 외상경험이 심리적 부적응에 영향을 미치는 변인 중 연구자가 특히 사고나 신념에 관심이 있다면 '외상 후 인지' 또는 '사건 관련 반추'와 같은 변인들을 매개변인으로 설정하여 그 효과를 검증할 수 있다.

그러나 이론적 근거가 불분명할 때도 있으므로 이럴 경우에는 두 변인 간의 관계가 분명해야 한다. 즉, 선행연구를 통해 독립변인과 매개변인 간 관계, 매개변인과 종속변인 간 관계가 존재한다면 세 변인이 관계된다는 논리적 가정을 설정할 수 있다. 추가로 독립변인과 종속변인 간에 관련이 있다는 선행연구 결과나 이론적 근거가 존재한다면 매개변인이 어떤 매개역할(완전매개나 부분매개)을 하는지 확인 가능하다.

둘째, 다른 변인과의 상관을 고려해서 매개변인을 선정해야 한다. 우선적으로 매개효과가 성립되기 위한 조건은 매개변인이 독립변인 및 종속변인과의 상관이 있어야 한다. 그런데 이 중 어떤 매개변인을 선정하느냐는 독립변인 및 종속변인과 상관이 유사하거나 아니면 독립변인보다는 종속변인과 더 큰 상관을 나타내는 변인을 매개변인으로 선정하면 더 높은 검증력을 확보할 수 있다. 또한 선행연구를 통해 변인들 간 시간적인 선행 여부를 확인해서 독립변인과 매개변인 간 관계를 설정해야 한다. 특히 매개변인의 특성이 처치 또는 개입이 가능한 변인인지 확인하여 선택할 필요가 있다.

예를 들어, '애착'변인은 환경과 복합적으로 작용하고, 근원적인 특성을 지니고 있기 때문에 이를 매개변인으로 선택한다면 통계적으로 유의미할지 몰라도 상담적 연구로 함의를 도출하기 어려운 막연한 개입이 될 수 있다. 따라서 성격이나 개인적 특성보다는 상담에서 개입이 용이한 변인이 더 매개변인으로 적합하다.

셋째, 매개변인의 신뢰도를 고려해서 매개변인을 선정해야 한다. 매개변인의 신뢰도가 낮게 되면 매개변인이 종속변인에 미치는 영향이 과소추정되고, 독립변인이 종속변인에 미치는 영향이 과대추정되어 매개효과와 독립변인의 효과 모두 적절하게 추정되지 못하게 된다. 보통 매개변인의 신뢰도는 .90 이상의 신뢰도를 가진 측정도구를 채택하도록 하지만, 찾기 어려울 경우 1개 이상의 측정도구를 사용하여 매개변인을 구성하도록 한다. 특히 매개변인의 신뢰도와 측정오차에 대한 문제점으로 인해 통계분석 방법을 선택할 때, 측정오차를 고려하지 않는 다중회귀분석보다는 측정오차가 통제된 추정치를 얻을 수 있는 구조방정식 모형(SEM)을 주로 사용한다. 이 책에서는 구조방정식 모형(SEM)을 통한 매개연구를 설명하고 PROCESS MACRO를 통한 매개연구는 간략하게 제시하고자 한다.

2. 관계연구(매개연구)의 절차

여기서는 구조방정식과 PROCESS MACRO를 통한 매개연구로 나눠서 관계연구의 절차를 제시한다. 특히 구조방정식을 중심으로 그 절차를 예로 들어 자세히 살펴보고자 한다. 구조방정식 모형의 분석 단계에 대한 견해는 다양하지만 일반적으로 다음과 같은 분석 단계를 거친다고 볼 수 있다.

1) 구조방정식을 통한 매개연구 절차

1. 선행연구 고찰을 통한 연구모형 설정
2. 자료수집
3. 수집된 자료의 적절성 검토
4. 연구모형과 자료의 적합성 파악
5. 적합도 지수를 기준으로 모형의 수용 여부 결정
6. 적합도 평가 후 만족할 기준이면 최종모형 선정
7. 적합도 평가 후 만족할 기준이 아니면 연구모형 재설정 또는 수정
8. 최종모형의 채택과 해석

[그림 2-1] 구조방정식을 통한 매개연구 절차

(1) 선행연구 고찰을 통한 연구모형 설정

구조방정식 모형에 의한 분석에서 가장 중요한 것은 이론적으로 정당화가 가능한 개념들을 토대로 연구모형이 구축되어야 한다는 점이다. 즉, 연구모형에 포함될 변수들은 선행연구에 근거하여 제대로 선정 및 측정해야 하며 이론적 논의를 바탕으로 각 변수들을 연결해야 함을 의미한다. 만약 이러한 조건으로 연구모형을 설정하지 않고 연구자의 직관으로 모형을 설정하여 결과를 추정한다면 그것은 숫자에 불과할 뿐 아무런 의미가 없다.

> 구조방정식 모형은 연구자가 기존의 이론적 결과의 내용을 연구자의 가설을 통해 모형화하고 실제 자료에 의한 가설의 지지 여부가 부합되는지 확인하는 연구이다. 따라서 연구자는 반드시 선행연구를 기반하여 충분한 이론적 근거를 바탕으로 연구모형을 구축해야 한다.

(2) 자료수집

연구모형을 검증하기 위해 자료를 수집하는 단계이다. 일반적으로 구조방정식 모형을 적용하기 위해서는 표본의 크기가 최소한 200명 이상이어야 안정적인 결과를 얻을 수 있다. 따라서 자료수집 시 결측치를 고려하여 표본을 수집하도록 한다. 자료수집 방식에 따른 장단점은 〈표 2-1〉과 같다.

표 2-1 자료수집 방식에 따른 장단점

자료수집 방식		장점	단점
대면	설문지	• 연구자가 직접 대상을 만나기 때문에 연구목적에 대한 정확한 설명 가능	• 먼 지역의 경우 접근성 부족
비대면	온라인설문업체 (유료)	• 연구대상의 조건에 맞게 간편 수집, 코딩까지 서비스 받을 수 있음 • 접근성 간편	• 비용
	온라인설문 (무료)	• 구글, 네이버 등의 설문 서비스를 이용하여 무료, 일정 부분 코딩 가능 • 접근성 간편	• 연구대상 조건에 대한 신뢰도와 타당도 → 설문지 앞부분에 특정 조건을 먼저 제시한 후 해당되지 않는 대상은 거르는 방식으로 보완

(3) 수집된 자료의 적절성 검토

이 단계에서는 수집된 자료의 점검을 통해 분석에 문제가 없는지 파악한다. 자료를 검토하는 이유는 만약 누락된 자료가 있다면 그 이유를 이해하는 것이 남아 있는 데이터를 올바르게 처리하는 데 중요하기 때문이다. 만약 결측치가 있을 경우, 편중의 문제가 생기지 않도록 상황에 따라서 결측값이 있는 데이터를 삭제하거나 결측값의 값을 추정해서 해결하도록 한다.

(4) 연구모형과 자료의 적합성 파악

연구모형과 실제 자료가 얼마나 일치하는지 자료를 연구모형에 대입한 후, 자료와 연구모형의 적합성을 파악하는 단계이다. 구조방정식 모형에서 모형을 평가하는 방법은 카이제곱 검증을 이용하는 방법과 적합도 지수를 이용하는 방법이 있다. 카이제곱 검증은 구조방정식 모형이 개발된 초기에 모형 적합도를 판단하기 위해 가장 많이 사용되었던 방식으로, 가설이 너무 엄격해서 쉽게 기각되는 경향이 있고 표본 크기에 민감하다는 단점이 있다. 이를 보완하기 위해 많은 적합도 지수가 개발되었는데 일반적으로 사용되는 적합도 지수는 뒤의 〈표 2-2〉에 제시하였다.

지수에 따라 모형의 적합도가 좋게 혹은 나쁘게 나타나는 경우가 있는데 그렇다면 어떤 지수에 근거해서 모형을 평가하는 것이 바람직할까? 바람직한 적합도 지수는 다음과 같은 조건을 충족시켜야 한다.

바람직한 적합도 지수의 조건

- 표본 크기에 민감하지 않아야 한다.
  → 표본의 크기에 따라 모형의 기각 여부가 결정되므로 모형 자체에 대한 평가가 제대로 이루어지기 어렵다.
- 모형의 간명성을 고려해야 한다.
  → 좋은 이론이란 동일한 현상을 가장 간단히 설명할 수 있는 것이다.
- 명확한 해석기준이 확립되어야 한다.

이러한 조건에 비추어 볼 때 NNFI(TLI)와 RMSEA가 가장 추천할 만한 적합도 지수이며, CFI도 많이 쓰이는 적합도 지수이다. 단, CFI는 표본 크기에 민감하지 않지만 모형의 간명성을 고려하지 않는 단점이 있다.

(5) 적합도 지수를 기준으로 모형의 수용 여부 결정

표 2-2 적합도 지수의 종류와 기준

적합도 지수		개발자	기준값	표본 크기	간명도
상대 적합도 지수	NFI (Normed Fit Index)	Bentler & Bonett (1980)	>.90	민감	비고려
	NNFI (Non Normed Fit Index) =TLI(Tucker-Lewis Index)	Bentler & Bonett (1980)	>.90	덜 민감	고려
	CFI (Comparative Fit Index)	Bentler (1990)	>.90	덜 민감	비고려
절대 적합도 지수	GFI (Goodness of Fit Index)	Jöreskog & Sörbom (1984)	>.90	민감	비고려
	RMSEA (Root Mean Square Error of Approximation)	Steiger & Lind (1980)	<.05	덜 민감	고려

(6) 적합도 평가 후 만족할 기준이면 최종모형 선정

모형의 적합도가 적합도 지수와 비교해 볼 때 만족할 만한 수준이면 최종모형으로 선정한다.

(7) 적합도 평가 후 만족할 기준이 아니면 연구모형 재설정 또는 수정

만약 모형의 적합도가 기준에 미치지 못할 경우 연구모형을 재설정하거나 수정할 수 있다. 그러나 연구모형 수정 시 중요한 점은 단순하게 자료에만 의존해서 모형을 설정하는 것이 아니라 이론적으로 정당화가 가능해야 한다는 것이다. 이론적 설명이 가능하지 않다면 아무리 통계적으로 유의미한 경로라고 하더라도 연구자가 함부로 경로를 추가해서는 안 된다. 통계적 기준뿐만 아니라 이론적 기준에 의해서도 중요하다고 판단해서 추가된 경로는 다른 자료를 이용해 모형을 평가할 경우에도 모형에 필요한 중요한 경로가 될 가능성이 높기 때문이다(홍세희, 2003).

모형을 평가하는 방법은 단일모형 평가방법과 경쟁모형 평가방법이 있다. 단일모형 평가방법에서는 하나의 이론모형을 제시하고 그 모형의 적합도가 좋게 나타나면 그 모형을 선택한다. 그러나 적합도가 좋지 않게 나타나면 수정지수를 이용하여 수정한 후, 적합도가 좋으면 최종모형으로 선택한다. 수정지수(modification index)란 연구자가 원래의 모형에서 고려하지 않은 경로 중 모형의 적합도를 가장 좋게 할 수 있는 경로를 표시해 주는 값을 말한다. 즉, 수정지수는 원래의 모형에 포함되지 않았던 경로를 포함하게 되면 감소되는 카이제곱의 값을 나타낸다. 추가된 경로가 감소시킬 수 있는 카이제곱의 값이 자유도 1에서 유의하다면, 그 경로는 통계적으로 고려할 만한 가치가 있다. 그러나 단일모델 평가방법은 다음의 문제점을 지닌다.

단일모델 평가방법의 문제점

- 단일모형만을 평가하여 그 모형의 적합도가 좋으면 최종모형으로 선택하기 때문에 더 나은 대안모형의 선택 가능성이 없어진다. 모형의 적합도가 좋다고 해서 최적의 모형이라고 할 수는 없다. 연구자가 고려하지 못했지만 적합도가 훨씬 좋고 이론적 정당화 역시 가능한 모형이 존재할 가능성이 있기 때문이다.
- 단일모형의 적합도가 좋지 않을 때 수정지수를 통해 모형을 수정하는데, 수정지수는 단순히 특정 자료(연구자가 현재 분석한 자료)를 바탕으로 한 것이기 때문에 수정된 모형을 일반화하는 데 어려움이 있다.

경쟁모형 평가방법은 연구자가 이론적으로 모든 가능한 여러 모형을 제시하고 모형 간 비교를 통해 해석이 용이하고 적합도가 좋은 모형을 최종모형으로 선택하는 방법이다. 경쟁모형은 어떤 현상을 설명하는 데 경쟁이론이 있다면 이를 바탕으로 모형을 개발한다. 경쟁모형을 평가하는 방법으로는 비교하고자 하는 두 모형이 서로 포함 관계에 있는 모형인지, 포함되지 않는 경우인지에 따라 구분된다.

한 모형이 다른 모형에 포함 관계에 있는 경우

- 한 모형에서 추정하고자 하는 모든 미지수가 다른 모형에서 추정하고자 하는 미지수에 모두 포함되었을 때 두 모형은 포함 관계에 있다는 의미이다.
- 모형 간 카이제곱 값을 비교하여 최종모형을 선택한다. 유의수준 .05에서 자유도 차이가 1인 경우 카이제곱 차이가 3.84보다 크면 통계적으로 유의하기 때문에 자유도가 작은 모형을 선택하면 되며, 3.84보다 작으면 간결성의 원칙에 따라 자유도가 큰 모형을 선택하면 된다. 자유도 차이가 2인 경우 카이제곱 차이가 5.99보다 크면 통계적으로 유의하므로 자유도가 작은 모형을 선택하고, 5.99보다 작으면 자유도가 더 큰 모형을 선택하면 된다.

한 모형이 다른 모형에 포함되지 않는 경우

카이제곱 차이를 이용한 모형비교를 할 수 없으므로 적합도 지수를 비교하거나 교차타당도지수를 통해 비교하는 방법이 있다. 보통 경쟁모형의 자유도가 다를 때는 모형의 적합도와 간명성을 동시에 고려하는 NNFI(TLI)나 RMSEA 적합도 지수를 비교하는 것이 바람직하다.

(8) 최종모형의 채택과 해석

하나의 모형을 받아들이기로 결정하면 그 모형에서 추정된 계수를 검토해야 한다. 추정된 계수가 전집에서 유의미한지를 검증하려면 회귀분석과 마찬가지로 각 계수에 대한 C.R.(t검정 값)의 p값을 실시한다. 추정된 계수의 해석 역시 회귀분석에서 표준화된 회귀계수를 해석하는 방법과 동일하다.

또한 최종모형의 간접효과를 검증하기 위해 부트스트랩 절차를 사용한다. 부트스트랩은 최대우도법을 적용하여 모수와 가장 유사한 결과가 나올 수 있도록 실행하여 간접효과의 표준오차에 대한 정확한 추정치를 얻기 위한 방법이다. 간접효과는 신뢰구간에서 0을 포함하지 않을 경우 통계적으로 유의하다.

표 1 최종모형의 경로계수 (N=320)

경로	표준화계수	비표준화계수	표준오차	C.R
부모화 경험 → 내면화된 수치심	.45	.43	.06	6.52***
내면화된 수치심 → 사회불안	.48	.73	.12	6.17***
내면화된 수치심 → 정서표현 양가성	.70	.88	.08	11.11***
정서표현 양가성 → 사회불안	.32	.38	.09	3.95***

***$p < .001$

표 2 최종모형의 직접효과, 간접효과, 총효과 및 유의도

경로			직접효과	간접효과	총효과
			(95% 신뢰구간)		
부모화 경험 → 내면화된 수치심			.45** (.32~.58)		.45** (.32~.58)
내면화된 수치심 → 정서표현 양가성			.70** (.62~.77)		.70** (.62~.77)
정서표현 양가성 → 사회불안			.32** (.15~.47)		.32** (.15~.47)
부모화 경험	내면화된 수치심 →	정서표현 양가성		.31** (.22~.42)	.31** (.22~.42)
내면화된 수치심	정서표현 양가성 →	사회불안	.48** (.33~.63)	.22** (.11~.34)	.70** (.61~.78)
부모화 경험	내면화된 수치심 정서표현 양가성 →	사회불안		.32** (.22~.42)	.32** (.22~.42)

**$p < .01$

2) PROCESS MACRO를 통한 매개연구 절차

PROCESS MACRO는 오하이오 주립대학교의 심리학과 교수 Andrew Hayes가 만들고 오픈소스로 공개한 프로그램이다. 주로 조절효과, 매개효과, 이중매개효과, 조절된 매개효과, 매개된 조절효과 등을 분석하는 데 사용되며, 독립변수와 종속변수는 1개씩일 때 가능하며, 만약 2개씩 이상이라면 구조방정식 모형을 고려해야 한다.

AMOS에서는 다중매개 효과를 검증하는 경우, 개별 간접효과에 대한 부트스트랩핑 결과가 제시되지 않고, 두 매개변수의 간접효과에 대한 결과만을 제시한다는 한계점을 지닌다. 이러한 한계점을 극복하기 위해 모델을 개별적으로 만들어서 제시하기도 하는데 그렇게 되면 모순이 나타난다. 이를 보완하기 위해 SPSS에서 사용하는 PROCESS MACRO에서는 각 매개변수의 개별 간접효과의 통계적 유의성을 파악할 수 있는 장점이 있다.

PROCESS MACRO를 설치하는 방법

1. Google에서 'PROCESS MACRO' 검색(또는 https://www.processmacro.org/download.html)
2. 다운로드 후 압축 풀고 SPSS 실행
3. SPSS 상단 메뉴 '확장' 선택, '유틸리티' 선택, '사용자 정의 대화상자 설치(호환모드)' 선택
4. 압축 풀었던 PROCESS MACRO 폴더에서 'PROCESS v4.0 for SPSS" 선택
5. 'custom dialog builder file' 열기
6. 'process. spd' 선택 후 열면 설치 완료
7. SPSS 실행 후 분석 → 회귀분석 → 'PROCESS v4.0 by Andrew F. Hayes' 선택

PROCESS MACRO 모형번호를 선정하는 방법

- Google에서 'process macro templates pdf'를 검색해서 pdf를 다운로드하여 자신의 연구모형이 몇 번에 해당하는지 확인이 필요하다.
- 일반적으로 매개효과는 Model 4번과 6번을 사용하여 검증한다. Model 4번은 단순매개모형이고, Model 6번은 다중매개모형으로 연구자가 자신의 연구모형에 맞는 Model을 선택하면 된다.
- 매개효과의 유의성을 검증하기 위해서는 Indirect effect의 BootLLCI와 BootULCI를 살펴봐야 한다. 이는 구조방정식 모형에서 최대우도법을 통해 간접효과를 검증하는 것과 같이 두 수치의 부호가 같으면(신뢰구간에서 0을 포함하지 않을 경우) 매개효과가 유의하다.

3. 관계연구 논문 작성의 실제

관계연구는 일반적인 논문 체계인 '서론–방법–결과–논의'의 체계를 따른다. 일반적인 논문 작성방법은 1장 '논문 체계 및 작성'에서 다루고 있기에 생략하고, 관계연구 논문 작성에서 주요 사항을 정리하도록 하겠다. 이 장에서는 다음에 제시한 논문을 예시로 하여 구체적인 관계연구(매개효과) 논문 작성방법을 살펴보려 한다.

> 박서정, 강문선, 이영순(2018). 대학생의 부모화 경험과 사회불안의 관계에서 내면화된 수치심과 정서표현 양가성의 매개효과. **재활심리연구**, 26(4), 41-59.

1) 서론의 주요 사항 및 기술

연구에 대해 독자의 관심을 끌고, 연구의 기반이 되는 이론을 소개하는 것은 관계

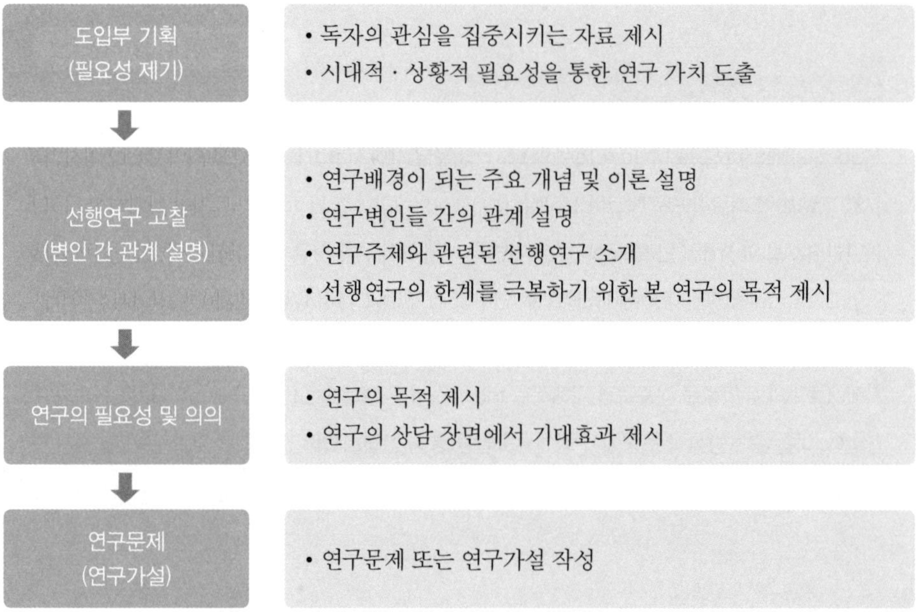

[그림 2-2] 서론의 주요 사항 및 기술

연구(매개연구)에서도 같은 맥락을 지니고 있다.

(1) 도입부 기획(필요성 제기)

도입부는 독자에게 문제에 대한 흥미로운 배경지식을 제공함으로써 관심을 고조시키는 것이 목적이다. 대학생의 사회불안에 대한 유병률을 제시하면서 다른 연령대에 비해 사회불안으로 인한 문제가 심각할 수 있으므로 이에 대한 연구가 필요함을 제시한다.

> 선행연구에 따르면 우리나라의 사회불안 발병 연령은 평균 만 19세이며, 가장 높은 비율을 차지하는 나이는 32%를 차지한 17~19세로, 10대 후반에 사회불안이 가장 많이 발병하여 20대에도 지속적인 영향을 미칠 수 있다(이시형, 신영철, 오강섭, 1994). 특히 대학생은 자신의 정체감과 인격형성, 개인의 과업성취, 진로, 대인관계 등에 있어 중요한 시기이며(강석기, 고수현, 한상훈, 2011), 중·고등학생 때에 비해 이 시기에 사회불안을 경험하는 학생들은 그렇지 않은 학생들에 비하여 대인관계나 평가 상황에서 과업 수행을 훨씬 더 힘들게 느끼는 것으로 알려져 있다(김효정, 2009). 이러한 점들을 고려하여 대학생들의 사회불안은 중요한 문제가 될 가능성이 있으며, 이에 영향을 주는 심리적 기제를 파악해 볼 필요가 있다.

다음에 제시된 각 Tip은 관계연구(매개연구) 작성 시 고려사항에 대한 내용을 담고 있다. 따라서 독자들은 연구 작성 내용을 다시 한번 점검하는 데 Tip 내용을 활용할 수 있다.

(2) 선행연구 고찰(변인 간 관계 설명)

도입에서 연구문제에 대한 관심을 제기했다면 이 단계에서는 선행연구를 검토하여 각 변인들 간 관계를 설명한다. 부모화와 사회불안의 관계를 설명하기 위해 선행연구의 결과를 토대로 두 변인이 정적 상관관계이며, 부모화 경험이 사회불안에 영향을 미치는 변인임을 설명하고 있다.

West와 Keller(1991)는 부모화된 사람들이 지나치게 타인을 배려하는 행동들이 대인관계문제를 유발시킴을 설명하였다. 이를 통해 부모화된 자녀는 대인관계에서 열등감이나 수치심을 느끼며 사회불안 증상을 유발할 가능성이 매우 크다고 볼 수 있다. 함광성, 신태섭(2015)의 연구에서도 부모화와 사회불안의 관계를 완벽주의를 매개변인으로 설명하며, 부모화가 사회불안을 나타내는 수행불안과 부정적인 평가에 대한 두려움, 회피행동 및 사고, 비주장성에서 유의미한 정적 상관을 나타냈다. 또한 부모화 경험, 부모-자녀 관계, 부모의 양육방식 등이 사회불안에 영향을 미치는 주요한 변인이라는 선행연구 결과를 통해서도 설명할 수 있다(강지희, 2008; 서경현, 조양선, 손솔, 2013).

(3) 연구의 필요성 및 의의

선행연구를 바탕으로 변인들 간 관련성과 비판점을 제시했다면, 연구의 필요성과 의의를 설명한다. 매개변인인 내면화된 수치심과 정서표현 양가성이 상담 장면에서 어떤 치료개입이 될 수 있을지 기여하는 바를 제시하면서 결과의 활용방안, 연구결과를 누가 사용할 것인지에 대한 정보, 연구를 하는 목적 등을 작성하고 있다.

이러한 연구결과들은 정서표현에 어려움이 있을 때 대인관계에서 부정적인 영향을 줄 수 있음을 설명하고, 정서표현을 억제하게 되면서 타인들에게 받게 되는 부정적인 사회적 피드백을 지각하여 사회불안을 느낄 수 있음을 시사한다(한정숙, 2014). 다음과 같은 선행연구들을 통해서 부모화 경험이 내면화된 수치심과 정서표현에 대한 양가감정을 통해서 사회불안에 미치는 영향력을 입증해 볼 필요가 있다. (중략) 이를 통해 부모화 경험으로 인해 사회불안을 호소하는 내담자들의 심리적 기제를 확인함으로써 내면화된 수치심과 정서표현 양가성의 매개효과를 통해 부모화를 경험한 대학생들의 심리적 어려움을 파악하고 이를 토대로 상담 장면에서 치료적 개입에 도움이 되는 정보들을 제공할 수 있을 것으로 기대한다.

(4) 연구문제(연구가설)

매개연구는 변인들 간의 상관관계가 전제조건이기 때문에 연구문제 첫 번째는 변인들 간의 상관이 있는지 기술하고 있다. 연구문제 2는 내면화된 수치심과 정서표현 양가성의 순차적 매개효과, 즉 이중매개효과를 확인하고 있다.

- 연구문제 1: 부모화 경험과 내면화된 수치심, 정서표현 양가성, 사회불안 간의 어떠한 관계가 있을 것인가?
- 연구문제 2: 부모화 경험과 사회불안의 관계에서 내면화된 수치심과 정서표현 양가성이 순차적으로 매개효과를 나타낼 것인가?

❖ 연구주제에 따른 목적이 간략하고 종합적으로 서술되어 있는가?

❖ 만약 연구모형과 경쟁모형을 두고 비교할 경우, 연구문제는 의문문이 아닌 서술문 형식으로 제시한다(다음 예시 참조).

- 연구모형: 부모의 심리적 통제와 연인관계 내 정서표현양가성의 관계에서 내면화된 수치심과 거절민감성이 부분매개할 것이다.
- 경쟁모형: 부모의 심리적 통제와 연인관계 내 정서표현양가성의 관계에서 내면화된 수치심과 거절민감성이 완전매개할 것이다.

출처: 이혜림, 안명희(2021).

2) 방법의 주요 사항 및 기술

연구방법은 선정된 연구주제를 어떤 방식으로 해결할 것인지를 구체적으로 명시하는 것이다. 매개연구에서는 연구대상, 측정도구, 자료분석의 과정을 통해 연구주제를 해결하기 위한 방법을 제시한다.

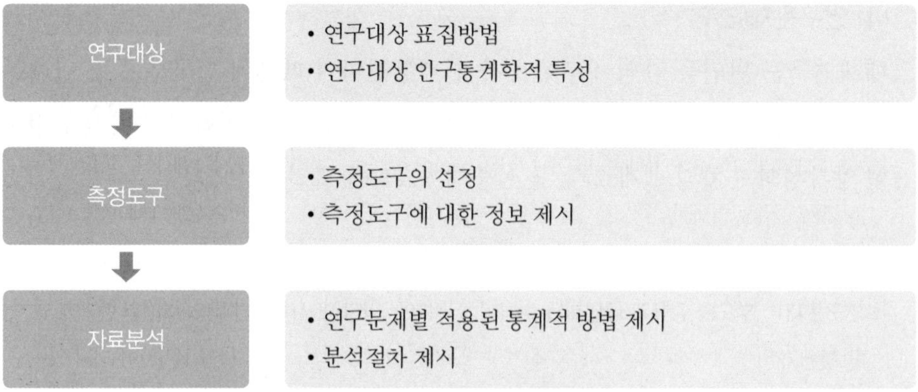

[그림 2-3] 방법의 주요 사항 및 기술

(1) 연구대상

연구대상을 제시할 때는 표집과정(언제, 누구를, 어디서, 어떤 방법으로, 몇 명을 표집했는지)을 구체적으로 제시한다. 그 이유는 추후 다른 연구자가 연구자의 연구를 확장시키고자 할 때 이론적으로 동일한 특성을 지닌 표본을 표집할 수 있도록 하기 위해서이다. 또한 연구대상의 인구통계학적 특성을 기술하는데 보통 배경특성 변인에 따라 도표화하고 사례 수, 백분율을 함께 제시하는 것이 좋다.

본 연구의 대상은 201○년 ○~○월 동안 ○○도 소재의 C, J, W 대학에 재학 중인 남, 여 대학생 348명을 대상으로 설문을 실시하였고, 그중 무응답이나 불성실하게 응답한 설문지 28부를 제외한 320부를 대상으로 분석을 실시하였다. 연구대상 가운데 남학생이 123명(38.4%), 여학생이 197명(61.6%)이었고, 연령은 19~21세가 207명(64.7%), 22~24세가 88명(27.5%), 25~27세가 25명(7.9%)이었다. 학년은 1학년이 142명(44.4%), 2학년이 67명(20.9%), 3학년이 56명(17.5%), 4학년이 55명(17.2%)이었다.

(2) 측정도구

측정도구는 설문지를 의미하는데, 연구문제를 검증하기 위해 조작적 정의에 따라 주어진 변인을 측정할 수 있는 적합한 도구를 선정해야 한다. 이를 위해서 측정도구는 반드시 측정하려고 하는 변인의 개념적 정의에 부합되는 것이어야 하고, 측정하려는 변인을 신뢰할 만하고 타당하게 측정할 수 있어야 한다. 기존의 측정도구를 사용하는 경우에는 제작 연도와 개정 여부를 반드시 검토해야 하고, 특히 외국 측정도구를 번안하여 사용할 때는 새로운 도구와 마찬가지로 타당도와 신뢰도를 고려해야 한다.

정서표현 양가성

정서표현 양가성을 측정하기 위해 King과 Emmons(1990)가 개발하고 최해연과 민경환(2007)이 한국의 문화적 맥락을 고려해 타당화한 한국판 정서표현에 대한 양가성 질문지(Ambivalence over Emotional Expressiveness Questionnaire: AEQ-K)를 사용하였다. 정서표현의 갈등 및 표현 결과에 대한 두려움을 나타내는 '자기방어적 양가성'과 관계의 민감성이나 이미지 관리 등을 나타내는 '관계관여적 양가성'의 두 가지 하위요인으로 구성된다. 응답방식은 5점 Likert 척도이며 점수가 높으면 자신의 정서를 억압하고 정서를 표현하는 것에 대해 갈등하는 것을 의미한다. 최해연과 민경환(2007)의 연구에서 Cronbach's α는 .90이고 하위요인인 '자기방어적 양가성'은 .89, '관계관여적 양가성'은 .78이었다. 본 연구의 정서표현 양가성 척도의 내적 합치도는 .91로 나타났다.

❖ 측정도구 기술 방법

- 측정도구의 이름
- 측정도구를 평가하기 위한 구인의 간략한 설명
- 원척도 개발자
- 낱말의 머리글자(두문자어)
- 문항의 수
- 하위요인에 대한 구분 및 정의
- 척도 유형
- 채점의 방향 지시와 높은 점수의 의미
- 신뢰도(원척도의 신뢰도와 연구자의 신뢰도)

(3) 자료분석

자료분석은 자료가 수집된 후, 연구자가 어떻게 자료를 조직하고 분석했는지를 기술하는 부분이다. 매개연구에서는 일반적으로 내적 합치도 계수, 빈도분석, 상관관계, 적합도 확인, 부트스트랩을 통한 간접효과의 순서로 진행되기 때문에 이러한 연구절차를 다음과 같이 순서대로 기술한다.

> 본 연구에서는 대학생의 부모화 경험과 내면화된 수치심, 정서표현 양가성, 사회불안 간의 관계를 확인하고, 대학생의 부모화 경험과 사회불안의 관계에서 내면화된 수치심과 정서표현 양가성의 매개효과를 알아보기 위해 SPSS 20.0과 AMOS 21.0을 사용하였다.
>
> 첫째, 연구대상자들의 인구통계학적 특성을 살펴보기 위해 기술통계 및 빈도분석을 실시하여 평균, 표준편차, 첨도, 왜도를 산출하고, 연구에 사용된 측정도구의 신뢰도 검증을 위하여 내적 합치도 계수인 Cronbach's α를 산출하였다.
>
> 둘째, 부모화 경험, 내면화된 수치심, 정서표현 양가성, 사회불안 간의 관계를 살펴보기 위하여 Pearson 상관관계를 분석하였다.
>
> 셋째, 부모화 경험이 사회불안에 미치는 영향에서 내면화된 수치심, 정서표현 양가성의 매개효과를 검증하기 위해 구조방정식을 사용하여 모형의 적합도를 확인하고, 경로의 효과성을 분석한 후 부트스트랩(Bootstrap) 절차를 통해 간접효과를 검증하였다.

3) 결과의 주요 사항 및 기술

연구결과는 앞서 연구방법의 절차에 따라 얻은 결과를 보고하는 부분이다. 즉, 수집된 자료나 통계치를 요약하여 결과의 중요한 부분을 집약해서 제시한다. 연구문제는 연구의 중요도와 구체화 정도에 따라 서술되기 때문에 연구문제에 따라 연구결과를 서술하는 것이 바람직하다.

여기서는 관계연구(매개분석)에서 결과를 작성하는 방법에 대해 구조방정식을 활용한 방법으로 자세하게 살펴보고자 한다.

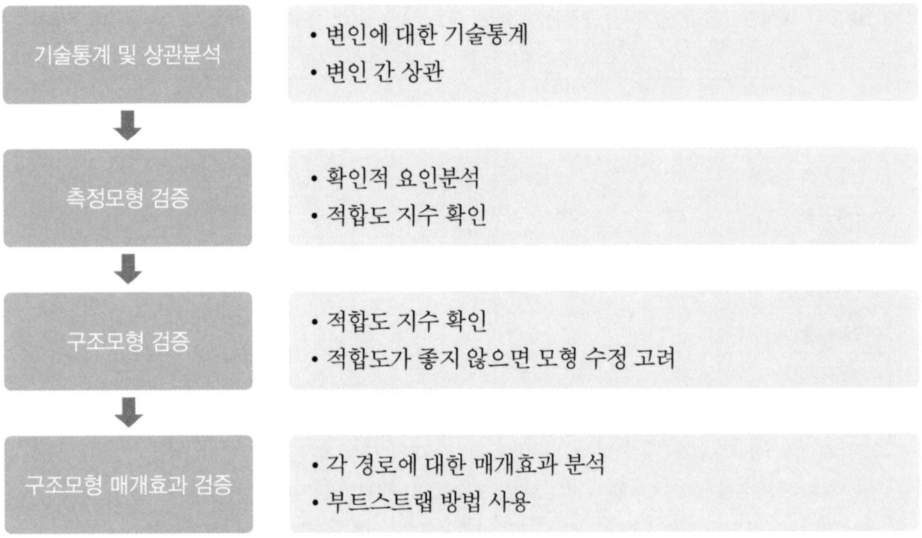

[그림 2-4] 결과의 주요 사항 및 기술

(1) 기술통계 및 상관분석

먼저 변인들의 기술통계를 확인하고 왜도, 첨도의 값이 기준에 맞는지 비교하여 정상성(통계검증을 위한 기본 가정)을 만족하는지 밝힌다. 주요변인들 간의 상관분석 결과를 추리통계에서 가장 먼저 제시하는데 상관계수 r값과 유의수준 p값을 괄호 안에 기술한다.

연구모형을 검증하기 전, 자료가 정상분포조건을 충족하는지 알아보기 위해 측정변인들의 기술통계치를 살펴보았다. 그 결과, 주요변인들의 왜도가 2보다 작으며, 첨도가 7보다 작기 때문에 각 변인들이 정규분포를 이루고 있음을 알 수 있다. 주요변인들 간의 상관관계 분석을 실시한 결과, 부모화 경험은 내면화된 수치심(r=.42, p<.01)과 정서표현 양가성(r=.28, p<.01)과 사회불안(r=.27, p<.01)과 유의한 정적 상관을 가지며, 정서표현 양가성은 내면화된 수치심(r=.61, p<.01)과 정적 상관을 가지는 것으로 나타났다. 사회불안의 경우, 내면화된 수치심(r=.62, p<.01), 정서표현 양가성(r=.55, p<.01)과 유의한 정적 상관을 나타냈다. 주요변인들의 기술통계치와 상관관계는 〈표 3〉과 같다.

표 3 측정변인의 상관, 평균, 표준편차, 왜도, 첨도 ($N=320$)

변인	1	1–1	1–2	1–3	2	2–1	2–2	2–3	2–4	3	3–1	3–2	4
1. 부모화 경험	–												
1–1. 도구적 부모화	.72**	–											
1–2. 정서적 부모화	.86**	.52**	–										
1–3. 불공평	.78**	.25**	.53**	–									
2. 내면화된 수치심	.42**	.15**	.37**	.44**	–								
2–1. 부적절감	.36**	.09	.32**	.41**	.91**	–							
2–2. 실수불안	.23**	.07	.22*	.24**	.78**	.61**	–						
2–3. 자기처벌	.40**	.21**	.34**	.38**	.91**	.74**	.71**	–					
2–4. 공허감	.44**	.18**	.40**	.45**	.83**	.62**	.51**	.75**	–				
3. 정서표현 양가성	.28**	.15**	.25**	.24**	.61**	.50**	.60*	.58**	.47**	–			
3–1. 자기방어적 양가성	.27**	.09	.21**	.26**	.60**	.51**	.58**	.55**	.47**	.96**	–		
3–2. 관계관여적 양가성	.27**	.20**	.26**	.17**	.50**	.39**	.51**	.52**	.36**	.88**	.70**	–	
4. 사회불안	.27**	.14*	.27**	.23**	.62**	.58**	.53*	.60**	.43**	.55**	.51**	.50**	–
평균(*M*)	2.36	2.34	2.46	2.29	2.15	1.95	2.84	2.04	2.09	3.12	2.95	3.39	2.39
표준편차(*SD*)	.53	.61	.67	.75	.72	.76	.92	.82	.94	.70	.75	.76	.69
왜도(skewness)	.46	.43	.42	.72	1.02	1.20	.31	1.13	1.03	.01	.04	–.16	.41
첨도(kurtosis)	–.17	.28	–.12	.19	.28	1.42	–.74	1.18	.67	–.23	–.27	–.24	–.18

$^{**}p < .01$

❖ 소수점 아래 두 자릿수까지 일치시키고 시각화하기 좋게 작성한다.

❖ 상관에 대한 결과 기술은 변인을 분류하고 정리 · 요약해서 제시한다.

(2) 측정모형 검증

확인적 요인분석을 통해 잠재변인에서 측정변인의 요인부하량을 각각 기술하였고, 유의한 값을 나타내는지 확인한다.

확인적 요인분석 결과, 측정변수들의 표준화된 요인부하량은 부모화 경험이 .55~.91, 내면화된 수치심이 .79~.92, 정서표현 양가성은 .79~.89, 사회불안은 .77~.83으로 나타났다. 잠재변인에서 측정변인의 요인부하량이 .5 이상의 경우에는 좋은 값으로 집중타당도가 있다고 할 수 있으며, 잠재변인 간의 상관이 높지 않을 경우 판별타당도가 있다고 볼 수 있다. 따라서 요인부하량이 모두 $p<.001$ 수준에서 유의한 값을 나타내어 12개의 측정변수가 4개의 잠재변인의 구성개념을 타당하게 설명하는 것으로 나타났다. 측정모형의 확인적 요인분석 결과는 [그림 1]과 같다.

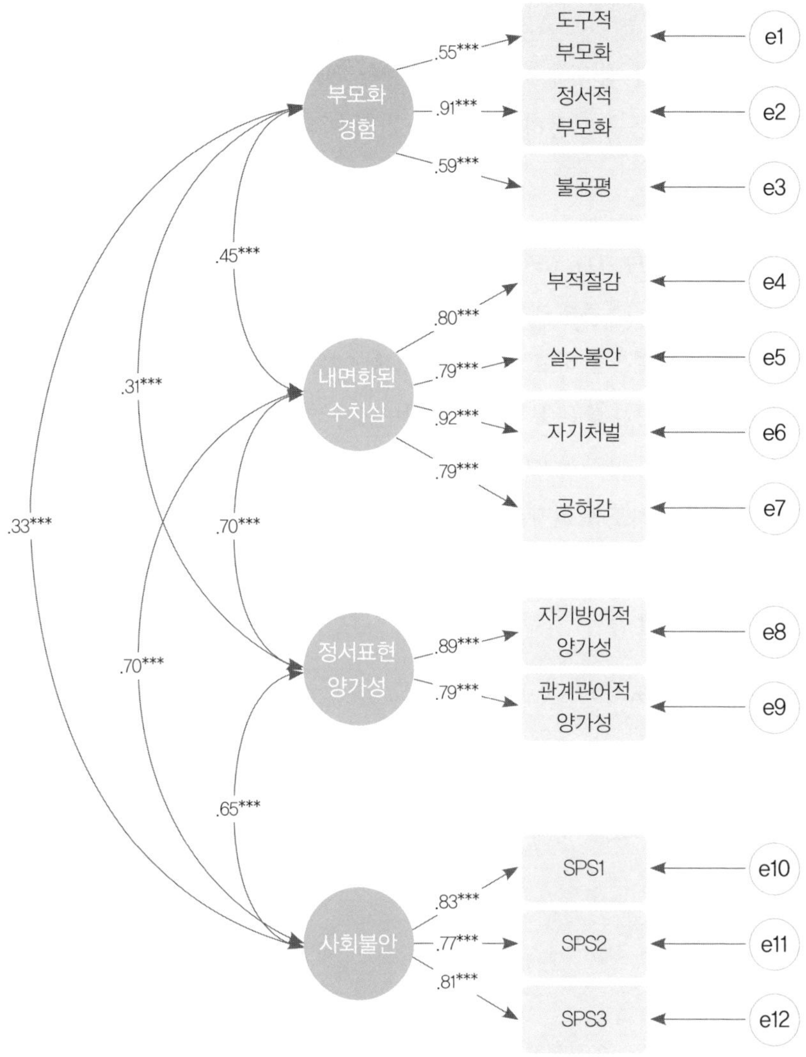

[그림 1] 측정모형의 확인적 요인분석 결과

***$p<.001$

TIP

❖ 보통 요인부하량을 통해 측정변인들이 잠재변인을 적절히 구인하는지 확인하는데, 이는 측정변인과 잠재변인의 상관의 크기를 나타낸다.

❖ 일반적으로 요인부하량이 .70 이상일 때 적절하다고 판단한다.

측정모형의 적합도를 평가하기 위해서 다양한 적합도 지수를 사용하는데 대체로 *CFI*, *TLI*, *RMSEA*, *GFI* 등을 사용하고 각 적합도 지수의 기준에 부합하는지 기술한다.

본 연구에서는 χ^2, *GFI*, *TLI*, *CFI*, *RMSEA* 적합도 지수를 사용하였다. (중략) *GFI*, *TLI*, *CFI*는 .90 이상으로 좋은 적합도가 나타났으나, 적합도 지수 중 *RMSEA*는 상대적으로 보통의 적합도를 보이고 있다. 그러나 *RMSEA*는 표집의 크기와 이론모델의 간명성을 동시에 고려한 좋은 부합도 평가지수이나, 자유도가 작을 때 *RMSEA* 값이 크게 얻어질 수 있다. 따라서 *RMSEA*에만 의존하지 말고, *CFI*, *TLI* 값을 중심으로 모델 부합도 평가를 하도록 권장된다(문수백, 2009). 다른 적합도 지수는 기준을 충족해 양호함으로 본 연구의 측정모형은 적절한 것으로 판단되었다. 측정모형의 적합도 지수는 〈표 4〉와 같다.

표 4 측정모형 적합도 지수

모형	χ^2	*df*	*GFI*	*TLI*	*CFI*	*RMSEA* (90%)
측정모형	152.08	45	.927	.924	.949	.086 (.071~.092)

(3) 구조모형 검증

구조모형(연구모형)도 측정모형과 마찬가지로 적합도 지수를 참고하고, 모형 내 변인 간의 유의하지 않은 경로계수가 있으면 제거하여 수정모형을 생성한다. 수정모형에 대한 적합도를 측정하고, 처음 설정했던 연구모형과 수정모형의 적합도를 비교하여 더 간명한 모형을 최종모형으로 설정한다.

유의하지 않은 경로를 삭제한 새로운 수정모형의 적합도를 측정하였다. 그 결과 〈표 5〉와 같이 *GFI*=.927, *TLI*=.929, *CFI*=.949, *RMSEA*=.084로 모든 적합도 지수가 대체적으로 양호한 것으로 나타났다. 최종모형 설정을 위하여 연구모형과 수정모형 간에 통계적으로 유의한 차이가 있는지 확인하기 위해 χ^2 차이 검증을 실시하였다. 그 결과, χ^2 값의 차이가 5.99보다 작은 .12로 나타났으며, 수정모형과 연구모형을 비교했을 때 적합도에 있어서 통계적으로 유의하지 않아 두 모형의 적합도가 유사하다는 것을 의미한다. 수정모형이 연구모형보다 간명한 모델이므로 수정모형을 최종모형으로 선택하였다. 최종모형의 경로계수를 확인한 결과는 〈표 5〉와 같다.

표 5 최종모형의 적합도 지수

모형	χ^2	*df*	*GFI*	*TLI*	*CFI*	*RMSEA* (90%)
측정모형	152.205	47	.927	.929	.949	.084 (.069~.099)

❖ 만약 구조모형과 실제 자료가 잘 맞지 않으면 모형수정을 통해 다시 평가할 수 있다.

❖ 모형수정 시, 단순히 자료에 의존해 모형을 설정하는 것이 아닌 이론적 의미가 있어야 하고, 최종 선택된 모형은 다른 표본이나 다른 자료에도 적용해서 교차타당도를 확인하는 것이 필요하다.

(4) 구조모형 매개효과 검증

구조모형 검증을 통해 구조모형이 자료에 적합한 것으로 판정되면, 각 경로에 대한 매개효과를 분석하여 최종모형의 적합성을 추가적으로 확인하는 단계이다.

최종모형의 각 변인들 간 경로에 대한 직접효과와 간접효과, 총효과를 기술하고, 모든 경로가 신뢰구간에서 0을 포함하지 않기 때문에 유의한 결과임을 설명한다.

부모화 경험이 내면화된 수치심을 매개로 하여 정서표현 양가성으로 가는 경로(.22~.42), 내면화된 수치심이 정서표현 양가성을 매개하여 사회불안으로 가는 경로(.11~.34), 부모화 경험이 내면화된 수치심을 매개로 하여 사회불안으로 가는 경로(.22~.42), 부모화 경험이 내면화된 수치심과, 정서표현 양가성을 매개로 사회불안으로 가는 경로(.22~.42)가 95% 신뢰구간에서 0을 포함하지 않아 간접효과의 유의성이 검증되었다. 부트스트랩 절차를 통한 최종모형의 매개효과 결과는 〈표 6〉과 같다.

표 6 최종모형의 직접효과, 간접효과, 총효과 및 유의도 (*N*=320)

경로			직접효과	간접효과	총효과
			(95% 신뢰구간)		
부모화 경험	내면화된 수치심 →	정서표현 양가성		.31** (.22~.42)	.31** (.22~.42)
부모화 경험	내면화된 수치심 →	사회불안		.32** (.22~.42)	.32** (.22~.42)
내면화된 수치심	정서표현 양가성 →	사회불안	.48** (.33~.63)	.22** (.11~.34)	.70** (.61~.78)
부모화 경험	내면화된 수치심 정서표현 양가성 →	사회불안		.32** (.22~.42)	.32** (.22~.42)

$^{**}p<.01$

❖ 일반적으로 SPSS에서 회귀분석으로 매개효과의 유의성을 확인할 때 Sobel 검증을 하거나, AMOS에서 구조방정식으로 매개효과의 유의성을 확인할 때 부트스트랩 방법을 사용한다.

❖ 부트스트랩 방법은 기존의 매개효과 검정에 수반될 수 있는 간접효과의 표준오차를 추정하는 방법으로 신뢰구간을 제시하고, 그 구간이 0을 포함하지 않으면 간접효과가 통계적으로 유의한 것으로 보는 방법이다.

❖ 최근에는 Sobel 검증의 단점을 보완하고 더 정확한 추론과 높은 검증력을 나타내는 부트스트랩 방법을 권장한다.

4) 논의 및 제언의 주요 사항 및 기술

논의 부분은 앞서 연구문제에서 도출된 결과를 관련 분야의 이론이나 선행연구 결과의 맥락 속에서 논리적으로 설명되는 부분으로 해석되지 않은 단순한 정보를 의미 있는 지식으로 바꾸는 단계이다.

연구목적과 논의 방향 제시	• 연구목적 제시 • 논의 방향 제시
↓	
상관분석 결과에 대한 논의	• 연구결과가 연구가설을 지지하는지 기술 • 연구결과가 선행연구 및 관련 이론과 일치하는지 설명, 해석
↓	
매개효과 결과에 대한 논의	• 각 변인 간 경로의 유의성 제시하며 최종모형 채택에 대한 근거 설명 • 연구결과가 연구가설을 지지하지 않고 예상과 다르게 나타났을 때 이유 제시
↓	
의의, 시사점 기술	• 기존의 지식기반에 기여한 점 • 상담 실제에 대한 시사점
↓	
제한점, 후속연구를 위한 제언 기술	• 제한점을 바탕으로 한 후속연구 제시 • 후속연구에서 발전시켜야 할 방향 제시

[그림 2-5] 논의 및 제언의 주요 사항 및 기술

(1) 연구목적과 논의 방향 제시

먼저 연구목적과 방법을 간단히 요약 제시하고, 앞으로 논의하게 될 연구결과를 안내한다.

본 연구에서는 대학생들의 부모화 경험, 내면화된 수치심, 정서표현 양가성, 사회불안 간의 관계를 파악하고, 부모화 경험과 사회불안의 관계에서 내면화된 수치심과 정서표현 양가성의 매개효과를 검증하는 데 목적이 있다. 연구를 통해 밝혀진 결과에 대하여 논의하면 다음과 같다.

(2) 상관분석 결과에 대한 논의

연구목적을 제시하고, 각 변인들 간의 상관분석 결과에 대해서 어떤 결과가 나타났는지 기술한 후, 일치하는 선행연구 결과들을 제시함으로써 결과의 타당성을 높인다.

첫째, 부모화 경험, 내면화된 수치심, 정서표현 양가성, 사회불안 간의 관계를 파악하기 위해 상관분석을 실시한 결과, 모든 변인 간의 유의한 정적 상관관계가 있는 것으로 나타났다. (중략) 내면화된 수치심과 사회불안 간의 관계의 유의한 정적 상관은 내면화된 수치심이 타인과의 관계 속에서 어려움을 경험하게 하며 사회불안과 밀접한 관련이 있다는 선행연구(장혜인, 2003; 최인선, 최한나, 2013)들과 일치한다.

❖ 만약 연구결과와 불일치한 선행연구 결과가 있다면 그에 대한 결과를 설명하고 불일치한 이유에 대해 해석한다.

❖ 관계연구에서 변인 간의 관계가 다양화 및 복잡화되면서 상관분석에 대한 논의가 생략되기도 한다.

연구결과와 불일치한 선행연구 결과가 있을 경우 예시

반면, 불안 애착과 이별 후 성장 간의 관계에서는 유의미한 상관관계가 나타나지 않았는데, 이는 일부 선행연구(김진수, 서수균, 2011; 임지준, 2012; 박혜림, 2019)와 일치하지만, 부적 상관을 나타내는 연구(김은미, 이종연, 2015; 강혜림, 정남운, 2018) 또한 존재하기 때문에 두 변인 간의 관계는 혼재되어 있다고 할 수 있다. 이러한 결과는 불안 애착이 이별 후 성장으로 이어지는 과정에서 매개 변인이 존재할 가능성을 나타내며, 해당 변인으로 반추를 살펴볼 필요성을 시사한다.

출처: 조민기, 신희천(2021).

(3) 매개효과 결과에 대한 논의

매개효과를 알아보기 위해 실시한 구조방정식 분석을 제시하고, 각 변인들 간 경로의 유의성에 대한 결과를 서술한다. 경로가 유의하지 않았을 때 삭제 후, 수정모형을 최종모형으로 채택하였음을 설명한다.

부모화 경험, 내면화된 수치심, 정서표현 양가성, 사회불안의 관계를 알아보기 위하여 선행연구들을 기초로 구조방정식 모형분석을 실시하였다. 그 결과, 부모화 경험과 사회불안, 부모화 경험과 정서표현 양가성의 직접경로가 유의하지 않아, 경로를 삭제하고 수정모형을 통해 최종모형을 채택하였다.

선행연구와의 일치점 혹은 불일치점을 기술하고 그 결과를 설명하고 해석함으로써 결과의 타당도를 높인다. 이후 일치 또는 불일치 결과에 대한 시사점을 기술한다.

부모화 경험이 내면화된 수치심을 거쳐 사회불안의 관계를 설명하는 간접효과가 유의한 결과를 보였다. 부모화 경험이 많은 사람들은 타인이 원하는 거짓 자기와 참 자기의 충돌을 통해 스스로의 욕구를 가지고 표현하는 것에 대하여 지속적으로 수치심을 경험하면서 수치심이 성격특성으로써 내면화된다. 이는 수치심 경향성이 높아질수록 대인관계에서 타인으로부터 인정받지 못하거나, 부정적인 평가에 대한 두려움, 거절당하는 것으로 초점화되어 사회불안의 취약요인으로 작용할 수 있다는 연구(이성원, 양난미, 2015)와 일치하는 결과이다. (중략) 가족 관계 내에서 부모화 경험이 지속되면 수치심이 내면화되고 자기의 이중성으로 인해 접근-회피갈등을 경험하게 되는데 이러한 경험이 사회불안에 영향을 줄 수 있음을 의미한다.

(4) 의의, 시사점 기술

기존 선행연구에서 더 확장시켜 변인들 간 통합적 관계를 증명한 것에 대한 의의를 제시한다.

> 첫째, 선행연구에서 부모화 경험과 사회불안의 관계를 매개할 수 있는 다양한 변인에 대한 연구의 필요성이 제기되었으며, 관련 변인으로써 내면화된 수치심과 정서표현 양가성과의 부분적인 관계를 다룬 기존의 선행연구에서 더 나아가 변인들 간의 통합적인 관계를 설명할 수 있다는 점에서 의의가 있다.

기존 선행연구에서 도출된 결과와 후속연구를 위한 제언점을 본 연구결과와 연결 지어 제시한다.

> 둘째, 부모화 경험과 사회불안의 관계에서 내면화된 수치심이 매개효과로 작용할 수 있음을 밝혀내었다. (중략) 서경현, 조양선, 손솔(2013)의 연구에 따르면 부모화 경험이 개인의 자존감이나 자신의 가치 인식에 부정적으로 작용할 수 있음을 시사하면서 추후연구에서 부모화와 사회불안 간의 관계에서 열등감이나 수치심 및 자존감과 같은 자기개념이 어떤 영향을 주게 되는지에 대한 후속연구를 제기하였다. (중략) 따라서 부모화 경험을 한 내담자에게 자기에 대한 긍정적인 자아상 형성과 수치심 감소를 위해 상담 및 임상 장면에서 적절한 개입을 하는 것이 요구된다.

매개연구에서 확인된 주요한 매개변인을 학문적으로나 상담 장면에서 적용할 수 있는 확장된 의의와 시사점을 제시한다.

> 셋째, 부모화 경험과 사회불안의 관계에서 내면화된 수치심과 정서표현 양가성의 완전매개효과를 밝혀냄으로써 부모화 경험이 사회불안으로 이어질 수 있는 구체적인 경로모형을 확인하였다. (중략) 이러한 영향력을 통해서 상담 및 임상 장면에서

내면화된 수치심 성향이 높은 부모화된 자녀들에게 정서표현을 통해 얻을 수 있는 사회적 지지, 친밀감을 경험할 수 있도록 도와줄 수 있는 상담적 접근이 필요하다. 또한 자신의 욕구를 알아차리고 표현하는 능력을 향상시킬 수 있는 훈련을 통해 부모-자녀관계에서 즉시적으로 감정을 표현하고 자신의 감정을 억압하지 않도록 적절한 치료적 접근이 요구된다.

(5) 제한점, 후속연구를 위한 제언 기술

일반적으로 일반화에 대한 한계를 제한점으로 설명하거나 횡단자료에 대한 한계점을 기술하며 종단자료로 재검증 필요성을 제시한다.

첫째, 본 연구는 전북 지역의 대학생을 대상으로 연구가 진행되었으므로 결과를 전체 대상에 일반화하는 데 한계가 있다. 따라서 이러한 부분을 보완하기 위해서는 연구대상의 표집을 확장하여 진행할 필요성이 있다. 또한 대학생들을 대상으로 제한하여 수행된 횡단연구로써 향후 아동과 청소년, 성인을 포함한 다양한 연령층을 대상으로 변인들 간의 관계를 설명할 수 있는 발달적 변화를 추적하는 종단연구의 필요성이 제기된다.

후속연구를 위해 변인들 간의 관계를 설명할 수 있는 다양한 변인의 탐색에 대한 제언을 기술할 수 있다.

추후연구에서는 변인 간의 관계를 보다 설명할 수 있는 다양한 정서적 · 인지적 변인들의 탐색이 필요하며, 이를 통해 정서적 측면과 더불어 인지적 측면을 함께 살펴봄으로써 보다 통합적인 이해가 가능할 것으로 예상된다.

참고문헌

강문선, 이영순(2019). 내현적 자기애와 사회불안의 관계에서 내면화된 수치심과 자기비난의 매개효과. **교육치료연구, 11**(1), 51-72.

김명식, 권정혜(2004). 청소년 흡연행동에 대한 인지매개 모델의 검증. **한국심리학회지: 임상, 23**(2), 297-312.

이소민, 이지연(2021). 성인 여성의 아동기 정서적 외상 경험이 이상섭식태도에 미치는 영향: 신체자비와 신체수치심의 매개효과. **상담학연구, 22**(3), 70-100.

이혜림, 안명희(2021). 부모의 심리적 통제가 연인관계 정서표현양가성에 미치는 영향: 내면화된 수치심과 거절민감성을 매개로. **한국심리학회지: 상담 및 심리치료, 33**(1), 345-365.

조민기, 신희천(2021). 연인과의 이별을 경험한 대학생의 불안 애착이 이별 후 성장에 미치는 영향: 침습적 반추와 의도적 반추의 이중매개효과. **한국심리학회지: 상담 및 심리치료, 33**(2), 679-699.

홍세희(2003). 구조 방정식 모형의 원리와 응용. **이화여자대학교 경영연구소: 경영학연구조사방법 뉴트렌드**(pp. 25-52).

Bentler, P. M. (1990). Comparative fit indexes in structural models. *Psychological Bulletin, 107*, 238-246.

Bentler, P. M., & Bonett, D. G. (1980). Significance tests and goodness of fit in the analysis of covariance structures. *Psychological Bulletin, 88*, 588-606.

Jöreskog, K. G., & Sörbom, D. (1984). *LISREL VI. Analysis of Linear Structural Relationships by Maximum Likelihood, Instrumental Variables, and Least Squares Methods*. Charlottesville, VA: Scientific Software.

Marlatt, G. A. & Gordon, J. R. (1985). *Relapse Prevention.* New York, NY: Guilford Press.

Steiger, J. H., & Lind, J. M. (1980). *Statistically based Tests for the Number of Common Factors.* Paper presented at the annual meeting of the Psychometric Society, IA.

3장

척도개발 및 타당화

1. 척도개발의 이해

척도개발이란 척도를 구성할 문항을 개발 또는 선별하는 것이다(Burisch, 1984; Garb, Wood, & Fiedler, 2011; Goldberg, 1972). 최근 진행된 척도개발 연구를 예를 들면, 관계중독 척도개발 및 타당화(이인재, 양난미, 2020), 억울 척도개발 및 타당화(전예슬, 김은하, 2021), 대학생 연애 과몰입 척도개발 및 타당화(고은별, 양선영, 2018) 등이 있다.

척도개발의 목표는 신뢰할 수 있고 타당한 척도를 개발하는 것이다(Clark & Watson, 1995). 사회과학연구는 타 학문 분야와는 다르게 사회를 구성하는 인간의 정의적(affective) 또는 인지적(cognitive) 특성을 주된 연구대상으로 삼는다. 이러한 연구대상의 특성은 대부분 눈에 보이지 않기 때문에 직접적인 자료수집을 하기 어렵다. 따라서 특정 방식으로 만들어진 측정도구를 통해 간접적인 방법으로 자료수집을 할 수 있다.

신뢰할 수 있는 자료수집을 위해 표준화된 척도를 개발하는 것은 매우 중요하다고 할 수 있다. 그러나 척도는 심리적 특성을 직접 측정하는 것이 아니라 간접적으로 추론하기 때문에(Crocker & Algina, 1986) 구성개념을 측정하는 방법이 다양할 수 있다. 연구자들마다 연구주제에 따른 구성개념을 측정하기 위해서 기존에 개발된 척도를 사용하거나 때로는 이를 수정하기도 하고 새로운 척도를 개발하기도 한다.

구성개념은 조작적 정의만으로 완벽하게 정의할 수 없으므로 다른 구성개념이나 관찰 가능한 현상과의 관계가 입증되어야 한다. 또한 측정도구를 아무리 정밀하게 만든다고 해도 표본의 측정치가 실제 모집단의 측정치와 완전히 일치할 수 없기 때문에 측정에는 항상 오차가 발생한다. 따라서 새로운 척도를 개발하기 위해서는 해당 영역의 이론적 지식과 기술은 물론이고 많은 시간과 노력이 요구된다. 이 장에서는 척도개발 및 타당화 연구과정에 관하여 설명하고자 한다.

1) 척도개발의 필요성

척도개발 연구의 필요성은 다음과 같다.

첫째, 기존 척도가 있지만 개발한 지 오래되어서 현재의 시대적 · 문화적 상황을 반영하지 못하는 경우이다. BDI(Beck Depression Inventory)는 본래 우울증의 태도와 증상을 측정하는 자기보고식 척도로 개발되었다(Beck, Ward, Mendelson, Mock, & Erbaugh, 1961). 이후 정신질환의 진단 및 통계 편람 4판(DSM-IV)의 새로운 우울증 진단기준이 나타나면서 시대적 · 문화적 상황을 반영하기 위해 기존의 BDI를 수정 · 보완하여 BDI-II가 개발되었다(Beck, Steer, & Brown, 1996).

둘째, 기존 척도에서 연구대상이 자신이 연구하고자 하는 연구대상과 다를 경우이다. 예를 들면, 북한이탈주민의 외상 후 스트레스 증상에 대해서 확인하고자 할 때, 이들은 전형적인 PTSD의 특성과는 다른 외상 후 스트레스 증상을 지니고 있기 때문에 한국판 외상 후 스트레스 척도를 그대로 적용하기 어렵다(윤여상, 김현아, 한선영, 2007).

셋째, 국외에서 번안한 척도를 번안하여 사용하게 될 때 국내 상황에 맞지 않아 문제가 있는 경우이다. 예컨대, 화병은 한국 고유의 사회문화적 배경에서 나타나는 특유한 증상 양상을 보이는 증후군이다. 그러나 국외에서는 화병에 대한 진단이 없을뿐더러 그나마 가까운 증상인 우울증, 신체화와 관련된 척도를 번안하여 사용하게 된다면 한국 특유의 화병을 설명할 수가 없다(권정혜 외, 2008).

넷째, 통계적 검증이나 타당성을 제대로 거치지 않은 척도를 사용하고 있는 경우이다. 그 예로 기존에 사용하던 생도 스트레스 진단척도는 구성개념 중 스트레스 요인이 생도 생활의 특수성을 잘 반영하긴 했으나, 심리 특성 · 상황 변인 및 스트레스 반응과 관련된 부분은 지나치게 다양한 심리 변인을 측정하는 문항으로 구성되어 있었다. 이로 인해 적절한 타당성을 확보하지 못하여 생활 스트레스 수준을 측정할 수 있는 단축형 척도의 필요성이 제기되었다(이종환, 강성록, 이현엽, 구자일, 최윤영, 2021).

다섯째, 연구하고자 하는 심리적 개념을 측정할 수 있는 도구가 없는 경우이다. COVID-19가 2019년도에 처음 확산되면서 기존 연구가 전무한 가운데 연구자들은 비공식적 평가방법을 통해서 스트레스 및 심리적 부적응을 측정하였다(Ahorsu et al., 2020; Taylor et al., 2020). 이러한 방법은 간편성과 편의성 측면에서는 장점일 수 있지만 심리적 개념을 측정할 수 있는 신뢰성이 높은 도구가 아니기 때문에 COVID-19 두려움 척도(The Fear of COVID-19 Scale)가 개발되었다(Ahorsu et al., 2020).

2) 타당화 연구의 필요성

타당화 연구는 다음과 같은 필요성에 따라 이루어진다. 국외에서 개발된 척도가 국내와 문화적 차이가 나타나지 않을 때, 굳이 국내에서 다시 개발하지 않고 개발된 척도를 번역하고 역번역하는 과정을 통해 타당화 연구를 한다. 예를 들어, 개정판 데이트 폭력 질문지의 타당화(서장원, 2021), 한국판 보상적 섭식 욕구 척도의 타당화(양진원, 권석만, 2021), 한국판 비자살적 자해 신념 척도 타당화(정미림, 이상인, 이영순, 2020) 등이 있다.

❖ 측정(measurement)
- 사물의 성질을 구체화하기 위하여 수를 부여하는 절차
- 직접측정: 길이, 무게 등
- 간접측정: 직접측정 불가능, 인간이 지닌 잠재적 특성, 검사라는 도구를 사용하여 측정

❖ 척도(scale)
- 측정에서 사용되는 수의 체계와 단위

명명척도	사물을 구분하기 위해 사용	예: 성별, 인종, 색깔
서열척도	사물이나 사람의 상대적 서열 표시	예: 성적의 등위, 키의 순서
등간척도	임의영점과 가상적 단위를 지니고 있으며, 동일한 간격에 동일한 수적 차이 부여	예: 온도, 검사점수
비율척도	절대영점과 가상적 단위를 지니고 있으며, 동일한 간격에 동일한 수적 차이 부여	예: 무게, 길이

❖ 검사(test)

• 인간의 잠재적 특성을 측정하는 도구, 측정내용에 따라 매우 다양

인지적 검사(척도)	정의적 검사(척도)
지능, 학업적성, 학업성취도 등의 인지적 능력 측정	성격, 태도, 가치관 등의 정의적 특성 측정
정답이 있는 문항으로 구성	주로 정답이 없는 자기보고식 설문지 형태로 구성
최대수행(maximum performance) 측정이 목적	전형적 특성(typical characteristics) 측정이 목적

2. 척도개발의 절차

척도개발 절차는 척도의 사용목적과 개발하려는 기본방향, 척도내용, 적용대상, 척도가 활용되는 상황, 표준화 여부 등에 따라 다소 차이가 있지만 일반적으로 수반되어야 하는 원리와 단계가 존재한다. 따라서 연구자는 척도개발의 일반적이고 공통적인 방법과 절차를 분석하여 개발하고자 하는 척도의 목적에 가장 적합한 방법을 선택하고 보완할 수 있어야 한다. 척도개발 과정은 일반적으로 다음과 같은 분석 단계로 이루어진다.

1) 척도개발의 절차

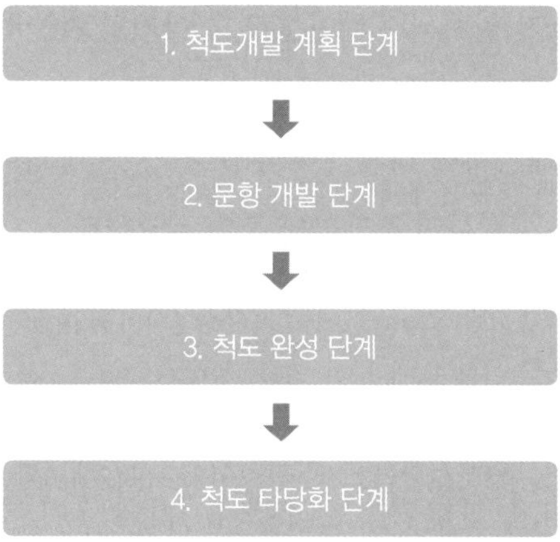

[그림 3-1] 척도개발의 절차

(1) 척도개발 계획 단계

척도개발 계획 단계에서 가장 중요한 것은 다음과 같다.

첫째, 자신이 개발하려는 척도의 사용 목적이 무엇인지 생각해야 한다. 그 이유는 검사의 사용 목적에 따라 검사개발의 기본방향이 달라지기 때문이다. 특정 대상자를 진단하기 위함인지, 태도, 성취, 성격 등과 같이 개인차를 연구하기 위함인지를 구분하여 검사 사용 목적을 분명히 할 필요가 있다.

둘째, 검사가 측정하려고 하는 심리적 구성개념을 결정하고 정의한다. 구성개념의 조작적 정의를 하는 목적은 구체적인 검사개발의 지표가 되도록 검사가 측정하고자 하는 심리적 구성개념을 표현하는 행동유형을 파악하는 것이다(이순묵, 2000). 이를 위해서 관련 문헌연구에서 기존 개념들을 살펴보고, 연구에 맞게 개념을 재정의한다. 구성개념을 대표하는 행동을 파악하기 위한 방법은 내용분석, 관찰법, 문헌연구, 포커스 그룹 인터뷰(FGI) 등이 있다. 이 중 심리적 구성개념의 주요 행동범주를 파악하기 위한 충분한 정보를 갖기 위해서는 한 가지 또는 그 이상의 방법을 절충하는 것이 필요하다(탁진국, 2007). 즉, 문헌고찰을 통해 이론적 기반을 토대로 구성요인을 탐색하고 문항을 선정하는 이론적 접근과 전문가 또는 연구대상의 실증적 논의와 조사를 통해 구성요인을 재검토하고 문항을 보완하는 경험적 접근을 병

행한다. 만약 이론적 배경이나 선행연구 고찰에 근거하지 않고 인터뷰나 기존 문항만 고려하여 묶여진 요인을 명명하는 방식으로 척도를 개발하면 추후 다른 데이터로 연구할 때 구성요소가 일치되지 않아 혼란을 야기할 가능성이 높다.

셋째, 문항은 검사를 구성하는 기본 단위이므로 인지적 · 정의적 · 행동적 측면에서의 문항 작성, 검사대상자에 따른 언어수준 조정, 묵종경향성 방지를 위한 부적(negative) 문항 작성을 고려하여 개발하는 것이 필요하다.

❖ 내용분석
- 개방형 질문법을 통해 사람들에게 측정하려는 구성개념과 관련 있다고 생각하는 행동들을 자유롭게 쓰게 한 후, 그 반응들을 몇 개의 범주로 구분하는 방법
- 구분된 범주들은 심리적 구성개념의 주요 구성요소가 됨

❖ 관찰법
- 검사개발자가 직접관찰을 통해 심리적 구성개념과 관련 있는 행동을 파악하는 방법
- 예: 간호사의 직무 스트레스원이 무엇인지 알아보는 검사를 개발하는 경우, 병원에 직접 가서 간호사들의 행동을 관찰함으로써 필요한 정보를 얻을 수 있음

❖ 문헌연구
- 현재 측정하려는 심리적 구성개념과 관련된 내용을 다루는 과거의 문헌을 참고하여 검사의 주요 행동범주에 관한 정보를 획득함

❖ 포커스 그룹 인터뷰(FGI)
- 그룹 내 상호작용을 적극적으로 활용함으로써 다른 방법으로 도출하기 어려운 자료와 이에 대한 통찰을 얻을 수 있음

① 문장은 현재 시제로 작성한다.

② 사실적이거나 사실적인 것으로 해석될 수 있는 문장은 사용하지 않는다(예: 규칙적인 운동은 몸에 좋다).

③ 한 가지 이상으로 해석될 수 있는 문장은 사용하지 않는다.

④ 거의 모든 사람이 '예' 또는 '아니요'라고 답할 가능성이 많은 문장은 사용하지 않는다(예: 나는 가끔 화가 날 때가 있다).
⑤ 긍정적인 감정과 부정적인 감정을 표현하는 문항 수를 되도록 비슷하게 한다.
⑥ '모두, 항상, 전혀, 결코'와 같이 전체 긍정이나 전체 부정을 나타내는 낱말은 혼돈을 일으킬 수 있으므로 가능하면 피한다.
⑦ '단지, 거의, 많은' 등의 형용사는 사용하지 않는다.
⑧ 가능하면 '만약 ~한다면' 또는 '~하기 때문에'와 같은 절을 포함하는 문장 형태를 피하고 단순화시킨다.
⑨ '전혀 아니다.' '결코 아니다.'와 같은 부정은 사용하지 않는다.
⑩ 이중부정의 문장은 피한다(예: 사람이라면 진실을 말하지 않을 수가 없다).

출처: Crocker & Algina (1986).

(2) 문항 개발 단계

문항 개발 단계는 초기 예비문항을 수집하고, 측정방식을 결정하며, 전문가의 내용타당도 및 비전문가의 안면타당도 검증을 통해 문항을 제작하는 단계이다. 이 단계에서는 최종적으로 포함시킬 문항 수 등을 결정하고 이에 따라 초기 예비문항의 수를 결정해야 한다. 최종 문항 수는 각 하위요인별로 3~15개 정도의 문항으로 구성할 것을 권고한다(김연환, 문수백, 홍상황, 2005). 심리적 설문 문항의 경우 대개 문항 수가 20~30개, 소요시간은 10~15분 정도의 응답 분량이 적당하다(김계수, 2004).

첫째, 초기 예비문항을 구성할 때는 많은 수의 문항을 만든 후, 나중에 문항분석을 통해 줄여 나가는 방법을 사용하는 것이 바람직하다(신석기, 최태진, 박성미, 이은영, 김유미, 2007). 초기 예비문항 수는 최종 문항 수의 2~3배를 제안한다(엄명용, 조성우, 2005). 그러나 문항을 작성해 본 경험이 거의 없는 사람일 경우 필요한 문항보다 4~6배로 문항을 작성할 것을 권고한다. 문항에 반응하는 양식에는 Thurstone 척도법, Guttman 척도법, Likert 척도법 등이 있는데, 이 중에서 제작의 용이성, 경제성, 응답과 채점의 편리성 등의 이유로 Likert 척도법이 가장 광범위하게 사용되고 있다.

둘째, 내용타당도와 안면타당도를 확인한다. 내용타당도는 그 방면의 전문지식이 있는 전문가에게 부탁해서 문항이 정확한지, 적절한 낱말을 사용했는지, 문법적으로 문제는 없는지, 애매모호한 점은 없는지 등을 검토하는 것이다. 안면타당도는 전문가가 아닌 피험자에게 하는 타당도 검사로 문항내용을 이해하는 데 어려움은 없는지 검토하는 것을 말한다.

셋째, 20~30명 정도의 소수의 인원을 대상으로 전체 문항의 사전검사를 실시한다. 사전검사를 통해 응답자의 검사에 대한 반응을 관찰하고 검사 후 응답자에게 검사에 관한 전반적인 피드백을 받아 검사의 타당도를 향상시키는 것이 바람직하다.

(3) 척도 완성 단계

첫째, 문항에 대한 검토 후 완성된 예비척도를 표본집단에 실시하여 문항 및 검사의 양호도를 분석한다. 예비검사에서는 통계분석을 위한 적합한 표본집단 선정과 표본집단의 크기 등을 결정해야 한다. 표본집단의 크기가 클수록 통계적 검증력이 높아진다는 의견이 있지만, 그에 대한 명확한 기준은 없다. 일부에서는 최소 200명 내외 또는 500명 정도를 제안하기도 하고, 문항 수의 3~10배, 5~10배를 제안하기도 한다.

둘째, 예비검사를 실시하여 자료가 얻어지면 반응결과를 분석하여 보다 정확하고 안정적인 통계적 검증을 해야 한다. 이때 일반적으로 행해지는 통계적 검증은 문항분석, 요인분석, 신뢰도 분석방법이 있다. 요인분석을 실시하기 전에 먼저 적절하지 못한 문항을 제거하기 위한 문항분석과 문항 제거 시 신뢰도 검증이 필요하다. 평균, 표준편차, 왜도, 첨도 등을 검토하고, 문항-전체 상관분석을 통해 문항의 변별력을 확인하여 특정 문항이 타 요인과의 상관계수가 더 높거나 문항 제거 시 신뢰도가 높아지는 문항은 제거한다. 문항분석 후 예비조사의 문항에 대해 탐색적 요인분석을 실시하고 전체 문항과 하위요인의 신뢰도 검증을 마치면 최종 척도가 완성된다.

(4) 척도 타당화 단계

최종으로 확정되어 완성된 문항을 사용하여 타당도 검증을 하기 위해 본 조사를 실시하는 단계이다. 본 조사를 통해 수집된 결과 자료를 토대로 크게 구인타당도(construct validity)와 준거타당도(criterion-related validity)를 확인하게 된다. 구인타당도는 검사가 심리적 구성개념을 측정하고 있는지를 평가하는 방법이며, 준거타당도는 검사와 준거 간의 관계를 분석해서 검사의 타당도를 평가하는 방법이다(탁진국, 2007).

구인타당도를 확인하기 위해 완성된 척도의 이론적 모형구조에 대한 타당성과 전반적인 구조적 적합성을 확인하기 위해 확인적 요인분석을 실시한다. 그리고 이론적 모형구조의 내적 구조에 기초한 타당도를 검증하기 위해 수렴타당도(convergent validity)와 변별타당도(discriminant validity)를 확인한다. 준거타당도는 크게 공인타당도(concurrent validity)와 예측타당도(predictive validity)로 나눌 수 있다. 공인타당도는 기존에 타당성을 보장받고 있는 검사와의 유사성 혹은 연관성 등을 비교하는 검증방법이다. 예언타당도는 현재 측정을 통해 예측된 결과가 미래에

[그림 3-2] 척도개발의 절차

나타날 결과와 얼마나 일치하는가를 나타내는 방법이다.

이 장에서는 여러 학자가 제시한 척도개발 절차 중 신석기 등(2007)이 제시한 척도개발 절차를 근거로 한 박정미(2018)의 연구를 참고하여 상위 4단계에 포함된 세분화된 6단계의 척도개발 절차를 안내하고자 한다. [그림 3-2]를 참고하면 구체적으로 척도개발의 절차를 이해할 수 있다.

첫 번째 단계는 '구성요소 추출 및 기초 예비문항 작성' 단계로 검사의 목적과 개요를 규명하는 단계이다. 1단계(이론적 고찰), 2단계(기초조사), 3단계(초기문항 제작 과정)을 통해서 문항검증을 위한 기초 예비문항을 작성하는 단계이다. 두 번째 단계는 '최종 예비문항 선정' 단계로, 추출된 기초 예비문항을 내용타당도와 안면타당도 검증을 통해 4단계(예비문항 검증) 과정을 거쳐 최종 예비문항 선정을 하게 된다. 세 번째 단계는 '척도 완성' 단계이다. 이 단계는 5단계(예비조사)를 실시하여 탐색적 요인분석과 문항분석 그리고 신뢰도 검증을 통해 척도를 개발하는 과정이다. 마지막 단계는 '타당화' 단계로 6단계(본 조사)를 실시하여 확인적 요인분석을 비롯하여 다른 척도와의 상관분석을 통해 타당도를 분석하고 개발된 척도의 타당성을 확보한다.

TIP

❖ 내용타당도

내용타당도는 척도의 문항들이 측정하고자 하는 내용 영역을 얼마나 잘 대표하는지를 평가하는 방법이다. 내용타당도는 그 방면의 전문지식이 있는 사람들에게 부탁해서 문항이 정확한지, 적절한 낱말을 사용했는지, 문법적으로 문제가 없는지, 애매모호한 점은 없는지, 문항이 검사의 목적과 일치하는지, 문항내용을 반응자가 이해하는 데 어려움은 없는지 등을 검토해 보는 것이 좋다(탁진국, 2007).

❖ 준거타당도

준거타당도는 하나의 측정지표를 사용하여 측정한 결과를 다른 기준지표를 사용하여 측정한 결과와 비교하여 나타난 관련성의 정도를 뜻한다. 준거타당도에서 타당도 정도는 기존 검사와 새로이 개발한 검사 간의 통계적 상관에 의해 결정된다. 만약 두 검사 간의 상관계수가 정적이고 높다면 두 검사가 동일한 특성을 측정한다고 볼 수 있으며, 결국 검사의 타당도가 높다고 볼 수 있다. 미래의 측정결과와의 연관성은 예측타당도라고 하고, 현재의 다른 측정결과와의 연관성은 공인타당도라고 한다.

- 예측타당도

  예측타당도는 새로이 개발한 검사와 새로이 개발하는 검사와 관련된 행동 간의 상관 정도에 의해 결정된다.

- 공인타당도

  공인타당도는 이미 널리 타당성을 인정받고 있는 기존의 검사와 새로이 만든 검사 간의 상관관계에 의해 결정된다.

❖ 구인타당도

구인타당도는 측정하고자 하는 추상적 구성개념이 실제로 측정도구에 의해 제대로 측정되었는지의 정도를 의미한다. 구인타당도에는 상관을 이용하는 방법(수렴타당도, 변별타당도)과 요인분석을 이용하는 방법이 있다.

- 수렴타당도

  수렴타당도는 동일하거나 유사한 기존의 검사들과 비교해서 두 검사 간의 상관계수를 구하는 방법이다. 상관계수 값이 높게 나타나면 이는 두 검사가 동일한 특성을 측정하고 있다는 것을 의미한다.

- 변별타당도

  변별타당도는 서로 다른 특성을 동일한 방법으로 측정하여 얻어진 검사점수들을 비교하여 타당도의 근거로 삼는다. 동일한 특성을 상이한 방법으로 측정한 검사점수 간의 상관이 높으면 측정이 타당하다는 수렴근거가 되는 반면, 서로 다른 특성을 동일한 방법으로 측정하여 상관이 높지 않다면 이 또한 측정이 타당하다는 변별근거가 된다.

3. 척도개발 논문 작성의 실제

척도개발 및 타당화 연구 또한 일반적인 논문 체계인 '서론–방법–결과–논의'의 체계를 따른다. 이 장에서는 다음에 제시한 논문을 예시로 하여 척도개발 및 타당화 논문 작성방법을 구체적으로 살펴보고자 한다.

서영주, 김영근(2020). 상담자 효과 요인 평정척도 개발 및 타당화. **상담학연구**, 21(5), 69-95.

1) 서론의 주요 사항

서론에서는 연구의 주제, 정의, 선행연구의 흐름 등을 설명하면서 필요성과 목적을 분명히 밝히는 것이 핵심이다. [그림 3-3]의 내용을 토대로 예시논문에 대해 구체적으로 살펴보고자 한다.

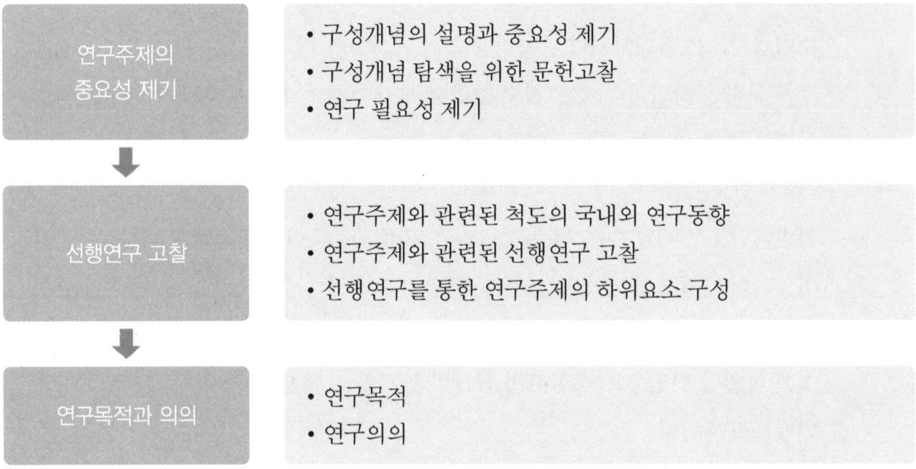

[그림 3-3] 서론의 주요 사항

(1) 연구주제의 중요성 제기

도입 부분에서는 연구주제에 대한 관심을 증가시키고 연구의 중요성을 제시하고자 하는 목적이 있다. 또한 문헌고찰을 통해 척도개발 연구에서 가장 중요한 구성개념을 추출하는 과정을 제시하면서 연구의 필요성을 설명하고 있다.

① 구성개념의 설명과 중요성 제기

상담성과가 치료적 관계에 따라 달라지기 때문에 상담자 효과 요인을 연구하는 것의 중요성을 설명하면서 연구주제를 부각시키고자 한다.

상담이란 심리적 문제를 다루기 위해 전문적으로 훈련받은 상담자가 '대화(talk)'를 매개체로 사용하는 치료 방법(Wampold, 2010)이다. 따라서 상담은 내담자와 상담 전문가가 긴밀하게 협동하는 유기체적인 작업이며 상담성과는 치료적 관계에 따라 달라진다(Orlinsky et al., 1994). 그렇기 때문에 어떤 상담자가 상담을 제공하는가에 따른 상담자 효과 요인이 상담성과의 핵심인 것으로써 상담자 효과 요인에 관한 중요성이 꾸준히 제기되고 있다.

② 구성개념 탐색을 위한 문헌고찰

선행연구에서 구성개념을 탐색한 결과, 상담자 효과 요인은 세 가지의 구성개념으로 이루어져 있음을 설명하고 있다. 각 요인을 구체적으로 설명하면서 이를 기반으로 하여 본 연구에서 상담자 효과 요인의 구성개념을 추출하는 근거로 설명하고 있다.

치료적 공통요인으로서의 상담자 효과 요인에 대한 구성개념을 탐색하기 위한 문헌들을 살펴보면, 전문적 요인과 성격적 요인(이재창, 1996; Beutler et al., 2004; Orlinsky et al., 1994) 그리고 상담전문가만의 특질과 관련한 상담자 존재 자체에 대한 요인(Barak & Lacrosse, 1975; Beutler et al., 2004; Jennings & Skovholt, 1999; Orlinsky et al., 1994)으로 나누어진다. 전문적 요인은 상담이라는 전문적 활동을 수행하는 데 필요한 지식과 기술을 의미한다. (중략) 성격적 요인은 상담가로서 갖추어야 할 기본적인 태도나 품성과 같은 인간성이라고 할 수 있다. (중략) 그리고 상담자 존재 자체에 대한 요인과 관련해서 Barak와 Lacrosse(1975)는 전문성, 호감도, 신뢰성을 효과적인 상담자의 특성이라고 하였다. (중략) 따라서 본 연구에서 상담자 효과 요인은 상담성과를 가져오는 치료적 공통요인으로서의 상담자 변인, 특성 및 요인을 지칭하는 말로써, 상담자 효과 요인에는 상담전문 기술의 전문적 요인, 인간적 자질과 태도의 성격적 요인 그리고 상담자 존재 자체 요인을 포함한다.

③ 연구 필요성 제기

선행연구에서 특정 치료의 효과를 밝히고자 했을 때, 상담자 요인이 상당 부분 차지하였다는 내용을 설명하고 있다. 이를 근거하여 구체적으로 상담자 요인의 어떤 특성이 상담성과에 영향을 주었는지 확인하고자 하는 연구의 필요성을 제기하고 있다.

> 미국의 경우, (중략) 엄격한 연구결과에 의해 국민건강보험(National Health Service)이 적용되면서(Barkham & Mellor-Clark, 2003) 위약효과를 능가하는 특수 요인(specific factors)의 매뉴얼화된 특정 치료의 효과를 밝히려고 하였다. 그러나 많은 증거 기반 치료 연구결과에서 보듯이 특정 치료의 효과성에 대해 논하는 것은 의미가 없었다. 왜냐하면 치료 효과의 차이는 상당 부분 상담자 요인이 설명하였기 때문(Kim et al., 2006)이다. 그러므로 상담자 교육 및 연구에서 내담자에게 도움이 되는 치료적이고도 효과적인 상담자 요인의 어떤 특성이 상담과정, 상담성과에 영향을 주어서 차이가 나타나는지 확인해야 할 필요가 있다(Wampold, 2010).

(2) 선행연구 고찰

선행연구를 종합적으로 분석 · 고찰하는 단계이다. 이 단계에서는 연구주제와 관련된 측정도구의 국내외 연구동향을 살펴보고, 이론적 근거를 통해 하위요소를 도출하는 과정을 설명하고 있다.

① 연구주제와 관련된 척도의 국내외 연구동향

국내외 상담자 효과 요인 척도와 관련한 척도의 동향을 설명하고 한계점을 기술하면서 본 연구의 필요성에 대한 근거를 설명하고 있다.

> 또 다른 척도로는 O'Malley, Suh와 Strupp(1983)가 개발한 상담과정 척도(Vanderbilt Psychotherapy Process Scale: VPPS)가 있는데 하위 8요인 중 상담자 효과 요인으로는 기법 측면의 탐색 요인과 태도 측면의 부정적 태도, 온정적 태도를 합하여 3요인이 있다. (중략) 실제, VPPS 타당도 연구(O'Malley et al., 1983)에

서 상담자 효과 요인과 상담성과는 유의한 관련성을 확인하지 못하였다. 이러한 결과는 상담자 효과 요인의 문항이 상담 전반적인 측면을 재고 있어서 내담자와 상담자에 대한 구체적이고 임상적 의미를 지닌 세부적인 측면을 측정하는 것이 필요하다는 것을 보여 준다. 아울러 국내에서 개발된 상담성과와 관련한 상담자 효과 요인으로는 상담자의 타당화 수준 평가 척도(유성경 외, 2009)가 있다. 이 척도는 공감을 개념적으로 보완하여 타당화 수준의 중요성을 강조하였다.

② 연구주제와 관련된 선행연구 고찰

상담자 효과 요인과 관련한 선행연구의 동향을 설명하고 한계점을 기술하면서 본 연구의 필요성에 대한 근거를 설명하고 있다.

Beutler 등(2004)의 메타분석은 상담자의 정서적 안녕, 가치, 개인적 특성, 관계형성능력 등이 상담성과에 유의한 영향을 미치는 것으로 밝혀졌고, 내담자가 상담자를 전문가로 평가하고 신뢰할 수 있게 인식할수록 작업동맹에 긍정적 영향을 미치는 것으로 나타나 상담의 치료적 관계와 성과에 핵심적 역할을 하는 것으로 보고되고 있다(Barak & Lacrosse, 1975; Baldwin et al., 2007). (중략) 그러나 대부분의 연구는 상담자 자기보고식 척도를 사용하여 정작 상담성과를 가져오는 내담자의 의견이 반영되지 않고 있다. (중략) 그렇지만 상담성과가 높은 상담자는 어떤 특징을 가졌는지에 대하여 구체적으로 개념화된 척도가 개발될 필요가 있고 이 척도는 상담자 효과 요인이 상담성과를 가져오는 데 얼마만큼 기여하는지를 평가할 수 있게 할 것이다.

③ 선행연구를 통한 연구주제의 하위요소 구성

선행연구를 종합적으로 고찰하여 상담자 효과 요인 개념을 구체화하고, 이론적 근거에 의하여 상담자 개입, 상담자 태도, 상담자 현존의 세 가지 하위요소를 도출하는 과정을 설명하고 있다.

이러한 측면을 고려하여 본 연구에서는 개념도 연구(concept mapping)의 장점을 활용하여 국내외 선행 개념도 연구에서 상담자 효과 요인 개념을 구체화하고 척도의 하위요소를 구성하였다(민경화, 최윤정, 2007). 상담자 효과 요인에 관한 질적 연구는 내담자와 상담자가 인식한 연구로 나눌 수 있다. (중략) 각 연구의 개념은 3개에서 7개의 군집이 나타났는데 공통으로 1개 이상의 개입과 태도가 나타났다. (중략) 이와 더불어 상담자 개입은 앞서 살펴본 문헌연구의 전문적 요인에 해당하여 상담지식과 기술을 중심으로 하는 인지적 특성이라 할 수 있다. 상담자 태도는 성격적 요인 중에서 내담자에 대한 공감적 이해와 심리, 정서적 특성이라 할 수 있고 상담자 현존에는 상담자 존재 자체에 대한 요인에서 전인적 관계의 특성과 성격적 요인 중에서 영성, 가치 등의 인간적 특성을 담고 있다. 이처럼 상담자 효과 요인은 측정 가능한 형태로 재구조화하기 위하여 이론적 근거에 따라 공통으로 의미를 담고 있거나 중복되는 군집을 3개 범주로 통합하였다.

(3) 연구목적과 의의

서론의 마지막 부분으로 선행연구를 바탕으로 본 연구의 목적과 의의를 설명한다.

① 연구목적

상담자 효과 요인을 파악할 수 있는 연구대상은 내담자의 인식 측면에서 확인해야 함을 설명하고 있으며, 척도개발과 타당화에 대한 목적을 밝히고 있다.

따라서 상담성과를 확인하기 위해서는 변화의 주체자인 내담자가 인식한 측면에서 파악하는 것이 중요하다고 볼 수 있다. 본 연구의 상담자 효과 요인 평정은 상담성과를 측정하는 데 목적이 있기 때문에 내담자가 지각한 상담자 효과 요인을 평가할 수 있는 도구의 개발이 필요하다. 왜냐하면 상담을 통한 변화의 주체가 내담자이며 상담성과를 구체적으로 확인할 수 있는 사람도 내담자이기 때문이다. 본 연구의 목적은 내담자가 지각한 상담성과를 측정하는 상담자 효과 요인 평정척도를 개발하고 척도의 타당성을 검증하는 것이다.

② 연구의의

본 연구가 기여할 수 있는 부분인 상담자 연구, 교육의 기초자료 등에 대해 구체적으로 기술하고 있다.

이로써 상담자 효과 요인 평정척도는 상담자 연구에 활용되어 상담과정과 성과에서 상담자 역할과 기제에 대한 통합적인 이해를 도울 수 있을 것으로 기대한다. 또한 상담자 효과 요인에 관한 폭넓은 관점을 제공하고 궁극적으로 전문 상담자 발달을 위한 교육의 기초자료를 마련하는 데 기여할 수 있을 것이다.

2) 방법의 주요 사항

방법에서는 연구절차 및 연구대상, 측정도구에 대해 안내하고 있다. 학술지의 기술방식이나 연구자의 의도에 따라서 방법의 내용을 연구 1과 연구 2로 구분하기도 하고 통합해서 서술하는 경우도 있다. 현재 살펴보고자 하는 예시논문은 방법의 내용을 구분하지 않고 통합해서 서술한 논문이다.

앞서 제시한 척도개발 절차에서는 신석기 등(2007)의 척도개발 절차에 근거하여 6단계의 절차를 안내하였다. 이를 토대로 살펴보면, 예시논문에서는 척도개발 단계 중 1단계인 이론적 고찰 부분에서 문헌연구를 통해 구성개념 추출을 충실히 하였다. 한편 4단계 예비문항 검증과정에서 일반적으로는 내용타당도 3차와 안면타당도 검증을 거치는데 예시논문에서는 내용타당도를 2차까지 검증하였다. 또한 타당화 단계에서 타당도를 검증할 때 연구자마다 구성개념에 따라 확인하고자 하는 타당도의 종류가 다를 수 있다. 구체적으로 예시논문의 각 척도개발 단계에 따른 전체 흐름은 [그림 3-4]를 참조하기 바란다.

단계		주제	세부 내용
구성요소 추출 및 기초 예비 문항 작성	1단계	이론적 고찰	• 문헌연구를 통한 구성요소 탐색(개념도 연구 및 귀납적 분석 연구 중심으로 문헌고찰) • 기존 상담 효과 요인 척도 분석
	2단계	기초조사	• 경험적 자료수집 및 분석(개방형 설문과 면담은 하지 않음)
	3단계	초기문항 제작	• 이론적 고찰 및 기초조사를 통한 구성요소 추출 • 초기문항목록 작성 및 측정 양식 결정
최종 예비 문항 선정	4단계	예비 문항 검증	• 1차 내용타당도 검증(상담심리 관련 교수 4명, 문항 구성 및 문항타당도 확인) • 2차 내용타당도 검증[현장 전문가인 상담경력이 3~15년 이상의 상담심리 관련 전공 박사(과정 포함) 14명, 문항 구성 및 문항타당도 확인]
척도 완성	5단계	예비 조사	• 탐색적 요인분석: 개인상담 진행 중인 만 18세 이상 성인 내담자 200명 • 문항분석 및 신뢰도 검증(내적일치도 Cronbach's α)
타당화	6단계	본 조사	• 구인타당도 검증: 최근 3개월 이내 3회기 이상 개인상담 경험이 있는 만 18세 이상 성인 내담자 348명(확인적 요인분석, 수렴 및 변별타당도 검증) • 이해 및 집중타당도 검증[상담자 효과 요인 평정척도(CFRS) 하위요인] • 수렴 및 변별타당도 검증[상담자 평정척도(CRF-S), 사회적 바람직성 척도(SDS)] • 준거 관련 공인 및 증분타당도 검증[작업동맹 척도(WAI-S), 상담 만족도 질문지(CSQ-C), 정적정서 부적정서 척도(PANAS)]

[그림 3-4] 척도개발의 절차(예시논문 반영)

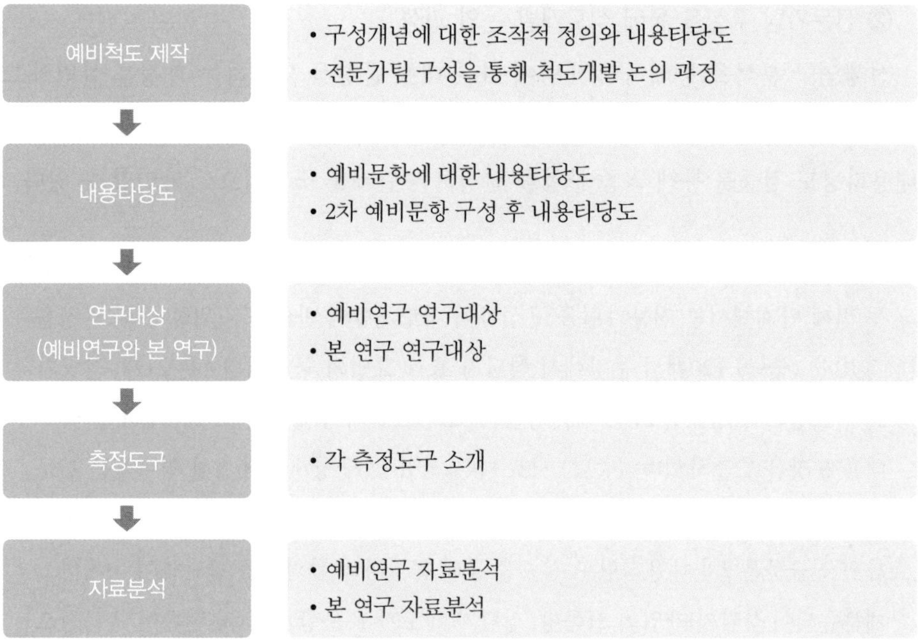

[그림 3-5] 방법의 주요 사항

(1) 예비척도 제작

최종 예비문항을 선정할 때, 그리고 최종 문항을 선정한 후 타당화 검증을 위한 연구절차 및 연구대상을 안내하고 있다.

① 구성개념에 대한 조작적 정의와 내용타당도

문항 개발 절차에 따라 선행연구 분석을 통해 구성개념에 대한 조작적 정의를 하고, 내용타당도에서 조작적 정의와 하위 구성개념을 검증한 결과를 설명하고 있다.

> 내담자가 지각한 상담성과를 가져오는 상담자 효과 요인 평가척도를 개발하기 위하여 첫 단계에서는 측정개념을 구체화하기 위해 내담자들이 지각한 도움경험과 치료적이고 효과적인 상담자에 대한 내담자와 상담자 인식의 선행 개념도 연구 및 귀납적 분석 연구를 중심으로 문헌고찰을 검토하여 상담자 효과 요인의 구성개념에 대한 조작적 정의를 하였다. 이러한 구성개념에 대해 전문가의 내용타당도 검증을 시행하여 조작적 정의는 피드백을 받고 수정하였으며, 하위구성 개념은 5점 척도의 평균 4.75점의 높은 점수를 받았다.

② 전문가팀 구성을 통해 척도개발 논의 과정

선행연구 분석을 통해 구성개념에 따른 대표 문장을 도출하는 과정을 설명하고 있다. 전문가팀과 논의를 통해 구성개념에 가장 합당한 개념으로 분류하여 2차의 내용타당도 검증을 통해 최종 문항을 선정하는 단계를 구체적으로 확인할 수 있다.

> 두 번째 단계에서는 전문가팀을 구성하여 척도개발에 반영하기 위한 논의 과정을 거쳤다. (중략) 120개의 문장에서 상담자 효과 요인의 구성개념 1은 21개, 상담자 효과 요인의 구성개념 2는 17개, 상담자 효과 요인의 구성개념 3은 18개의 총 56개 대표 문장을 도출하였다. (중략) 서로 다른 군집 및 구성개념에 속한 경우에는 전문가팀과 논의하여 구성개념에 가장 합당한 개념으로 분류하였다. (중략) 이렇게 분류된 진술문은 2차 내용타당도 검증을 통해 문항과의 관련성을 판단하여 수정하고 재분류되어 상담자 개입이 21문항, 상담자 태도가 16문항, 상담자 현존이 19문항으로 조정되었다.

(2) 내용타당도

예비문항에 대한 내용타당도를 기술하고, 2차 예비문항을 구성하여 내용타당도 평정을 통해 최종 문항을 선정한 과정을 설명하고 있다.

① 예비문항에 대한 내용타당도

이전 단계에서 제작한 예비문항을 토대로 내용타당도(5점 Likert 평정)를 실시하고, 피드백에 따라서 문장을 수정·보완하였다. 또한 상담자 현존 관련 문항에 대해 실제적 인터뷰를 추가하여 추가적으로 개념이 반영된 문장을 반영하였다.

> 구성개념에 대해 내용타당도 검증을 시행하였던 상담심리 관련 교수 4명에게 다시 각 문항에 대한 내용타당도를 5점 리커트식 척도를 이용하여 평정하게 하였다. 평정 결과 ① 상담자 효과 요인 구성개념과 적합도는 평균 5점, ② 하위요인과의 적합도는 평균 4.5점이었다. ③ 문항 내용의 이해도에서는 각 문항의 평균 3.5점 이상의

문항을 살펴보면서 ② 하위요인과의 적합도가 4점 이상인 문항을 선정하였다. (중략) 특히 상담자 현존과 관련한 문장들에 대해 전반적으로 개념을 정비하라는 권고에 따라 새로운 문항 개발이 필요하다고 보고, 관련 문헌과 최근 3개월 이내에 내담자 경험이 있는 상담자(상담 경력이 3년 이상, 상담심리 전공 석사 3명, 박사 1명)를 대상으로 실제적인 인터뷰(상담과정에서 치료가 되고 있다고 느낀 적은 어느 때인가요?, 상담자가 여기-지금 함께 머문다고 느꼈나요? 등)를 실시하여 보충이 필요한 문장에 대해 상담자 현존의 개념이 잘 반영된 문장을 새롭게 추가하거나 수정하였다.

② 2차 예비문항 구성 후 내용타당도

전문가들과 논의 후 예비문항을 포함하거나 제거하여 2차 예비문항을 구성하고 2차 평정을 실시한 내용을 기술하였다. 2차 내용타당도 평정은 CVI를 사용하였고, 타당도 지수의 기준에 따라 내용을 점검하여 최종 문항을 개발하였다.

선정된 문항에 대해 척도개발 연구경험이 있는 상담심리학 교수 1인과 상담자 효과요인 연구경험이 있는 상담심리학 교수 1인에게 예비문항의 내용 일치성, 문항의 간결성 및 난이도에 대해 감수하여 불필요하거나 보충이 필요하다고 생각되는 문장은 논의 후에 예비문항에 포함하거나 제거하여 2차 예비문항을 구성하였다. (중략) 2차 평정에서는 인터뷰를 통해 2차 예비문항에 대한 문항 수정 및 개선 방향에 대한 자세한 피드백을 받았다. (중략) 내용타당도 지수는 각 문항에 대하여 4점 이상을 선택한 전문가 수의 비율을 토대로 정해지며 .85를 초과하는 문항만을 선택하고 타당도 지수가 .78 이상 문항 중에서 필요하다고 생각되는 문항에 관해서는 내용을 점검하여 수정·보완하였다. 이러한 절차를 거쳐서 최종 3요인으로 구성된 상담자 효과 요인 평정척도의 38문항을 개발하였다.

(3) 연구대상(예비연구와 본 연구)

연구대상은 예비연구와 본 연구로 구분되며, 공통적으로는 표집방법, 설문기간, 설문참여 요청방법, 참여자의 인구통계학적 특성 등이 기술된다.

① 예비연구 연구대상

탐색적 요인분석을 위해 예비연구의 연구대상을 선정한 기준과 방법을 기술하였다. 설문조사 방법은 온라인과 대면방법을 통해 이루어졌고, 참여자들의 연령과 상담회기 수 등을 기술하고 있다.

> 예비연구의 참여자는 공공기관 및 사설 상담기관 등에서 현재 개인 상담을 진행 중인 만 18세 이상의 성인 내담자를 대상으로 탐색적 요인분석을 하였다. (중략) 이에 200명을 대상으로 편의 표집하여 2019년 9월 20일부터 2019년 11월 1일까지 조사하였고, 응답한 202명 중 불성실한 응답자 2명은 제외하였다. 내담자들에 대한 설문참여 요청은 기관의 허락을 통해 연구자 및 상담자들에 의해 개별적으로 내담자에게 연구에 대한 협조와 동의를 구한 후, 대부분은 상담 기관에 QR코드를 배부하여 온라인으로 설문을 작성하여 제출하였고 소수의 경우는 상담이 끝난 후 설문지를 작성하여 내담자가 밀봉한 다음 상담자에게 제출하였다. 참여자들의 평균 연령은 33.52세(*SD*=11.20)로서 남자는 23명(11.5%), 여자는 177명(88.5%)이었다.

② 본 연구 연구대상

본 연구의 대상과 예비연구의 대상 간 차이는 선행연구에 근거하여 작업동맹을 측정하기 위한 기준인 3회기 이상 상담경험이 있는 18세 성인 내담자로 선정한 것이다. 설문참여 요청은 예비연구와 같은 방식이며 연구참여자 특성을 기술한다.

> 그리고 본 연구의 참여자는 2019년 11월 13일부터 2020년 1월 10일까지 설문하였고, 공공기관 및 사설 상담기관 등에서 최근 3개월 이내에 3회기 이상 개인 상담 경험이 있는 만 18세 이상의 성인 내담자로 제한을 두었다. 이는 작업동맹을 측정하기 위해서는 3회기 후가 일반적이라는 점(Horvath & Bedi, 2002)을 참고하여 연구에 동의한 후 응답한 374명 중, 3회기 미만이거나 불성실한 응답자 26명을 제외한 348명을 대상으로 하였다. 내담자들에 대한 설문참여 요청은 예비연구와 같은 방식으로 이루어졌으며 (중략) 참여자들의 평균 연령은 33.52세(*SD*=11.22)로서 남자는 55명(16.5%), 여자는 279명(83.5%)이었다.

(4) 측정도구

관계연구에서 기술하는 방식과 동일하게 측정도구에 대해 안내하고 있다. 여기서 제시된 척도들은 타당도 분석을 위해 사용된 척도이다.

> **상담자 효과 요인 평정척도**
>
> 내담자가 지각한 상담성과를 가져오는 치료적이고 효과적인 상담자 요인 평정을 측정하기 위해서 본 연구에서 개발한 상담자 효과 요인 평정척도(Counselor Effectiveness Factors Rating Scale: CFRS)를 사용하였다. 상담자 개입 10문항, 상담자 태도 10문항, 상담자 현존 7문항의 세 가지 요인의 총 27문항으로 구성되며 요인별로 7점 척도(1점: 전혀 아니다, 7점: 아주 그렇다)로 평정한다. 점수가 높을수록 상담성과를 가져오는 치료적이고 효과적인 상담자 요인이 높다는 것을 의미한다.

(5) 자료분석

자료분석 또한 예비연구와 본 연구로 구분되며, 예비연구는 척도개발, 본 연구는 타당화와 관련하여 분석방법에 대해 구체적으로 기술하고 있다.

① 예비연구 자료분석

예비문항의 요인 구조를 탐색하기 위해서 기술통계 분석, 신뢰도 계수, 요인분석 등을 시행한 내용을 구체적으로 기술하고 있다.

> 예비연구는 상담자 효과 요인 평정척도 예비문항의 요인 구조를 탐색하기 위해 SPSS 21.0 프로그램을 통해 200명의 자료를 사용하였다. 첫 단계는 연구대상자의 일반적인 특성을 파악하고 문항의 양호도를 알아보기 위하여 각 문항의 평균, 표준편차 등 기술통계 분석과 개별 문항과 전체 총점 간의 상관, 문항 제거 시 신뢰도 계수를 검토하였다. 측정하고자 하는 요인들 간에 상관관계가 있다는 가정과 측정하고자 하는 변수들이 공통으로 갖고 있는 의미 구조를 추출한다는 목적에 따라 요인 추출 방법으로는 최대우도법이 사용되었으며 요인회전 방법으로는 직접 오블리민

을 사용하여 요인을 추출하였다. 또한 KMO 표본 적합성 지수와 Bartlett의 구형성 검증 통계치를 산출하고 요인 수를 결정한 후 요인 부하량, 내용 분석을 통해 각 요인의 명칭 및 최종 문항을 선정하였다.

② 본 연구 자료분석

최종 확정된 척도의 타당화 연구를 위해 기술통계 분석, 상관분석, 위계적 회귀분석을 시행하고, 확인적 요인분석을 통해 요인 구조의 적합성을 확인하고 있다.

다음으로 최종적으로 확정된 상담자 효과 요인 평정척도의 타당화 작업을 위해 본 연구를 시행하였다. 회수된 자료 중 3회기 이상이 되지 않은 자료와 불성실한 응답을 한 26부를 제외한 348명의 자료에 대해 SPSS 21.0 프로그램을 이용한 분석은 연구대상자의 인구사회학적 특성을 파악하고 수렴타당도, 변별타당도, 준거 관련 공인타당도를 위한 상관분석을 실시하였다. 더불어 증분타당도는 새로 개발된 척도의 수렴타당도, 변별타당도 및 준거타당도가 지지되더라도 보다 더 유용한 척도임을 확인하기 위해(Haynes & Lench, 2003) 확인된 준거 및 유사척도와 위계적 회귀분석을 시행하였다. (중략) AMOS 21.0 프로그램은 요인 구조의 적합성 및 구인타당도를 확인하기 위하여 확인적 요인분석을 시행하였다.

3) 결과의 주요 사항

결과에서는 최종 예비문항 선정 결과, 최종 문항 선정 결과, 타당화 검증, 준거 관련 타당도, 수렴 및 변별타당도 검증 결과에 대해 안내하고 있다.

[그림 3-6] 결과의 주요 사항

(1) 문항분석

연구자는 38개 문항으로 구성된 예비척도의 문항 양호도를 살펴보았고, 문항 총점 간 상관과 문항 하위요인 간 상관을 통해 신뢰도를 저해하는 문항을 검토하여 제

> 상담자 효과 요인 평정 예비척도 38문항의 양호도 평가는 문항분석을 시행하였다. 부적절한 문항을 제거하기 위한 기준은 왜도와 첨도를 −2에서 +2 이내(Huck & Cormier, 1999)로 하여 문항의 평균과 표준편차를 분석한 후, 문항 총점 간 상관과 문항 하위요인 간 상관을 통해 신뢰도를 저해하는 문항을 검토하는 순으로 하였다. 문항의 질 점검에서 문항의 평균은 너무 높거나 낮은 경우 변별력이 낮아 불필요한 문항일 가능성이 높기 때문에 0.7~6.3인 문항을 수용하였고 표준편차가 작은 경우 문항의 변별력을 떨어뜨리기 때문에 1.05 이상일 때 수용하였다(Meir & Gati, 1981). (중략) 개별 문항과 문항 총점 간 상관은 .30 이상으로 모두 양호하였지만, 전체적으로 높은 상관을 보여 .80 이상인 문항 중에서 10개 문항(2번, 3번, 20번, 23번, 25번, 27번, 28번, 29번, 30번, 32번)을 제거하여 총 28문항이 되었다.

거하거나 수정한다.

(2) 구인타당도 분석

문항분석을 통해 확인된 예비척도의 요인 구조를 탐색하고 그 내적 일관성을 입증하기 위해 탐색적 요인분석을 시행하고, 탐색적 분석에서 식별된 요인 구조를 확인하기 위해 확인적 요인분석을 실시한다.

① 탐색적 요인분석

KMO와 Bartlett의 구형성 검정지표를 통해 수집된 자료가 요인분석에 적합한지 확인한 후, 요인 수를 결정하기 위해 스크리 도표, 누적분산비율, Kaiser 기준, 모형 적합도 검증, 각 문항의 공통분, 해석 가능성을 고려한 뒤, 예상되는 요인 수를 고정시켜서 탐색적 요인분석을 실시한다.

> 문항분석을 통해 확인된 상담자 효과 요인 평정 예비척도의 28문항에 대해 탐색적 요인분석을 한 결과, KMO 지수가 .963, Bartlett의 구형성 검증치 값이 6253.061 (df=378, p<.001)로써 통계적으로 유의한 것으로 나타나 상관행렬이 요인분석하기에 적합한 자료임을 확인하였다. (중략) 그러나 스크리 도표에서는 그림 1과 같이, 요인 수가 3개인 지점을 지나면서 경사가 완만해지므로 추출될 요인 수는 3요인이 적당하다는 것을 보여 준다. (중략) 표 2를 보면 요인의 수가 증가할수록 *RMSEA* 적합도 지수가 점점 좋아지고 있지만 4요인 모형부터는 *RMSEA* 값의 차이가 .01 이하(김주환, 김민규, 홍세희, 2009)의 변화를 보여 3요인이 가장 적합하다고 볼 수 있고 연구자가 잠정적으로 가정한 요인과도 잘 부합되어 해석 가능성이 높다고 할 수 있다. 이어서 회전 후 요인 구조를 고려하여 높은 요인 부하량을 갖는 측정변수를 확인하고자, 요인을 3으로 고정하여 해석 가능성을 검토하였다.

② 확인적 요인분석

탐색적 요인분석에서 확인된 3요인 모형의 이론 구성개념을 잠정적으로 설정하고 구인타당도를 확인하기 위해 확인적 요인분석을 시행한다. 적합도 지수의 기준에 따라 측정모형이 타당한지 확인한 후 최종모형을 확정하고, 신뢰도 계수를 기술한다.

위계적 3요인 모형에 대한 *RMSEA* 값은 .061(90% 신뢰구간 .055~.067), *SRMR* 값은 .031, *TLI* 값은 .950, *CFI* 값은 .955로 나타났다. 이러한 *CFI*와 *TLI* 값은 .90 이상, *RMSEA* 값은 .08 이하, *SRMR* 값은 .05보다 낮은 수치이기 때문에 전반적으로 좋은 적합도 지수를 보여 측정모형은 타당한 것으로 확인되어 이를 근거로 위계적 3요인 모형을 최종모형으로 확정하였다. 상담자 효과 요인 평정척도의 신뢰도는 척도 전체에 대한 Cronbach의 α 계수는 .978로 양호한 수준을 보였고, 하위요인별 신뢰도 계수는 상담자 태도는 .957, 상담자 개입은 .953, 상담자 현존은 .941로 모든 하위차원에서 적절한 수준의 내적 일관성을 보였다.

표 1 측정모형 (*N*=348)

χ^2	*df*	*RMSEA* (90% CI)	*CFI*	*TLI*	*SRMR*
737.23***	32	.06(.055~.067)	.95	.95	.03

****p*<.001

(3) 이해타당도 및 집중타당도 분석

연구자는 이해타당도와 집중타당도를 분석하기 위해 각 하위요인 간 상관분석을 실시하고, 평균분산추출지수(*AVE*)와 개념 신뢰도(*CR*)을 계산하여 집중타당도를 확인한다.

상담자 효과 요인 평정척도(CFRS)는 각 하위요인과의 상관(r=.82~.84, p<.001)이 표 4와 같이 높게 나타났다. 이는 각 하위요인이 상담자 효과 요인이라는 같은 구인을 측정하고 있음을 의미하며 각 문항은 해당 요인과 동질성이 높다는 것을 의미한다. 또한 r=.85 이상을 넘지 않아서 상관관계가 유의하면서 어느 정도 독립적인 요인으로 기능한다고 해석할 수 있다(Kline, 2016). 더불어 CFRS의 집중타당도를 검증하기 위해 평균분산추출지수(*AVE*)와 개념 신뢰도(*CR*)를 잠재변수의 표준

적재량과 측정오차의 분산인 표준 적재량을 이용하여 계산하였다. *AVE*는 .91~.94로 기준치인 .50보다 높게 나타났고, *CR* 역시 .99~.99로 기준치인 .70보다 높게 나타나 집중타당도가 확보되었다.

(4) 수렴타당도 및 변별타당도 검증

이론적으로 해당 속성과 관련 있는 변수와 어느 정도 높은 상관을 갖고 있는지 살펴보기 위해 수렴타당도를 실시한다. 반대로 이론적으로 해당 속성과 관련 없는 변수들과 어느 정도 낮은 상관을 갖고 있는지 살펴보기 위해 상관분석을 통해 변별타당도를 실시한다.

① 수렴타당도 검증

수렴타당도를 검증하기 위해 상담자 효과 요인 평정척도의 하위요인과 유사 변인인 상담자 평정(CRF-S)척도와의 상관분석을 실시한다.

상담자 효과 요인 평정척도(CFRS) 내의 수렴타당도는 각 측정변수의 모든 표준화 회귀계수는 .50 이상(.71~.90)이며 $p<.001$ 수준에서 유의하였고 기각비도 기준치인 1.96보다 훨씬 높게 나타나(t=15.21~21.62) 측정변수에 의해 잠재변수가 잘 설명되고 있는 것으로 확인하였다(부록 1). 또한 CFRS의 하위요인과 유사 변인과의 상관분석을 통해 수렴타당도를 확인한 결과는 표 4에 제시한 바와 같이 상담자 평정(CRF-S)은 CFRS의 모든 하위요인과 매우 강한 정적 상관을 보였다(r=.66~.82, $p<.001$). 특히 상담자 태도와 가장 높은 상관이 나타났다(r=.82, $p<.001$).

② 변별타당도 검증

변별타당도 검증을 위해서 평균설명력인 *AVE* 값을 확인하고, 척도 간 변별타당도를 분석하기 위해 관련 척도와의 상관관계를 분석한다.

CFRS의 변별타당도 검증을 위해서, 첫째, 확인적 요인분석에서 산출된 잠재변수 간 상관계수의 제곱 값인 결정계수(r^2=.76~.79)는 *AVE*(.91~.94)보다 작게 나타나 변별타당도가 있음을 확인하였다. 둘째, (중략) 척도 간 변별타당도는 사회적 바람직성 척도(SDS)와의 상관관계를 분석하였다. 표 4에서와 같이, SDS는 CFRS의 전체(r=−.07, n.s.), 상담자 태도(r=−.08, n.s.) 및 상담자 개입(r=−.04, n.s.)과 유의한 상관을 보이지 않았다. 이는 CFRS와 SDS가 서로 다른 특성을 반영하고 있다는 것을 보여 변별타당도가 확보되었다는 것을 확인할 수 있다.

(5) 준거 관련 공인타당도 및 증분타당도 분석

공인타당도는 상담자 효과 요인 평정척도와 동일 시점에서 측정하여 공통된 요인의 관계를 확인하고자 상관분석을 실시한다. 증분타당도는 개발하고자 하는 척도가 기존 척도들에 비해 얻을 수 있는 추가적인 설명량을 갖는지 검증하기 위해 위계적 회귀분석을 실시한다.

① 공인타당도 검증

공인타당도 검증을 위해서 이론적 배경에서 상담성과와 관련이 높은 척도들과의 상관관계를 분석하여 두 척도의 연관성을 파악하고 있다.

상담자 효과 요인 평정척도(CFRS)의 준거 관련 공인타당도 검증을 위해서 상담성과와 관련이 높은 상담과정의 상담자와 내담자의 관계를 측정하는 작업동맹 척도(WAI−S), 내담자의 상담 관련 안녕감을 측정하는 상담만족도 질문지(CSQ−C), 내담자의 주관적 안녕감을 측정하는 정적정서 척도와 부적정서 척도(PANAS)와의 상관관계를 분석하였으며 그 결과는 표 4에서와 같이 WAI−S의 전체는 CFRS의 모든 하위요인과 매우 강한 정적 상관을 보였다(r=.71~.82, p<.001). (중략) 이러한 결과를 종합해 보면, CFRS는 내담자 지각의 상담성과를 가져오는 상담자 효과 요인인 것을 상기할 때 긍정적 상담성과와 긴밀한 관계에 있을 것으로 예상한 상담자 효과 요인에 대한 것을 확인한 결과이다. 즉, CFRS는 적절한 준거 관련 공인타당도를 갖추고 있다는 것이 확인되었다.

② 증분타당도 검증

CFRS가 관련 척도인 CRF-S보다 더 유용한 척도임을 확인하기 위해 증분타당도를 실시한다. 상담만족도와 작업동맹에서 상담회기 수와 상담기관을 통제하고도 이전 CRF-S의 추가적 설명량보다 CFRS가 더 유의하다고 설명하고 있다.

> 첫째, CFRS와 CSQ-C에 대한 위계적 회귀분석 결과를 살펴보면 상담회기 수와 상담기관을 통제한 상태에서 CSQ-C에 대하여 CRF-S의 추가적 설명량(ΔR^2=.550, p<.001) 외에 CFRS의 추가적인 설명량(ΔR^2=.121, p<.001)이 통계적으로 유의하다는 것을 알 수 있다. 이는 CFRS를 투입한 후의 설명력이 CRF-S 외에 12.1%가 증가하여 CRF-S와 함께 상담성과를 설명하는 중요한 변수인 것을 알 수 있다(β=.652, p<.001). 둘째, CFRS와 WAI-S에 대한 위계적 회귀분석 결과, 상담회기 수와 상담기관을 통제한 상태에서 WAI-S에 대하여 CRF-S의 추가적 설명량(ΔR^2=.530, p<.001) 외에 CFRS의 추가적인 설명량(ΔR^2=.107, p<.001)이 통계적으로 유의하다는 것을 알 수 있다. 이는 CFRS를 투입한 후의 설명력이 CRF-S 외에 10.7% 증가하여 CRF-S로 설명되고 남은 부분을 CFRS가 추가로 설명하고 있다는 것을 알 수 있다.

4) 논의의 주요 사항

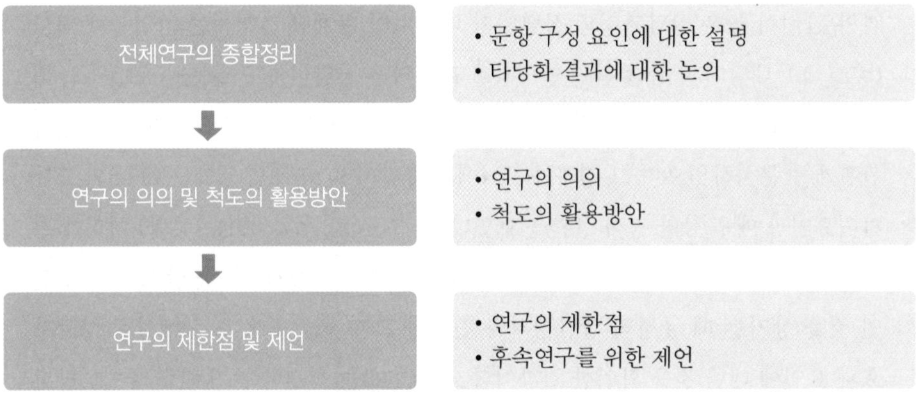

[그림 3-7] 논의의 주요 사항

(1) 전체연구의 종합정리

본 연구의 목적을 정리하면서 문항 개발과정부터 최종 문항을 확정하기까지의 연구과정과 결과를 요약하고 결과가 함의하는 바가 무엇인지 기술하고 있다. 또한 개발된 척도문항의 타당화 검증 결과를 기술하고 결과에 대한 논의를 설명하고 있다.

① 문항 구성 요인에 대한 설명

상담자 효과 요인의 구성개념을 도출하여 탐색적 요인분석을 한 결과, 3요인이 추출되었다. 각 요인의 명칭과 구성된 문항들을 설명하고, 요인이 의미하는 바를 기술하며, 선행연구 결과와 요인 구성의 일치점을 설명하고 있다.

첫째, 기존 상담자 평정(Barak & Lacrosse, 1975)은 신뢰성, 호감도, 전문성의 3요인을 형용사로 평가하여 인상형성에 근거한 도구로 타당성 문제가 제기된 바 있다(한소영, 신희천, 2010; Ponterotto & Furlong, 1985). 본 연구에서 구인타당도 검증은 그동안 합의되지 않은 효과적인 상담자 요인 개념을 종합적으로 고찰하여 상담자 효과 요인의 구성개념을 도출하였고, 탐색적 요인분석을 통해서 3요인 27문항의 측정모형이 구성되었다. 제1요인은 상담과정에서 상담자의 공감적, 온정적, 존중 및 수용적인 태도에 대해 내담자가 인식하고 있는 정도에 대한 문항으로 구성되어 있어 '상담자 태도'라 명명하였다. 상담자 태도가 높다는 것은 내담자가 상담자의 마음가짐을 포함한 전반적인 행동을 긍정적으로 잘 인식하고 있다는 것으로써 상담자 태도가 높을수록 상담성과에 유의한 영향을 미친다는 선행연구(권희경, 안창일, 2000) 결과에 의해 상담자 태도가 상담자 효과 요인의 구성인 것이 반영되고 있다.

② 타당화 결과에 대한 논의

최종 선정된 문항이 타당한지 확인하기 위해 수렴타당도, 변별타당도, 공인타당도, 증분타당도 등을 검증하였으며, 각각의 결과를 기술하고 결과가 의미하는 바를 선행연구를 토대로 정리하고 있다. 여기에서는 공인타당도 결과에 대한 논의를 예시로 제시하였다.

상관분석을 통해 공인타당도 역시 일관되게 지지하였는데, CFRS는 상담만족도 질문지(CSQ-C)와 작업동맹 척도(WAI-S)에서 매우 강한 정적 상관을 나타내었고 정적정서와는 정적 상관, 부적정서와는 부적 상관을 나타내었다. 특히 CFRS가 CSQ-C 및 WAI-S와의 강한 상관을 보이는 결과를 볼 때 내담자가 상담과정에서 상담자 효과 요인을 높게 지각한다면 상담성과가 높을 경향성이 있다는 것을 나타낸다. 이러한 결과들은 선행연구(Kim et al., 2006)를 지지하고 상담자 효과 요인이 상담성과에 긍정적인 영향을 주는 개념이라는 것을 확인할 수 있다. CFRS가 내담자의 주관적 안녕감을 측정하는 정적정서 및 부적정서와의 관련성이 나타난 것은 내담자 스스로가 자신의 정서를 조율하여 심리적 부적응을 극복하고 행복하세 지낼 수 있도록 돕는 대부분의 상담 목표(Ingram, 1990)와 일치하는 경험적 결과라 할 수 있다.

(2) 연구의 의의 및 척도의 활용방안

지금까지의 연구결과와 논의를 통해 연구가 기여하는 바를 이론적 · 실제적 관점에서 제시함으로써 연구의 가치를 확인할 수 있는 부분이라고 할 수 있다. 따라서 다양한 관점에서 연구의 기여점과 의의를 도출하여 그 의미를 기술하고 척도를 활용하는 방안에 대해 안내하는 것이 필요하다.

① 연구의 의의

본 척도개발의 의의에 대해서 연구자는 상담자 연구에 기여한 점, 구성개념을 반영하여 위계적 구조모형을 확인한 점이라고 설명하고 있다.

첫째, 본 연구결과는 내담자 지각의 치료적이고 효과적인 상담자 요인을 이해하고 상담성과를 향상시키는 데 목적을 둔 체계적인 연구를 수행하는 과정에서 상담자 효과 요인의 개념을 정의, 측정할 수 있는 유용한 도구를 개발하여 상담자 연구에 기여할 수 있었다. 이는 상담자 효과 요인이 위계적 구조모형의 복합적인 구성개념임을 확인한 것과 위계적 구조모형의 타당성을 입증하였기에 상담자 효과 요인에

> 관한 포괄적인 이해도 가능하다는 점에서 의의가 있다. 또한 이러한 상담자 효과 요인의 구성개념을 문항 개발에 일관성 있게 반영하여 척도를 개발하였기에 선행 연구의 한계점을 극복한 의의를 가진다.

② 척도의 활용방안

본 척도를 활용하는 방안에 대해서 연구자는 상담성과와 관련하여 상담자의 자기 확인 및 점검, 상담자 발달의 중요한 지표로 활용될 수 있음을 설명하고 있다.

> 그리고 상담이론의 기술에 상관없이 상담성과가 지속적으로 높거나 낮은 상담자를 대상으로 본 척도의 활용은 상담자 자기 확인을 통해 도움을 줄 수 있을 것으로 기대한다. 이를테면, 상담자로서 자신에게 더 필요한 특성을 제고하거나 자신의 강점을 발견해서 강화할 수 있는 기회가 될 것으로 본다. 또한 본 척도는 상담자 발달의 중요한 지표로 활용될 수 있을 것이다. 상담자가 상담성과를 가져오는 상담자 효과 요인에 대한 폭넓은 이해를 바탕으로 상담전문가로 발달할수록 상담자 효과 요인이 함께 발달하는지 확인을 통해 어떤 요인이 상담자 발달과 함께 발달하는지 아니면 제한적인지를 확인하여 상담자 자신에게 필요한 효과적인 요인을 개발하는 데 도움을 줄 수 있을 것으로 기대한다.

(3) 연구의 제한점 및 제언

연구를 진행하면서 어쩔 수 없이 갖게 되는 제한점이 있는데 이를 분명하게 밝힐 필요가 있다. 후속연구에서 이를 보완할 수 있도록 구체적인 대안을 제시한다면 본 연구에 기반한 확장된 연구를 기대할 수 있다.

① 연구의 제한점

내담자 간에 상담자 효과 요인을 평정하는 데 있어서 상담회기 수가 동일하지 않은 한계점이 있음을 설명하고 있다.

예비연구와 달리 본 연구에서는 최근 3개월 이내 3회기 이상의 상담경험이 있는 내담자들을 대상으로 하여 참여자 중에는 이미 종결된 경우가 포함되어 있고 상담회기가 3회기부터 150회기까지 회기 차가 매우 크다. 이 경우 내담자 간에는 상담자 효과 요인을 평정하는 데 있어서 정확도에서 차이를 검증하지 못하였다.

② 후속연구를 위한 제언

후속연구에서 상담자 효과 요인 검증 시 상담성과 척도 활용, 종단자료 수집, 상담자 효과 요인 차이검증 등을 통해 연구를 확장할 수 있도록 제언하고 있다.

또한 상담성과와 관련하여 본 연구에서는 상담회기 평가 혹은 상담성과 평가 등과 직접적으로 분석하지 못하였다. 후속연구에서는 상담성과 척도를 활용하여 분석하거나, 종단적인 자료를 수집하고 그 변화에 기여한 설명변수로 상담자 효과 요인을 투입함으로써 상담성과에 대한 상담자 효과 요인을 검증해 보아야 할 것이다. 더불어 상담자의 이론에 따른 상담자 효과 요인은 차이가 있는지, 다집단의 내담자에 따른 상담자 효과 요인은 어떤 차이가 있는지 살펴보거나 실제 상담회기에서 상담자 효과 요인을 검토해 보는 연구를 시행하여 상담자 효과 요인의 중요성을 밝힐 필요가 있다.

참고문헌

고은별, 양선영(2018). 대학생 연애 과몰입 척도 개발 및 타당화. **한국심리학회 연차학술대회 자료집.**

권정혜, 김종우, 박동건, 이민수, 민성길, 권호인(2008). 화병척도의 개발과 타당도 연구. **한국심리학회지: 임상, 27**(1), 237-252.

김계수(2004). **AMOS 구조방정식 모형분석.** 서울: SPSS 아카데미.

김연환, 문수백, 홍상황(2005). **심리검사의 이론과 실제.** 서울: 학지사.

박정미(2018). **중년기 삶의 의미 척도 개발 및 타당화.** 경성대학교 대학원 박사학위논문.

서영주, 김영근(2020). 상담자 효과 요인 평정척도 개발 및 타당화. **상담학연구**, 21(5), 69-95.

서장원(2021). 개정판 데이트 폭력 질문지의 타당화 연구. **한국심리학회지: 건강**, 26(1), 109-123.

신석기, 최태진, 박성미, 이은영, 김유미(2007). **심리검사의 이론과 실제**. 경기: 서현사.

양진원, 권석만(2021). 한국판 보상적 섭식 욕구 척도의 타당화. **한국심리학회지: 건강**, 26(6), 985-100.

엄명용, 조성우(2005). **사회복지실천과 척도개발**. 서울: 학지사.

윤여상, 김현아, 한선영(2007). 북한이탈주민의 외상 후 스트레스 증상 척도개발 및 타당화 연구. **한국심리학회지: 상담 및 심리치료**, 19(3), 693-781.

이순묵(2000). **요인분석의 기초**. 서울: 교육과학사.

이인재, 양난미(2020). 관계중독 척도개발 및 타당화. **한국심리학회지: 건강**, 25(2), 311-336.

이종환, 강성록, 이현엽, 구자일, 최윤영(2021). 생도 생활 스트레스 요인 척도 단축형의 개발과 타당화. **한국심리학회지: 건강**, 26(3), 451-471.

전예슬, 김은하(2021). 억울 척도 개발 및 타당화: 20 · 30대를 중심으로. **한국심리학회지: 상담 및 심리치료**, 33(1), 219-241.

정미림, 이상인, 이영순(2020). 한국판 비자살적자해 신념 척도의 타당화. **재활심리연구**, 27(4), 165-188.

탁진국(2007). **심리검사 개발과 평가방법의 이해**. 서울: 학지사.

Ahorsu, D. K., Lin, C., Imani, V., Saffari, M., Griffiths, M. D., & Pakpour, A. H. (2020). The fear of COVID-19 scale: Development and initial validation. *International Journal of Mental Health and Addiction*, published online first.

Beck, A. T., Steer, R. A., & Brown, G. K. (1996). *Beck Depression Inventory* (2nd manual). San Antonio, TX: The Psychological Corporation.

Beck, A. T., Ward, C. H., Mendelson, M., Mock, J., & Erbaugh, J. (1961). An inventory for measuring depression. *Archives of General Psychiatry, 4*, 561-571.

Burisch, M. (1984). Approaches to personality inventory construction: A comparison of merits. *American Psychologist, 39*(3), 214-227.

Clark, L. A., & Watson, D. (1995). Constructing validity: Basic issues in objective scale development. *Psychological Assessment*, 7(3), 309-319.

Crocker, L., & Algina, J. (1986). *Introduction to Classical and Modern Test Theory*. Boston, MA: Cengage Learning.

Garb, H. N., Wood, J. M., & Fiedler, E. R. (2011). A comparison of three strategies for scale construction to predict a specific behavioral outcome. *Assessment, 18*(4), 399-411.

Goldberg, D. P. (1972). *The Detection of Psychiatric Illness by Questionnaire: A Technique for the Identification and Assessment of Non-psychotic Psychiatric Illness.* New York, NY: Oxford University Press.

Taylor, S., Landry, C. A., Paluszek, M. M., Fergus, T. A., McKay, D., & Asmundon, G. J. G. (2020). Development and initial validation of the COVID Stress Scales. *Journal of Anxiety Disorders, 72*, Article 102232.

4장

프로그램 개발

1. 프로그램 개발의 이해

프로그램 개발이란 프로그램에서 적용될 핵심적인 방법과 전략을 계획하는 과정에서 실제 무슨 일이 일어나고, 어떤 일을 하게 되는지에 관한 것으로 개발될 접근법에 대한 윤곽(Sussman, 2001)이라 할 수 있다. 그리고 목적에 합당한 계획을 수립하고 그 목적을 달성하기 위하여 필요한 활동을 구체적이고 체계적으로 조직하고 편성하는 일이다(이숙영, 2003).

상담심리전공 석사 및 박사과정생들이 쓰고 있는 프로그램 관련 논문은 연구대상자에게 새로운 접근을 시도하기 위하여 프로그램을 개발하고 그 효과를 검증하는 프로그램 개발 논문과 선행연구에서 이미 개발된 프로그램을 연구대상에 맞게 재구성하여 그 효과를 검증하는 프로그램 재구성 논문으로 나눌 수 있다. 석사과정생들은 대체로 프로그램을 재구성하여 효과를 검증하는 논문을 쓰는 경우가 많은데, 이는 체계적인 절차에 따라 개발된 프로그램을 기초로 연구대상의 특성을 반영하여 재구성하는 것이다.

서두에 제시한 프로그램 개발의 정의에 따르면 집단상담 프로그램이 성공적인 효과를 얻으려면 과학적인 근거를 바탕으로 구체적이고 체계적인 절차를 거쳐 개발되어야 함을 알 수 있다. 그러나 국내에서 개발되는 많은 집단상담 프로그램은 표준화 작업이나 체계적이고 객관적인 개발 절차를 밟지 않은 채 개발자의 '감'에 의존하여 제작 · 사용되고 있는 경우가 많다. 이는 집단상담 프로그램 개발에 대한 체계적인 절차와 단계별 진행과정에 대한 이해가 부족하기 때문이라 여겨진다. 필자 또한 프로그램 개발 박사학위논문을 쓰면서 연구방법에 관하여 친절하게 안내된 책자를 만날 수 없어 많은 어려움을 겪었다. 따라서 이 장에서는 집단상담 프로그램 개발을 위한 좀 더 친절하고 간명한 안내서 역할을 하고자 한다.

집단상담에서의 프로그램은 목표 달성을 위하여 사전에 계획한 일련의 주제와 구체적인 집단 활동들이 프로그램 내용으로 구성된다. 그렇게 되기 위해서는 관련 문헌과 자료들에 대한 조사를 바탕으로 전문가들의 인터뷰와 현재 대상자들에 대한 정보, 설문이나 면담 등을 이용한 요구조사를 실시해야 한다. 그리고 이를 토대로 연구대상자들의 특성과 욕구에 적합하게 집단상담 프로그램 내용이 구성되어야 한다. 서장원 연구대상자가 학생이라면 진로탐색, 자기성장, 또래 관계 등 학생들이 겪고 있는 어려움들을 해결하고자 하는 요구에 맞추어 다양한 집단상담 프로그램이 실시되어야 한다. 그러므로 좋은 집단상담 프로그램은 대상자들의 요구를 제대로 반영하고, 목표가 구체적이며, 실현 가능해야 한다. 또한 체계적인 내용과 구성 원리를 기초로 대상자들이 집단 안에서 자신의 문제를 충분히 깨닫고 안전하게 자신의 어려운 점을 개방하고 해결할 수 있도록 효과적인 집단 활동 내용을 포함하는 가운데 전체적으로 프로그램의 구성이 일관되고 자연스럽게 연결되어야 한다.

프로그램 개발에 앞서 우리는 집단상담 프로그램 개발 원리를 이해하고 있어야 한다. 집단상담 프로그램 개발 원리는 프로그램 개발의 기준이 될 뿐만 아니라 프로그램 개발에 대한 평가기준이 되어야 한다. 따라서 여기서는 프로그램 개발 원리와 프로그램 개발 시 사전에 점검해야 할 사항을 알아보고자 한다.

1) 프로그램의 개발 원리

프로그램을 개발하는 과정은 매우 복잡한 절차와 단계로 이루어지며, 각 단계마다 합리적인 의사결정을 내려야 한다. 프로그램 개발 원리는 어떤 요인이 어떠한 방법으로 적용될 때 프로그램의 효과가 나타나는지 설명해 준다. 그리고 프로그램 개

표 4-1 프로그램 개발을 위한 원리

개발 원리	내용
현실 가능성	개발된 프로그램의 내용이 주어진 자원과 여건을 바탕으로 실현 가능한지를 고려하는 것
개발과 평가의 연계성	프로그램의 효과 검증을 위한 사전 · 사후평가뿐만 아니라 전문가 평가나 예비연구를 통한 만족도 평가를 프로그램 개발과정에 포함하여 개발과 평가의 연계를 용이하게 해야 하는 것
적합성	프로그램 대상의 요구를 정확하게 파악하고 이를 기반으로 기획될 때 대상에게 도움이 되고 효과적인 프로그램을 개발할 수 있다는 것
이론의 바탕 여부	선행연구나 변인과 관련된 경험적인 연구의 체계적인 분석을 통해 기초 이론을 개념화하고, 이를 바탕으로 프로그램이 가진 변화의 원리를 설명해야 한다는 것
피드백의 용이성	프로그램 개발 절차는 현장전문가와 예비연구 등 다양한 참여자의 순환적 피드백 과정을 거쳐 체계적이고 효과적이며 적용 가능한 프로그램으로 개발되어야 한다는 것

발 원리는 프로그램을 수정할 때 사회적 환경이나 참여대상에 따라 분명한 방향성을 가지고 수정과 활용을 할 수 있도록 도움을 준다(천성문, 함경애, 박명숙, 김동원, 2022). 프로그램 개발을 위한 원리는 〈표 4-1〉과 같다.

2) 프로그램 개발 시 사전 확인사항

다른 연구에서도 연구를 위한 사전 준비가 중요하겠지만, 프로그램 개발 논문은 특히 연구대상에게 직접적인 처치를 통해 효과를 검증하는 연구이므로 프로그램 운영을 염두에 두고 개발 전 점검사항들을 확인해 두어야 한다.

- 연구대상자 특성에 따른 선정기준: 프로그램의 성격에 따라 선별검사를 통해 표집해야 하는 경우(예: 외상경험, 자살 고위험군 등) 이에 대한 표집 근거를 제시하고 기준에 적합한 연구대상자를 모집해야 한다.
- 연구대상자 모집의 용이성: 프로그램 개발을 위해서는 예비집단, 실험집단, 통제집단, 비교집단 등을 운영해야 하므로 프로그램 운영을 위한 각각의 대상자

모집이 가능한가를 먼저 확인해야 한다.
- 사전 동의 가능 여부: 연구윤리에 따라 미성년자나 보호자의 사전 동의를 구해야 하는 대상일 경우 사전 동의 가능 여부를 확인해 두어야 한다.
- 장소 확인: 프로그램을 실시하기에 적합한 장소(방음이 필요한 곳, 넓은 공간이 필요한 곳)나 참여자들의 접근 용이성 등을 사전에 확인해 두어야 한다.

이러한 요인들은 프로그램의 실제 운영을 위한 사전 준비사항이므로 미리 꼼꼼하게 확인하고 준비해 두어야 원활한 연구가 진행될 수 있다.

2. 프로그램 개발의 절차

좋은 집단상담 프로그램의 대상자들의 요구를 제대로 반영하고 있으며, 목표가 구체적이며 실현 가능해야 한다. 또한 대상자들이 집단 안에서 자신의 문제를 충분

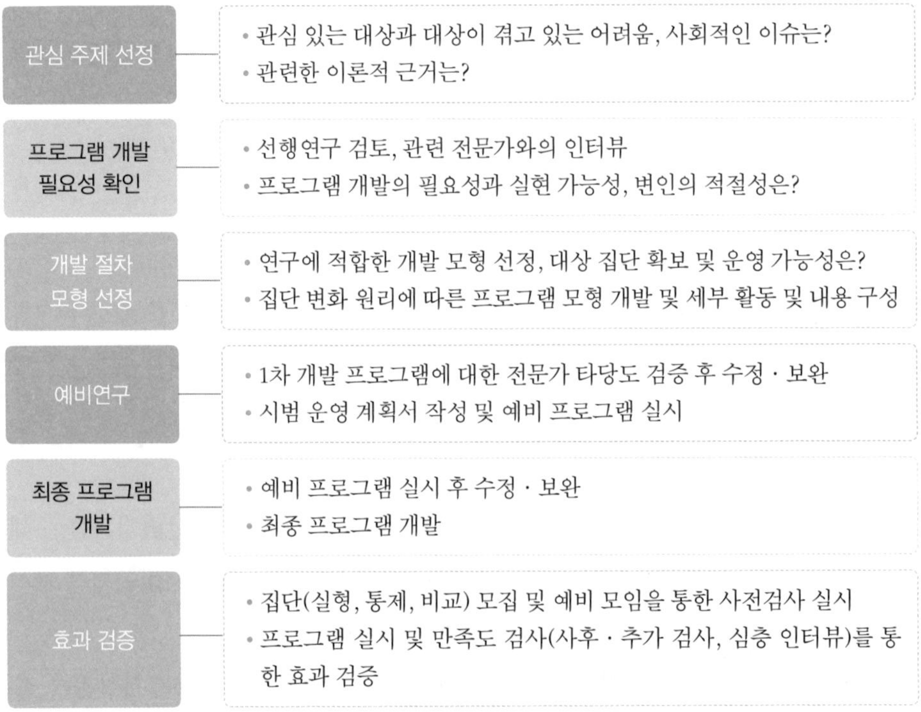

[그림 4-1] 집단상담 프로그램 개발 절차

히 깨닫고 참여 동기를 높여 집단 내에서 안전하게 자신의 어려운 점을 개방하고 해결할 수 있도록 효과적인 집단 활동을 포함하고 있고, 전체적으로 프로그램의 구성이 일관되고 자연스럽게 연결되어 있어야 한다. 이러한 요구를 반영하기 위해서는 프로그램 개발 절차에 대한 이해가 필요하다. 여기에서는 간략하게 프로그램 개발을 위한 절차를 살펴보고 다음 장에서 실제 논문 작성은 어떻게 진행되는가에 대해 살펴보고자 한다.

1) 관심 주제 선정

프로그램을 개발하려는 연구자들은 대상자들에게 직접적인 도움을 주는 처치에 관한 관심이 더 높은 연구자들일 것이다. 그래서 '나와 만나는 학생들이 요즘 비대면에 익숙해져서 친구들과 어울리는 것을 너무 어려워하는데 어떤 도움을 줄 수 있을까?' '마음챙김이 정서조절에 효과적이라고 했는데 우리 학생들에게도 적용 가능할까?' '아니야, 좀 더 동적인 활동이 학생들에게 필요한 것 같은데…….'라는 관심을 연구주제로 좁혀 나갈 수 있다. 즉, 연구주제는 대상의 어려움을 해소하기 위한 관심에서부터 시작되며 선행연구에 대한 고찰과 사회 현상과 이론적 측면을 함께 고려하며 자신의 관심사에 대한 답으로 연구주제를 좁혀 나가야 한다.

2) 프로그램 개발 필요성 확인

관심 주제가 정리되었다면 그 주제와 관련하여 프로그램을 개발할 필요성부터 점검해야 한다. 개발하려는 프로그램은 실제 현장에서 실행 가능한 프로그램이어야 한다. 이론적으로는 완벽할지라도 현실 적용 가능성이 부족하거나 프로그램에 대한 활용 의사가 없다면 무용지물이 되어 버린다. 그러므로 연구주제에 대한 개발 필요성을 확인하는 작업을 반드시 거쳐야 한다.

연구자는 선행연구를 통해 내가 개발하고자 하는 프로그램이 이미 개발된 것은 아닌지, 유사한 논문에서 내가 하고자 하는 연구의 필요성을 제안해 준 논문은 있는지, 개관논문을 공부하며 프로그램 개발 필요성의 근거가 될 수 있는 자료는 어떠한 것이 있는지를 찾아보아야 한다. 그리고 나의 주제가 사회적인 요구를 잘 반영하고 있는지 등에 관한 점검도 필요하다. 그러므로 관련 분야 전문가나 대상자들과의 인터뷰를 통해 프로그램의 필요성과 참여 가능성을 확인해 보아야 한다. 뿐만 아니라 선행연구 검토와 인터뷰를 통해 연구자가 효과를 검증하고자 하는 관련 변인의 적절성도 검토해 보아야 한다.

3) 개발 절차 모형 선정

프로그램 개발 절차 모형은 프로그램을 개발하는 과정 중 단계적으로 진행해 나가야 할 절차들을 명확하고 체계적으로 제시해 주는 개념적 틀을 의미한다(김진화, 정지웅, 2000). 집단상담 분야의 경우 집단상담 활동의 고유한 교육적 · 치료적 원리를 토대로 독립적으로 연구 · 개발된 모형이 부족했기 때문에 타 분야의 모델을 집단상담의 맥락에서 응용하거나 적용하는 경우가 많았다. 그래서 기존의 연구에서는 교육과정 개발 모형이나 수업설계에 주로 사용하는 변창진의 모형(1994)과 교육공학에 주로 사용하는 박인우의 모형(1995)을 주로 사용하였고, 근래에 들어서는 인지적인 측면을 강조하는 김창대의 모형(2002)이 개발되어 사용되고 있다.

집단상담은 집단 참여자의 인지적인 측면뿐만 아니라 정서적인 측면이나 행동적인 측면의 변화를 꾀하는 과정으로, 사전 요구조사와 프로그램 자체에 대한 평가 등도 필요하다(천성문 외, 2022). 이러한 측면을 고려하여 천성문 등(2022)은 프로그램 개발 원리를 만족하면서 현실성 있고 체계적인 모형으로 기획, 요구분석, 구성, 예비연구, 실행, 평가의 6단계 모형을 개발하였다. 이러한 천성문 등의 모형은 프로그램 개발의 하위절차를 포괄하면서도 선행 프로그램 개발 모형의 문제점을 해결하고 현실 적용 가능한 프로그램 개발 모형을 제시하였다는 장점이 있다. 그리고 기획, 요구분석, 구성, 예비연구, 실행, 평가의 단계에 따라 진행되지만 단계별로 피드백을 반영하며 순환적으로 구성되는 유연성을 가진다는 장점이 있다. 따라서 이 장에서는 천성문 등(2022)이 제안한 모형을 중심으로 프로그램 개발에 대한 절차를 안내하고 관련한 구체적인 내용은 '3. 프로그램 개발 논문 작성의 실제'에서 학술지 논문 작성 형식에 맞추어 자세하게 안내할 것이다.

기획
- 프로그램 방향 및 목적 설정
- 대상 집단 선정
- 문헌조사 및 이론적 배경 조사

⬇

요구분석
- 대상자 요구조사
- 전문가 요구조사
- 요구조사에 따른 시사점 도출

⬇

구성
- 프로그램 목표 설정
- 변화원리에 따른 프로그램 모형 개발
- 프로그램 세부 활동 및 내용 조직
- 프로그램 타당도 검증
- 지침서 작성

⬇

예비연구
- 시험운영 계획안 작성
- 시험운영 실시
- 시험운영 후 평가 및 수정 · 보완

⬇

실행
- 최종 프로그램 실행

⬇

평가
- 프로그램 효과 평가
- 회기별 프로그램 내용 평가

[그림 4-2] 집단상담 프로그램 개발 절차 모형

출처: 천성문 외(2022).

4) 예비연구

예비연구 단계는 구성한 시범운영 프로그램을 시험적으로 실시하고 그 결과를 토대로 제작된 프로그램을 수정 · 보완하는 단계를 말한다. 이 단계에서는 '계획한 연구내용은 타당한가?' '사용한 질문지나 검사의 내용 및 표현은 적절한가?' '검사 실시 혹은 실험 실시상의 문제는 없는가?' 등을 검토하여 연구의 절차 및 도구를 수정 · 보완한다. 이러한 예비연구를 실시하기 위해서는 사전에 예비집단과 본집단(실험집단, 통제집단, 비교집단)에 참여 가능한 대상자가 있는가에 대한 점검이 선행되어 있어야 할 것이다.

5) 최종 프로그램 개발

시험운영 후 프로그램의 내용뿐만 아니라 운영방식, 활동의 적용방식과 배열 등 다양한 측면에서 평가가 이루어진다. 시험운영 평가에는 예비연구 참여자들의 평가뿐만 아니라 전문가들의 평가를 바탕으로 프로그램 활동 회기 수, 활동 내용, 적용방식, 회기 배열 등도 수정 및 보완하여 최종 프로그램을 확정한다.

6) 효과 검증

효과 검증이란 최종 개발된 프로그램을 대상자들에게 실시하여 통제집단과의 비교를 통해 프로그램이 어느 정도 효과가 있는가를 실행하고 검증하는 것이다. 즉, 프로그램 효과 검증에서는 정확하고 객관적인 과정이나 방법을 통해 사전에 세웠던 연구자의 가설을 점검 · 확인하고 목표 달성 정도를 파악한다. 그리고 사전평가와 함께 프로그램을 실시한 집단에서 프로그램의 효과가 얼마나 나타났는가에 대해 최종적으로 평가하여 효과성을 검증한다. 평가방법으로는 프로그램 효과 평가와 회기별 프로그램 내용 평가 등이 있으며, 사후 평가뿐만 아니라 목표의 지속성에 대하여 추후 평가를 실시할 수 있다. 그리고 기존의 프로그램과의 비교를 통해 개발된 프로그램의 효과성을 검증하고자 할 때에는 비교집단을 구성하여 효과를 검증할 수도 있다.

3. 프로그램 개발 논문 작성의 실제

프로그램 개발 논문 작성을 구체적으로 이해하기 위해 다음에 제시한 논문을 중심으로 중점적으로 살펴보려 한다.

박은아, 김현정, 천성문(2018). 유치원 교사를 위한 상담기술 훈련프로그램 개발과 효과. **상담학연구**, 19(5), 161-190.[1)]

1) 서론에 제시할 주요 사항 및 내용

논문의 화두를 제시하시고, 주요 주제에 대한 의미와 연구동향을 파악하는 것은 프로그램 개발 논문에서도 동일한 구조를 가지고 있지만 참고논문에서 제시한 서론의 흐름에 따라 [그림 4-3]과 같이 정리할 수 있다.

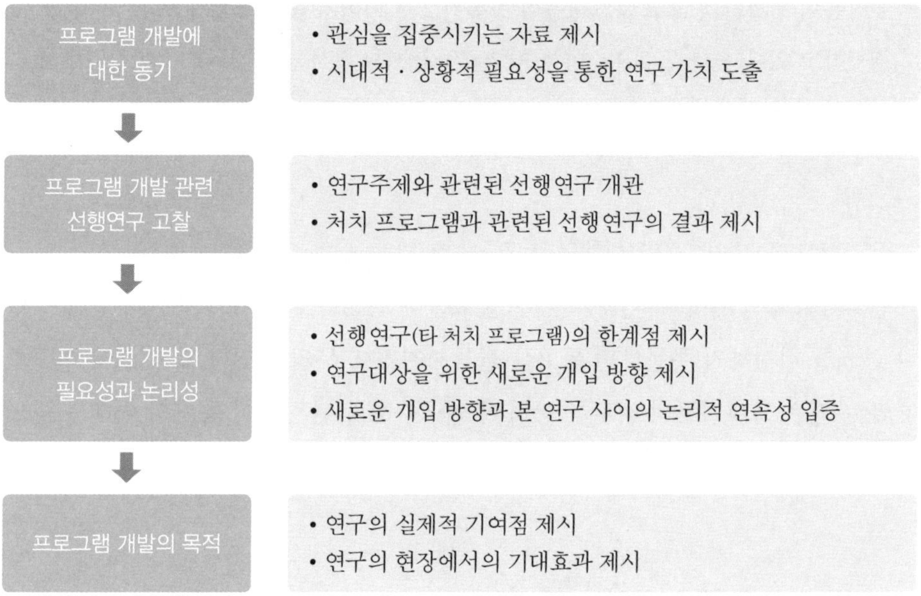

[그림 4-3] 서론의 주요 사항

1) 학술지에 게재된 참고논문을 바탕으로 프로그램 개발 논문 작성의 실제를 구성하였으나, 독자의 이해와 내용의 완성도를 높이기 위해 박은아(2017)의 박사학위논문 내용을 추가한 부분도 있다.

(1) 프로그램 개발에 대한 동기

도입부는 논문을 쓰는 동기를 밝혀 독자로 하여금 주제에 관심을 갖도록 하는 부분으로 독자들에게 연구에 대한 흥미를 제공하여 관심을 고조시켜 연구가 가치 있음을 느끼게 해야 한다.

> 유아기 문제행동은 반항적 · 공격적 행동으로의 발현(송하나, 2011; 최영희, 박영애, 박인전, 신민섭, 2002)과 우울, 불안과 같은 내재화 문제로의 고착, 향후 청소년기 파괴적 행동이나 성인기 사회문제 및 범죄행위로의 확대될 가능성이 있어(이성규, 2012; Beyer, Postert, Muller, & Furniss, 2012) 유아기 문제행동에 대한 지도 및 상담의 필요성이 함께 대두되고 있다. (중략) 교사들은 문제행동을 보이는 유아와의 상호작용이 원활하지 않고 문제행동이 반복적으로 이어져 높은 스트레스와 무능감을 경험하고 있다(송나리, 2012; 이선주, 2007). (중략) 교사들은 학부모와의 상담에서 자신감 부족, 당혹감, 위축감과 좌절감을 경험하고 있다(서은주, 홍순옥, 2016).

(2) 프로그램 개발 관련 선행연구 고찰

연구자의 입장에서 이 연구가 매우 중요하다 하더라도 독자가 충분히 납득할 만한 근거를 제시하지 못한다면 독자를 설득시키기에 무리가 있다. 그러므로 연구주제와 관련된 선행연구의 검토를 통하여 연구주제와 관련하여 독자의 이해를 높일 수 있는 논리적인 근거를 제시해야 한다.

> 상담기술 교사교육과 관련한 선행연구에서는 유아교사들은 상담에 대한 전문성 부족과 의사소통 기술 부족 등의 이유로 상담에 대한 어려움을 호소하였으며, 어려움에 대한 개선책으로 전문적 능력 향상을 위한 상담 관련 교사교육의 필요성을 언급하였다. (중략) 따라서 상담기술을 익히고 상담능력을 기를 수 있는 교육(허승희, 박성미, 2005), 특히 유치원 현장에서 쉽게 적용할 수 있는 사례를 활용한 상담교육에 대한 요구(김태인, 조형숙, 2010; 박진아, 조성연, 2011)를 반영하는 교사교육이 필요하다.

(3) 프로그램 개발의 필요성과 논리성

연구의 필요성과 논리성을 밝히는 과정은 선행연구에서 도출한 연구들의 제한점과 프로그램 개발의 필요성을 자신의 연구와 논리적으로 연결시키는 작업이다. 따라서 이 프로그램이 연구대상에게 어떤 상황을 예측하게 하는지, 이 연구로 인해 대상에게 새롭게 가능하게 될 대안은 무엇이고 그 근거는 무엇인지를 자세히 기술해야 한다. 특히 기존에 없는 프로그램을 개발하고자 할 때는 개발의 배경을 보다 상세하게 제시하여 독자를 설득해야 한다.

> 유치원 교사를 대상으로 상담교육 프로그램을 개발하였다는 점에서는 의의가 있으나 문헌연구의 부족, 체계적인 개발 절차를 거치지 않은 점, 효과의 유효성을 입증하지 않은 점, 자료분석의 객관성이 떨어진다는 점 그리고 상담교육 관련으로 유치원 교사들의 요구를 적극적으로 반영하지 못한 점 등에서 한계가 있었다. 그러므로 전문적인 상담능력 향상과 효과적인 대화 방법을 위한 교사교육(김영욱 외, 2008; 김태은, 2014; 배지희 외, 2013; 서은주, 홍순옥, 2016), 부적응 및 문제행동을 보이는 유아들을 이해하고 교육적이고 치료적으로 적절히 대처할 수 있는 실질적 연수(김명주, 2004; 김태인, 조형숙, 2010)를 필요로 하는 교사들의 요구를 반영하는 상담기술 훈련프로그램이 개발되어야 할 필요성이 충분하다.

(4) 프로그램 개발의 목적

연구의 목적은 프로그램 개발의 연구결과가 갖는 학문적 · 실제적 의의와 기여점 등을 제시하여 연구의 필요성을 설명하는 것으로, 명확하고 간결하게 작성하여 독자가 이 연구의 주목적이 무엇인지에 대해 이해할 수 있도록 도와야 한다.

> 본 연구에서는 기존 프로그램의 한계점을 극복하기 위해 개발 절차를 충실히 따르고, 유치원 현장요구를 반영하여 프로그램 내용을 구성하고자 한다. 그리고 훈련모형에 근거하여 기본적인 상담기술 이해교육과 함께 구체적인 사례를 활용한 상담기술 훈련프로그램을 개발하여 효과를 검증하고자 한다.

2) 방법의 주요 사항 및 기술

연구방법은 연구결과의 신뢰성을 뒷받침하는 중요한 부분이므로 사전에 체계적인 계획을 세워 의미 있는 분석이 이루어질 수 있도록 계획해야 한다. 연구방법 기술의 흐름은 [그림 4-4]와 같다.

연구대상	• 프로그램의 목적에 적합하고 처치 가능한 집단 선정 • 실험설계를 반영한 집단 구성(예비, 실험, 통제, 비교) • 무선할당을 통해 실험연구설계의 타당도 확보
↓	
프로그램 개발	• 프로그램 개발 모형 단계에 따라 체계적으로 진행(기획, 요구분석, 구성, 예비연구, 실행, 평가) • 구성단계에서 변화 원리를 반영한 프로그램 모형 제시 • 시범운영 프로그램 실시 및 수정 · 보완 • 최종 프로그램 확정 후 실행 및 평가
↓	
연구도구	• 연구가설을 검증하기 위해 사용된 질문지 혹은 실험에 이용된 처치척도 제시 • 기존 도구의 제작 연도, 도구의 대상 및 신뢰도 기술 • 기존 도구의 수정 · 사용 시 타당도 검증 결과도 제시
↓	
자료처리	• 프로그램의 효과 검증을 위한 분석방법 제시 • 양적 분석: 수집된 자료를 통계 처리프로그램으로 검증 • 내용 분석: 양적 결과가 갖는 신뢰성에 대한 제한점을 보완하기 위한 질적 분석

[그림 4-4] 방법의 주요 사항

(1) 연구대상

프로그램 개발 연구에서는 처치 프로그램의 필요성에 합당한 연구대상을 반드시 선정하여야 한다. 따라서 연구대상자 모집방법, 프로그램에 실시에 적합한 중요한 심리사회적 특징이 반영된 연구대상자에 대해 기술해야 하며, 임상적으로 의미가 있는 집단이라면 선별과정에 대한 내용도 반드시 기술해야 한다. 특히 실험설계(예비, 실험, 통제, 비교)를 고려한 집단의 참여자 배치에 대한 내용도 포함되어야 한다.

집단참여자 배치를 할 때에는 무선할당을 통해 실험연구설계의 타당도를 확보해야 하지만, 불가능할 경우 연구자는 결과의 타당도를 확보하기 위한 방법들도 강구해야 한다. 연구실험설계에 대한 내용은 집단차이 연구에서 자세하게 다루므로 참고하기 바란다. 연구대상 작성 예시는 다음과 같다.

> 본 연구자가 표집한 집단은 B시에 있는 유치원 교사들로, 상담기술 훈련프로그램에 대한 안내메일과 메일, 카톡, 밴드, SNS 네트워크를 통해 상담기술 훈련에 관한 안내문을 보고 참가를 희망한 교사들이다. 참여의사를 밝힌 26명의 유치원 교사에게 실험 실시 전 개별적인 면접을 통하여 프로그램에 관해 설명하였고, 13명은 실험집단에, 13명은 통제집단에 무선배정하였다.

(2) 프로그램 개발

프로그램 개발은 연구주제에 적합한 프로그램 개발 모형과 절차에 따라 기존에 없는 프로그램을 개발하여 대상자 집단에 프로그램을 실시하는 체계적인 단계이다. 프로그램 개발 모형에 따라 단계가 달라지나, 여기에서는 집단상담 프로그램 개발 절차 모형(천성문 외, 2022)인 기획, 요구분석, 구성, 예비연구, 실행, 평가의 단계로 살펴볼 것이다(앞의 [그림 4-2] 참조).

① 기획단계

기획단계는 프로그램 방향 및 목적 설정, 대상 집단 선정, 문헌조사 및 이론적 배경 조사 등을 제시하는 단계이다.

> 본 연구에서는 유치원 교사의 상담능력 향상과 교사효능감 증진을 위한 상담기술 훈련프로그램을 개발하고자 다음 사항들을 기획하였다.
>
> - 프로그램 방향 및 목적 설정–상담기술을 훈련하는 성장에 초점을 둔 프로그램을 개발 기획하고 프로그램 목적 및 목표를 정립

- 대상 집단 선정–전문적인 상담자로서 성장하기 위한 지속적인 교육이 필요한 초보 상담자라는 동질성을 가진 유치원 교사 선정
- 문헌조사 및 이론적 배경 조사–인간관계기술, 의사소통기술 관련 선행연구 및 문헌조사 자료분석 및 프로그램 내용에 대한 이론적 검토

② 요구단계

요구단계는 연구대상 집단의 요구나 관련 전문가의 의견을 프로그램 개발과정에 반영하는 단계이다. 연구대상 및 관련 전문가를 대상으로 연구대상, 연구주제, 프로그램 내용 등에 대해 설문이나 면담과 같은 방법으로 조사하고 조사한 내용을 분석하여 그 시사점을 프로그램 내용에 반영하게 된다.

요구조사 설문지 제작과 타당성을 상담심리 전공 박사 1인과 교육학 박사 1인, 유아교육학 박사 1인으로부터 검증받은 후 경남, 울산, 부산에 위치한 유치원과 어린이집에 근무하는 담임교사 총 49명을 대상으로 요구 분석을 실시하였다. (중략) 요구조사 결과 유치원 교사들은 유아 상담뿐만 아니라 학부모 상담도 반드시 필요하다고 여기고 있었으며 (중략) 상담하는 기법 등에 어려움을 겪고 있는 것으로 확인되었다. 전문가 요구조사는 상담을 전공한 박사과정 이상 학력의 유치원 종사자와 상담을 전공하고 있는 교사를 대상으로 포커스 그룹을 구성하여 인터뷰를 진행하였다. 포커스 그룹 인터뷰 결과 (중략) 유치원에서 발생하는 문제 상황과 관련한 사례를 중심으로 한 실습과 피드백, 대상의 특징을 고려한 프로그램 운영방식이 필요한 것으로 분석되었다.

③ 구성단계

구성단계는 기획단계에서 설정한 프로그램의 방향과 목적을 이루기 위해 이론적 근거와 요구분석 내용을 반영하여 프로그램의 목표를 설정하고 프로그램의 운영방식 및 회기별 목표와 세부적인 활동 및 내용을 구체화하는 단계이다.

구성단계에서는 유치원 교사가 효과적으로 상담할 수 있는 상담기술 능력 향상과 교사효능감을 증진시키고자 하는 프로그램의 목적을 달성하기 위해 (중략) 첫째, 관계형성을 위한 상담기법훈련으로 신뢰관계 형성 능력을 향상시킨다. (중략) 다섯째, 문제 상황과 관련 사례를 통한 실습으로 상담기술 능력을 향상시킨다.

다음으로 문헌연구, 포커스 그룹 인터뷰와 유치원 교사를 대상으로 한 요구조사 내용 분석을 통해 변화의 원리와 프로그램 모형을 도출한다.

본 프로그램은 상담기술 훈련 선행연구 고찰(김계현, 1992; 심홍섭, 1998; Gray, Ranger, & Tindall, 1985; Ivey, 1971)을 통하여 유치원 교사 상담기술 훈련에 필요한 체계적인 상담훈련의 절차와 방법, 훈련 내용과 상담과정에서의 변화 단계를 도출하였다. 그리고 문헌연구, 포커스 그룹 인터뷰와 유치원 교사를 대상으로 한 요구조사 내용 분석을 통해 변화의 원리와 프로그램 모형, 내용 구성원리를 도출하였다. (중략) 이러한 4단계의 변화원리를 반영한 유치원 교사를 위한 상담기술 훈련 프로그램 모형을 그림으로 나타내면 [그림 1]과 같다.

표 1 상담기술 훈련프로그램의 변화원리

요소	문제	개입	변화목표
친밀감 형성	• 상담에 대한 전문적인 이해 부족 • 상담으로 인한 부정적인 경험 • 신뢰관계 형성에 대한 기술 부족	• 상담과 교육의 차이와 상담에 대한 이해를 돕는 강의 제공 • 유아 · 학부모와의 상담 관계에서의 긍정적/부정적 경험 탐색 • 친밀한 관계 형성에 기초가 되는 의사소통 기술 훈련 • 경청을 방해하는 요인 점검 및 적극적 경청 기술 훈련	• 상담에 대한 기초지식 습득하기 • 상담훈련에 대한 훈련 동기 형성하기 • 친밀감 형성을 위한 상담기술 능력 기르기

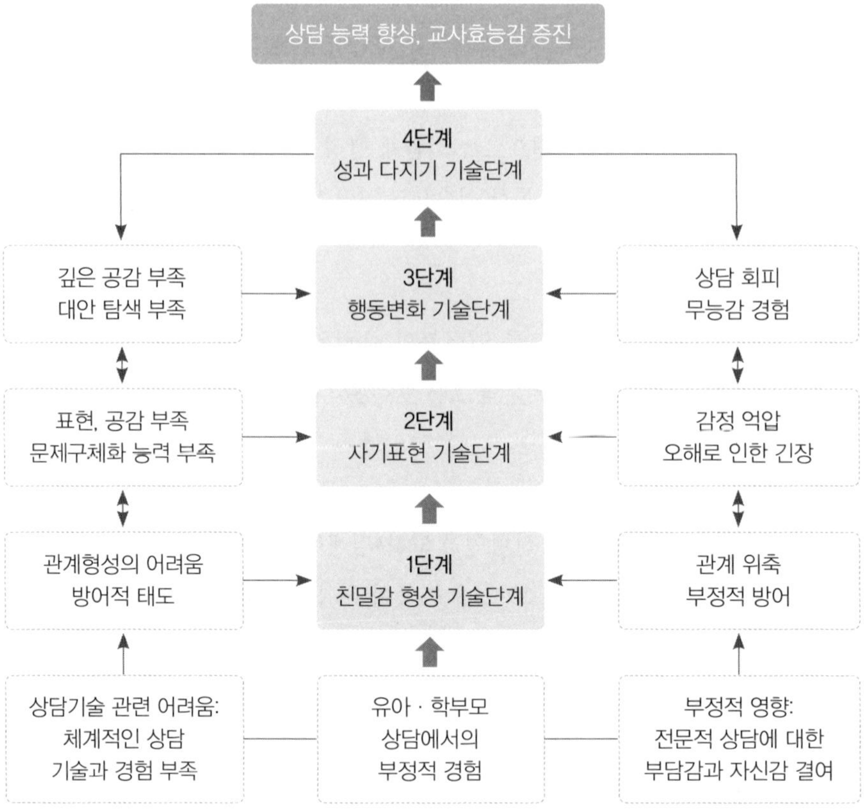

[그림 1] 상담기술 훈련프로그램 모형

구성의 마지막 단계에서는 프로그램의 전체 목표와 회기별 목표를 달성하는 데 적합한지, 현장 적용 및 일반화 가능성을 확인하는 프로그램 타당도 검증을 통해 예비연구를 위한 시범운영 프로그램을 완성한다. 그리고 예비연구를 위한 지침서를 작성하고 점검을 받는다.

④ 예비연구 단계

예비연구 단계는 구성한 시범운영 프로그램을 시험적으로 실시하고 그 결과를 토대로 제작된 프로그램을 수정 · 보완하는 단계이다.

'예비연구'에서는 B시에 있는 유치원 교사 8명을 대상으로 본 연구자가 직접 시범운영 프로그램을 실시하였다. (중략) 참여자들을 대상으로 매 회기 소감 나누기를 통해 프로그램에 대한 의견을 나누었고 마지막 회기를 마친 후 전체 프로그램 구성과 내용에 대한 평가와 개선점에 대한 피드백을 받았다. 시험운영 후 프로그램의 평가는 프로그램의 내용뿐만 아니라 (중략) 프로그램 활동 회기 수, 활동 내용, 적용방식, 회기 배열 등을 수정 및 보완하였다.

⑤ 실행단계

실행은 지금까지 구성하고 시범운영을 통해 수정 · 보완을 거친 최종 프로그램을 실시하여 의도한 목표를 달성해 나가는 단계로, 프로그램의 매력성, 효과성, 효율성을 결정짓는 데 있어서 가장 중요한 과정이라 할 수 있다.

실행을 위해 시범운영 프로그램 참여자들의 피드백과 전문가 자문결과를 반영하여 수정 · 보완한 후 총 10회기, 회기당 시간은 90분으로 구성된 최종 프로그램을 확정하였으며, 확정된 최종 프로그램의 주제, 목표와 활동 내용은 〈표 2〉와 같다.

표 2 유치원 교사를 위한 상담기술 훈련프로그램의 실제

단계	회기	주제	목표	활동 내용
친밀감 형성 기술 단계	1	상담! 어떻게 해야 하나요?	• 프로그램의 목적을 인식하고 상담에 대한 기초지식을 습득한다. • 프로그램 참여 목표를 세우고 훈련 동기를 다진다.	• 프로그램 목적 및 운영방법 소개 • 자기소개하기: 나에게 상담이란 • 언어반응의 습관적 태도유형 점검 • 약속 및 목표 정하기–꼭꼭 약속해!
	2	끄덕 끄덕! 아하 그랬구나!	• 초점두기 기술을 이해하고 필요성을 안다. • 자신의 초점두기 기술 수준을 점검하고 비언어적인 방식으로 관심을 표현하는 기술을 훈련한다.	• 과제 점검 및 경험 나누기 • 도입활동: 등대고 이야기/무표정 이야기 • 본활동: 초점두기 기술 강의 • 동영상 시청 '눈맞춤의 힘' • 초점두기 기술 실습 및 피드백 • 과제: 초점두기 기술 현장 적용

⑥ 평가단계

평가단계는 최종 프로그램의 효과성에 대해서 과학적 방법으로 검증하는 단계로, 양적 또는 질적 방법을 활용하거나 두 연구방법을 함께 사용하는 혼합연구로 진행할 수 있다. 예시논문의 경우 양적 연구와 함께 상담기술 훈련프로그램으로 참여자들의 경험이 어떠하였나에 대한 변화의 경험을 확인하였다. 더하여 유치원 교사가 상담기술을 적용한 상담을 실시할 경우 유아와 학부모 상담 시 변화 양상은 어떠한가, 어떠한 상담기술이 좀 더 효과적이었는가를 확인해 보고자 내용분석과 함께 합의적 질적 분석(Consensual Qualitative Research: CQR)방법을 실시하였다. 그 내용은 결과 부분에서 자세하게 제시하였나.

(3) 연구도구

연구도구는 프로그램의 효과를 확인하기 위한 척도로서 연구자가 개발한 프로그램 참여로 어떠한 부분에서 변화가 이루어졌는가를 측정할 수 있어야 한다.

양적 연구를 위해 연구도구를 선정할 때에는 선행연구를 통해 대상자들에게 적합하고 프로그램의 효과성을 검증할 수 있는 신뢰도와 타당도가 검증된 척도를 사용해야 한다. 그리고 원척도 개발자명, 척도의 타당화 과정, 신뢰도 등을 제시해야 하며 척도별로 동일한 형식으로 서술해야 한다.

상담자 발달수준 척도

상담자로서 성장하는 과정 중 받았던 교육적 경험이 상담자 발달수준 변화에 영향을 미친 정도를 평가하기 위해 심흥섭(1998)이 제작한 상담자 발달수준 척도를 사용하였다. 각 문항은 '상당히 일치하지 않는다(1점)'에서 '상당히 일치한다(4점)'까지 4점 Likert식 척도로 구성되어 있다. 심흥섭(1998)의 연구에서 전체 문항에 대한 내적 신뢰도 계수(Cronbach's α)는 .92였고 본 연구에서의 내적 신뢰도 계수(Cronbach's α)는 .93으로 나타났다.

(4) 자료처리

프로그램의 효과 검증을 위한 분석방법으로 연구결과를 산출하기 위해 사용된 통계적 방법에 대해 간략하게 제시한다.

양적 분석을 위해서는 수집된 자료를 SPSS WIN 20.0을 사용하여 통계 처리하였다. 집단 간의 사전 동질성 검사를 위해 독립표본 t분석을 실시한 후, 연구가설을 검증하기 위하여 반복측정 분산분석(repeated measured ANOVA)의 통계방법을 실시하였다. (중략) 집단별 측정 시점에 따른 변화를 구체적으로 살펴보기 위하여 집단별, 측정시기별 단순주효과 및 다중비교(Least Significant Difference: LSD) 분석을 실시하였다. 상담기술 훈련에 배운 상담기술 중 어떤 기술이 어떤 면에서 도움이 되었는지, (중략) 질적 분석을 실시하였다. 본 연구에서는 연구를 수행하는 과정에서 발생할 수 있는 질적 분석의 객관성 결여에 대한 문제를 극복하고 분석의 결과를 수량화하여 제시할 수 있는 체계적인 연구방법인 합의적 질적 분석(CQR)방법으로 분석하였다.

3) 결과

논문의 결과에서는 서론에서 작성한 연구목적에 따른 연구문제나 연구가설에 대하여 순차적으로 기술해야 한다. 서론에서 제시한 연구문제나 연구가설에 따라 수집된 자료를 통계 처리한 결과 중 연구자가 연구를 통해 알고자 한 내용만을 선별하여 처치한 프로그램이 연구대상에게 통계적으로 유의한 결과를 가져왔는지를 제시한다. 그리고 양적 연구의 한계를 극복하기 위해 연구자가 질적 분석을 실시하였다면 이에 대한 연구결과도 제시한다. 최근에는 프로그램 개발에 대한 효과 검증에 있어 양적 연구의 한계성을 극복하는 것뿐만 아니라 연구자의 연구목적을 선명하게 확인하기 위해 질적 연구법을 함께 설계하는 혼합연구설계가 활발하게 이루어지고 있다. 익숙한 질적 연구로는 프로그램 참여자들의 경험을 인터뷰하여 연구자가 밝히고자 하는 특정한 현상(관점)에 초점을 두고 자료를 분석하여 범주화하는 질적 내용분석법이 있다. 이 외에도 프로그램의 효과성을 토대로 개인이 처한 어떤 상황에 대응하는 행동이나 전략 수립 방식을 설명하기 위한 이론을 구성하기 위해 근거이론을 활용하는 연구도 있다.

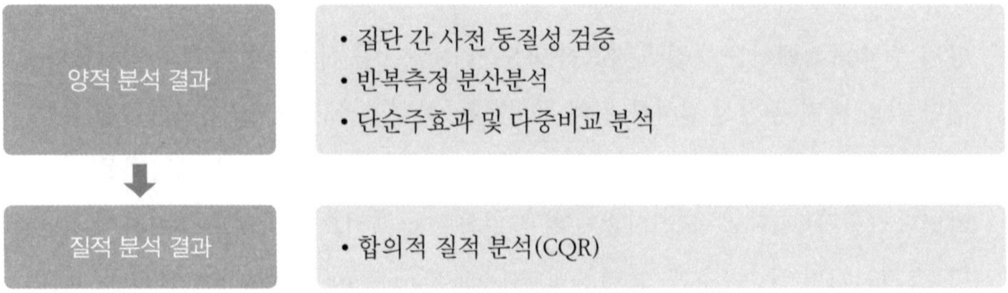

[그림 4-5] 결과의 주요 사항

(1) 양적 분석 결과

양적 연구의 결과는 수집한 자료가 기본적인 가정에 맞는지를 확인하기 위한 기초통계 자료를 먼저 제시한 후 자료 처리에서 기술한 바에 따라 고급통계를 실시하여 가설의 진위 여부를 밝혀야 한다.

① 집단 간 사전 동질성 검증

프로그램을 실시하기 전 실험집단과 통제집단이 동질한 집단인지 검증하는 작업이 선행되어야 한다. 이에 두 집단의 사전검사 점수 각각에 대해 독립표본 t검정을 실시하여 동질한 집단인지 확인하고 있다.

프로그램 이전에 동질했는지를 검증하기 위하여 실험집단과 통제집단의 사전검사 점수 각각에 대해 독립표본 t분석을 실시하였으며, 집단 간 차이가 통계적으로 유의하지 않았다. 따라서 상담기술 훈련프로그램을 실시하기 이전에 동질한 집단인 것으로 나타났다.

표 3 실험집단과 통제집단의 사전 동질성 검증 결과 ($N=26$)

관련 변인	실험집단(n=13)		통제집단(n=13)		t	p
	M	SD	M	SD		
상담자 발달수준	138.15	10.34	146.15	16.73	-1.466	.156
부모-교사 간 의사소통의 어려움	64.85	7.96	64.08	7.54	.253	.802
교사효능감	82.15	12.10	88.54	8.51	-1.556	.133

② 반복측정 분산분석

상담기술 훈련프로그램의 효과를 검증하기 위하여 실험집단과 통제집단 교사들의 상담자 발달수준에 대한 반복측정 분산분석을 실시하였다.

상담자 발달수준, 부모-교사 간 의사소통의 어려움의 반복측정 분산분석의 결과, 집단(실험집단, 통제집단)과 측정시기(사전, 사후, 추후)의 상호작용 효과가 상담자 발달수준 전체[$F(2, 48)=19.291$, $p<.001$], 상담대화기술[$F(2, 48)=12.490$, $p<.001$], 사례이해[$F(2, 48)=20.608$, $p<.001$], 알아차리기[$F(2, 48)=14.95$, $p<.001$], 상담계획[$F(2, 48)=5.809$, $p<.01$], 인간적 · 윤리적 태도[$F(1.476, 35.43)=8.744$, $p<.01$] 모두에 있어서 통계적으로 유의하였다.

표 4 상담자 발달수준 점수에 대한 반복측정 분산분석 결과

관련 변인	구분	*SS*	*df*	*MS*	*F*
상담자 발달수준	집단 간				
	집단 간(집단)	3040.63	1	3040.3	4.83***
	오차	15119.49	24	629.98	
	집단 내				
	집단 내(시기)	2396.64	2	1198.32	11.27***
	집단×시기	4100.80	2	2050.40	19.29***
	오차	5101.90	48	106.30	

***$p<.001$

③ 단순주효과 및 다중비교 분석

반복측정 분산분석의 결과는 측정 시점에 따른 점수의 변화 양상에 있어서 집단 간 차이가 있다는 것을 확인할 수 있을 뿐, 집단별로 어떻게 변화했는지에 대한 결과는 알 수 없는 제한점이 존재한다. 따라서 집단과 측정시기의 상호작용 효과가 나타나는 경우에는 좀 더 구체적으로 살펴보기 위하여, 집단과 측정시기에 대한 단순주효과, 다중비교 분석을 실시하여 살펴보았다.

집단별 측정 시점에 따른 변화를 더 구체적으로 살펴보기 위하여 집단별, 측정시기별로 단순주효과 및 다중비교 분석을 실시하였고, 그 결과를 〈표 5〉에 제시하였다.

표 5 상담자 발달수준 점수에 대한 단순주효과 및 다중비교 분석 결과

관련 변인	구분	*SS*	*df*	*MS*	*F*	다중비교
상담자 발달수준	측정시기×실험	6300.667	2	3150.333	21.32***	c<d, e
	측정시기×통제	196.769	2	98.385	1.52	
	집단구분×사전	416.000	1	416.000	2.15	
	집단구분×사후	3124.038	1	3124.038	8.73**	b<a
	집단구분×추후	3601.385	1	3601.385	12.37**	b<a

**$p < .01$, ***$p < .001$

주: a=실험, b=통제, c=사전, d=사후, e=추후.

(2) 질적 분석 결과

① 합의적 질적 분석(CQR)

질적 연구에서의 자료분석은 자료를 체계적으로 조직화하고 자료 속에서 특징적인 의미, 주제, 규칙을 찾아내고 해석하는 과정이다. 그러므로 자료에 대해서 심층적이고 총체적인 이해를 얻기 위해 자료를 조직화하고, 분류화하며, 범주화하고, 패턴을 찾아내며, 종합화하는 것 그리고 이를 토대로 합리적인 결론을 도출하는 것이 중요하다.

상담기술 훈련프로그램 참여 후 도움받은 부분에는 상담기술 능력 부분, 교사효능감 부분으로 2개 영역이 도출되었고, (중략) 3개의 주제를 통해 확인된 상담기술 훈련프로그램 참여 후 변화 양상과 프로그램 만족도에서는 8개 영역의 40개 범주가 도출되었으며, 이는 4명의 평정자와 1명의 감수자에 의해 4차례 이상의 합의에 의한 결과로 〈표 6〉과 같다.

표 6 프로그램을 통해 도움을 받은 부분에 대한 영역 및 교차분석

영역 (domain)	범주(category)/중심 개념(category ideas)	빈도 (frequency)
상담기술 능력 부분	초점두기 기술: 동영상을 촬영하니 평소에 몰랐던 말할 때의 특징, 모습을 알게 되어 도움을 받았음	전형적(8)
	공감하기 기술: 공감을 어떻게 해 주느냐에 따라서 느끼는 부분이 크게 달라지는 것을 알게 되었음	전형적(7)
	적극적 경청 기술: 상대방의 이야기를 먼저 충분히 들어주는 것부터 하려고 노력함	변동적(5)

주: '일반적'은 거의 모든 사례에 나타남(13~12사례), '전형적'은 50% 이상에서 나타남(11~7사례), '변동적'은 50% 미만 사례에서 나타남(6~2사례)을 의미한다.

4) 논의

프로그램 개발연구에서 논의는 프로그램 개발과정에 대한 논의와 효과 검증에 대한 논의로 나누어 제시하고 끝으로 연구의 의의와 제한점을 제시한다. 프로그램 개발과정에 대한 논의의 목적은 연구결과의 요약에 있는 것이 아니라 프로그램 개발의 과정과 내용을 선행연구와 관련지어 해석하고 개발과정의 타당성을 논의하는 것이다. 그리고 프로그램 효과 검증에 대한 논의에서는 처치 프로그램의 효과를 선행연구와 관련지어 해석하고 연구자의 견해를 구체적으로 제시하는 것뿐만 아니라 참여자들의 경험이 어떠한 효과로 드러났는가에 대한 논의도 이루어져야 한다.

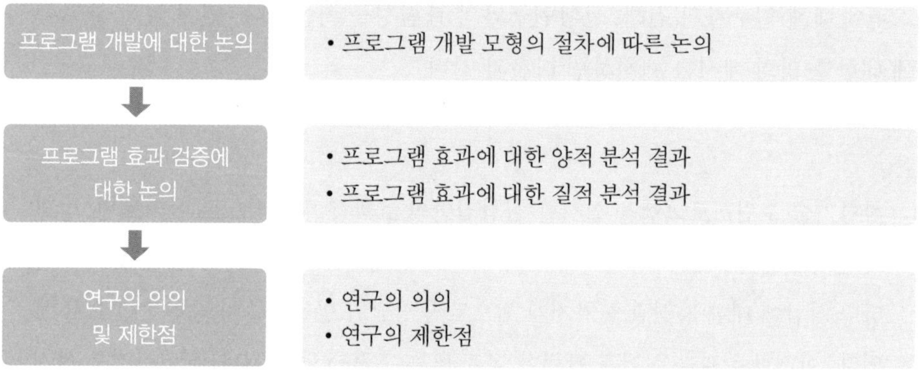

[그림 4-6] 논의의 주요 사항

(1) 프로그램 개발에 관한 논의

프로그램 개발 단계 논의에서는 프로그램 개발을 위해 선정한 모형에 근거하여 그 절차가 체계적이며 충실히 진행되었는지 제시하여야 한다. 제시된 내용을 바탕으로 프로그램 개발에 대한 논의가 이루어지고 있다.

본 연구는 프로그램을 개발 순서를 체계적이고 간명하게 제시한 천성문 등(2017)의 프로그램 개발 및 평가모형 절차를 충실히 따랐으며 유치원 교사들이 겪는 상담에서의 어려움에 대한 선행연구 및 요구조사 결과를 프로그램 운영에 적극적으로 반영하였다. 그리고 전문가의 타당도 검증을 통해 수정 절차를 거쳐 시범운영 프로그램을 개발하였으며, 이를 유치원 교사들을 대상으로 실시한 후 수정 · 보완하는 과정을 거쳤다. 이러한 체계적인 절차에 따라 환류과정을 거쳐 프로그램 모형 및 프로그램 내용을 구성함으로써 유치원 교사를 위한 상담기술 훈련프로그램은 유치원 교사들의 상담능력 향상과 교사효능감 증진에 긍정적인 영향을 주었을 것으로 판단되므로 본 프로그램의 개발 절차 및 내용 구성은 적절하다고 할 수 있다.

(2) 프로그램 효과 검증에 관한 논의

프로그램의 효과성을 뒷받침하기 위하여 양적 분석과 질적 분석을 실시한 결과에 대한 논의를 서술한다. 그리고 이러한 양적 결과를 뒷받침하는 프로그램 진행과정에서 확인한 참여자들의 경험보고서나 인터뷰를 통한 질적 분석을 통해 확인된 효과에 대해 연구자의 견해, 선행연구와의 관련성을 기술한다. 먼저 양적 분석 결과에 대한 논의의 예시를 제시하면 다음과 같다.

상담기술 훈련프로그램을 실시한 실험집단의 효과를 구체적으로 살펴보면, 상담자 발달수준의 모든 하위영역에서 검사 시기 간에 통계적으로 유의미한 차이가 나타나 상담에 대한 자신감을 가지게 됨으로써 상담자 발달수준이 증진된 것으로 보인다. 이러한 결과는 상담과 관련한 교육 또는 훈련을 받은 결과, 상담관계를 설정하고 의사소통하는 자신의 능력에 대해 긍정적으로 평가하게 되었고, 유아교육 전문가로 인정받고 있음을 느껴 상담 시 자신감을 느끼게 된다는 연구결과(김명연, 2014; Symeou et al., 2012)와 맥을 같이한다. (중략) 이상의 프로그램 효과는 유치원 교사의 상담자 발달수준 향상이 유치원 교사의 상담기술 능력과 문제해결 역량과 의사소통 및 감정조절 능력을 증진하고 공감적이고 신뢰할 수 있는 관계를 촉진함으로써 유아 및 학부모와의 상담에서 효과를 확인할 수 있는 중요한 변인임을 입증하는 것이라 할 수 있다.

다음으로 질적 분석에 대한 논의의 예시는 다음과 같다. 질적 분석의 결과도 마찬가지로 결과에 대한 내용과 선행연구 비교를 통한 그 의미에 대해 논의가 이루어져야 한다.

먼저, 상담기술 훈련프로그램 참여 후 도움받은 부분에 대해 본 연구의 참여자들은 상담기술 능력 부분, 교사효능감 부분에서 도움이 되었다고 보고하였다. 특히 초점두기 기술, 공감하기 기술, 적극적 경청 기술은 초기 신뢰관계를 형성하는 데 도움을 주는 기술(Ivey, 1971)로 원활한 의사소통이 이루어질 수 있는 토대를 마련하여 상담관계 어려움을 호소하던 교사들에게 긍정적인 영향을 미친 것으로 보인다. 이러한 결과는 부모와 교사 간에 이루어지는 원활한 의사소통은 학부모와 교사가 유아에 대한 서로의 정보를 나눔으로써 상대방의 처지를 이해할 수 있게 하고, 감정, 생각 및 행동의 변화를 일으키도록 긍정적인 작용을 한다는 연구결과(방승희, 2012)에서도 뒷받침된다.

(3) 연구의 의의 및 제한점

프로그램 개발 연구가 가지는 의의 및 제한점을 기술하는 것으로, 대체로 프로그램 개발은 연구의 의의 중에 실제적 · 실질적 시사점에 중점을 두고 있으며 학문적인 기여점과 현장 적용 가능성 등을 기술한다.

> 이상의 연구 내용을 종합하여 볼 때 본 연구는 다음과 같은 의의가 있다. 첫째로 유치원 교사의 다차원적인 상담영역을 통합적으로 인식, 둘째로 상담기술 훈련프로그램에 대한 교사교육의 새로운 모델을 제시, (중략) 다섯째로 유아들의 언어 · 정서 · 사회성발달을 위해 유치원 교사의 모델링 역할의 중요성을 다시 한번 확인하였다는 점이다.

제언은 프로그램 개발 시 미처 연구를 하지 못한 부분에 대한 언급과 개선안이나 새로운 접근법을 제안하는 것이 바람직하다. 독자는 연구결과를 이해할 때 연구자가 미리 알려 준 한계 안에서 정보를 받아들여야 하므로 후속연구에서 연구의 제한점을 기초로 보완되어야 할 부분들에 대한 제언을 제시한다.

> 마지막으로 본 연구의 제한점과 향후 연구를 위한 과제를 제안하면 다음과 같다. 첫째, 프로그램 참가자들이 모두 B시에 소재지를 둔 사립유치원에 재직하고 있어 기관의 형태와 지역적 차이에 따른 특성이 반영되었다고 보기 힘들다는 점에서 모든 유치원 교사에게 일반화시키기에는 한계가 있다. (중략) 넷째, 유치원 교사들의 경력과 여건을 고려한 다양한 형태의 상담기술 훈련프로그램이 개발될 필요성이 있으므로 경력과 역량에 따른 요구를 조사하여 기초과정부터 심화과정까지 차별화된 프로그램을 개발할 필요가 있다.

4. 프로그램 재구성 Tip

프로그램 재구성은 이미 선행연구를 통해 개발되어 타당화와 효과성을 검증받은 프로그램 중에서 연구하고자 하는 대상의 특성 및 목적에 맞추어 필요한 주제와 활동을 선정하여 재구성 절차에 따라 프로그램을 완성하고 효과를 검증하는 연구이다. 그러므로 효과적인 재구성 프로그램이 되기 위해서는 대상 집단에게 효과적이어야 하므로 체계적인 재구성 절차를 따르는 것이 중요하다.

이 장에서는 프로그램 개발과정에서 안내한 단계와 절차 중 재구성 과정에서 공통되는 부분은 제외하고 재구성 단계에서만 이루어지는 차별화되는 부분에 대해 다음의 참고논문을 인용하며 이해를 돕고자 한다.

정현구, 천성문(2019). 도예활용 진로집단상담 프로그램이 지적장애학생의 진로결정 자기효능감과 진로성숙도에 미치는 효과. **교육치료연구**, 11(1), 25-49.[2]

1) 프로그램 재구성 절차

프로그램 재구성은 개발된 논문을 토대로 필요한 부분을 선택하여 체계적으로 재

기획	• 주제 탐색 및 선정 • 연구대상 선정 • 선행연구자료 검토 • 측정도구 선정
⬇	
구성	• 목표 설정 • 활동안 및 활동지 재구성 • 회기별 주제 및 세부활동 내용 재구성 • 전문가 검증을 통한 수정 · 보완 실시
⬇	
실행	• 실험집단과 통제집단을 구분 • 집단별 사전검사 실시 • 도예활용 진로집단상담 프로그램 실시
⬇	
평가	• 집단별 사후검사를 통한 프로그램 효과 검증 • 내용분석을 통한 보완

[그림 4-7] **프로그램 재구성 절차**

2) 학술지에 게재된 참고논문을 바탕으로 프로그램 재구성 Tip을 구성하였으나, 독자의 이해와 내용의 완성도를 높이기 위해 정현구(2017)의 석사학위논문 내용을 추가한 부분도 있다.

구성하는 연구이므로 프로그램 개발과정에서 거치는 요구조사와 예비연구 단계를 제외한 4단계 절차를 거쳐 프로그램을 구성하고 효과를 검증한다(천성문 외, 2022). 즉, 기획-구성-실행-평가 단계를 통해 프로그램 재구성 절차를 진행하게 된다.

2) 프로그램 재구성 준거

프로그램 재구성에서 중요한 것은 대상집단의 특성, 관련 변인, 프로그램 내용의 적절성이다. 즉, 대상자의 요구를 충족시키는 프로그램으로 재구성하기 위해서는 대상자의 특성과 요구를 반영하는 활동과 내용들이 조화롭게 맞물려 구성되어야 한다. 따라서 프로그램을 재구성할 때는 연구대상자의 연령, 심리적 변인, 활동 내용 등의 특성에 맞는 재구성 준거에 따라 기존 프로그램을 수정하여 재구성해야 한다.

둘째, 지적장애학생은 일반적으로 자기이해 부분에서 취약함을 나타내 보이므로 자신의 흥미와 적성을 파악하여 자신에게 가장 적합한 진로계획을 수립하여 취업 후 원만한 직업생활을 도울 수 있도록 프로그램 내용을 구성하였다. 셋째, 지적장애학생은 소극적 성향으로 인해 타인과의 어울림에 어려움이 많으며 타인에 대한 이해심 또한 낮은 편이므로 원만한 대인관계를 위하여 자연스럽게 또래와 함께 상호작용할 수 있는 활동들로 내용을 구성하였다.

3) 프로그램의 단계 및 구성요소

프로그램 재구성 단계에서 중요한 부분은 이론적 근거나 이론에서 제시한 발달단계와, 대상자의 요구조사가 적절하게 반영되었는가에 대한 점검이다. 이때 프로그램 참여를 통해 대상자들의 변화를 예측했던 종속변인들에 대한 개입이 단계와 요구에 맞게 구성되었는지도 평가해 보아야 한다. 이러한 평가를 위해 연구자는 프로그램의 단계와 구성요소를 정리하여 표로 제시할 필요가 있다. 이러한 활동은 프로그램 재구성 또한 체계적이고 과학적인 절차와 단계를 반영해야 하는 원칙이 적용되기 때문이다.

프로그램 단계	도입 (1회기)	자기이해 (2~4회기)	진로탐색 (5~7회기)	진로설계 (8~9회기)	마무리 (10회기)
프로그램 구성요소	동기 부여, 라포 형성, 도예활용	자기개방, 적성과 흥미, 도예활용	직업정보, 고용 경쟁력, 진로성숙도, 도예활용	진로결정 자기 효능감, 진로 성숙도, 진로 목표 설정, 도예활용	자기 관리, 강점 활용, 도예활용
회기별 관련된 요인	친밀감 형성, 자기이해	진로결정 자기효능감, 진로성숙도	진로결정 자기효능감, 진로성숙도	진로결정 자기효능감, 진로성숙도	진로결정 자기효능감, 진로성숙도

[그림 4-8] 도예활용 진로집단상담 프로그램의 단계 및 구성요소

이런 정리 작업을 통해 연구자는 본인이 계획한 재구성 프로그램의 큰 틀을 점검하며 체계적이고 실용성 있는 세부 내용 구성을 위한 준비 작업을 마무리하게 된다.

4) 프로그램 내용

재구성 연구에서 중요한 단계가 '프로그램을 어떻게 구성하느냐'이다. 기존 연구에서 연구자가 본인의 연구목적에 적합하다고 판단되는 활동을 선정해야 하므로 선행연구에 대한 고찰이 매우 중요하다. 그리고 기존 연구에서 선정했더라도 연구대상자의 특성과 프로그램의 특성을 반영하여 수정하는 작업을 거쳐야 하며 수정사항도 제시해야 한다. 논문에는 다음과 같이 제시한다.

표 7 도예활용 진로집단상담 프로그램 내용 구성

회기	단계	목표	프로그램 내용	참고 · 수정한 프로그램	수정 · 보완한 내용
1	도입	• 프로그램의 내용과 목적을 이해할 수 있다. • 자기소개를 통해 참여자 간의 친밀감을 형성할 수 있다.	• 강사 및 프로그램에 대한 소개하기 • 흙을 만져 보고 두드리며 흙 탐색하기 • 점토를 이용해 자신의 이름을 직업적 별칭 짓고 집단원에게 자기소개하기 • 프로그램에 대한 기대와 느낌 나누기	• 장희정(2011)의 도예작업을 통한 집단 미술치료 프로그램	• 점토를 사용하여 직업적 자기별칭 짓고 집단원에게 소개하기로 수정 · 보완

이와 같이 프로그램을 재구성한 후 프로그램 개발과정과 동일하게 타당도 검증을 실시하고 수정 · 보완하여 최종 프로그램 재구성을 완료한다. 논문에는 다음과 같이 제시한다.

표 8 도예활용 진로집단상담 프로그램의 활동 내용

단계	회기	주제	목표	활동 내용	분
도입	1	진로를 찾아 우리 함께 떠나보아요	• 프로그램의 내용과 목적을 이해할 수 있다. • 자기소개를 통해 참여자 간의 친밀감을 형성할 수 있다.	• 프로그램 안내 –프로그램 목적 및 운영방법 알기 • 점토를 활용한 별칭 소개 –직업적 별칭 짓기 –점토로 직업적 별칭 표현하기 • 자기소개 및 느낌 나누기 –직업적 별칭 집단원에게 소개하기	80분

재구성을 마무리한 후 집단을 구성하여 프로그램을 실시하고 평가하는 과정은 프로그램 개발과 동일하게 진행된다. 다만 프로그램 개발과정에서 실시한 예비연구의 경우 프로그램의 구성에 대한 평가를 위해 실시하는 단계여서 이미 개발 단계

에서 확인되었으므로 재구성 단계에서는 실시하지 않아도 된다. 하지만 예비연구를 통해 연구자가 집단 운영에 대한 전반적인 과정을 사전에 점검해 볼 수 있으므로 간소화하여 실시해 보기를 권한다. 이후 과정은 프로그램 개발과정과 동일하므로 프로그램 재구성에 관한 안내는 이것으로 마무리한다.

참고문헌

김진화, 정진웅(1997). **사회교육 프로그램 개발의 이론과 실제.** 서울: 교육과학사.

김창대(2002). 청소년 집단상담 프로그램의 개발과 평가. **청소년 집단상담의 운영**(pp. 75-108).

박은아(2017). **유치원 교사를 위한 상담기술 훈련프로그램 개발과 효과.** 경성대학교 대학원 박사학위논문.

박은아, 김현정, 천성문(2018). 유치원 교사를 위한 상담기술 훈련프로그램 개발과 효과. **상담학 연구, 19**(5), 161-190.

박인우(1995). 효율적 집단상담프로그램 개발을 위한 체계적 모형. **지도상담, 20**, 19-40.

변창진(1994). **프로그램 개발.** 대구: 홍익출판사.

이숙영(2003). 국내 집단상담 프로그램 재발의 현황 및 효과적인 프로그램 개발 관련 요인. **상담학연구, 4**(1), 53-67.

정현구(2017). **도예활용 진로집단상담 프로그램이 지적장애학생의 진로결정 자기효능감과 진로성숙도에 미치는 효과.** 경성대학교 교육대학원 석사학위논문.

정현구, 천성문(2019). 도예활용 진로집단상담 프로그램이 지적장애학생의 진로결정 자기효능감과 진로성숙도에 미치는 효과. **교육치료연구, 11**(1), 25-49.

천성문, 함경애, 박명숙, 김동원(2022). **집단상담.** 서울: 학지사.

Sussman, S. (2001). Handbook of development in health behavior research and practice. Thousand teather-advisor programs. *Professional School Counseling, 1*(2), 55-60.

5장

집단차이 연구

1. 집단차이 연구의 이해

집단차이 연구란 집단의 비율과 평균에 대한 차이 등을 과학적으로 검증하여 집단의 특성을 추론하는 방법을 의미한다. 다시 말해, 어떠한 원인이 집단 간의 차이를 만들었는지 추론하거나, 인과관계와는 별개로 집단 간 차이 비교를 통해 집단을 이해하고자 하는 방법을 말한다. 이러한 집단차이 연구는 연구자의 연구목적에 따라 다양한 설계가 가능하며 집단 내 고유의 속성(예: 성별)에 따른 특성(예: 변인)의 차이를 비교하거나, 또는 특정 개입에 따른 집단의 사전-사후의 변화도를 추론할 수 있다.

앞서 이야기한 바와 같이 집단차이 연구는 연구목적에 따라 다양한 설계가 가능하며 종류가 다양하기 때문에 실제 집단차이가 수행된 연구를 통해 어떻게 연구가 설계되고 이루어지고 있는지 살펴보도록 하자.

먼저, 집단의 고유의 속성에 따른 특성 차이를 살펴보는 연구는 다음과 같이 설계할 수 있다. 「상담경력과 집단상담 윤리 인식: 한국과 미국 집단상담자 비교연구」(권경인, 김태선, 조수연, 2018)에서는 한국 집단상담자와 미국 집단상담자를 초심 · 중간 · 숙련이라는 집단으로 구분하고 각 국적 및 경력에 따른 윤리인식에 대해 비교하는 연구를 수행하였다. 이를 통해 한국과 미국 집단상담자 모두 경력별 비교에서 윤리 영역의 중요도 인식 정도가 다른 것을 알 수 있다.

또는 「비자살적 자해의 중단 및 유지집단 간 비교연구: 자해특성과 통합적 이론 모델의 위험요인을 중심으로」(김지윤, 김성연, 이동훈, 2020)에서는 비자살적 자해를 중단한 집단과 유지하고 있는 집단의 특성의 차이에 대해 비교하는 연구를 수행하였다. 이를 통해 비자살적 자해 중단집단과 유지집단 간 자해빈도 및 자해방법의 수가 다른 것을 알 수 있다. 이처럼 집단 고유의 속성(예: 한국과 미국의 초심 · 중간 · 숙련 집단상담자, 자해중단집단과 유지집단)에 따른 특성(예: 윤리인식, 자해빈도 및 자해방법의 수)을 집단차이 연구를 통해 살펴볼 수 있다.

다음으로 특정 처치 및 개입을 통화 변화를 살펴보기 위해서 집단차이 연구는 다음과 같이 설계할 수 있다. 「스마트폰 중독 예방 교육 프로그램 효과성 검증: 자기조절력을 중심으로」(김동일 외, 2020)에서는 스마트폰 과의존 예방 프로그램을 개발하고, 이를 처치한 실험집단과 처치하지 않은 비교집단 간의 사전-사후의 차이를 통해 프로그램 효과성을 검증하였다. 이를 통해 프로그램을 처치하지 않은 비교집단에 비해 처치한 실험집단이 스마트폰 중독 점수가 유의미하게 감소하는 것을 검증함으로써 이 프로그램이 스마트폰 중독예방에 효과가 있는 것을 알 수 있다.

또는 「사회불안장애 청소년을 위한 인지처리과정 강화 인지행동치료 프로그램 개발 및 효과」(유선미, 김정민, 2018)에서는 개발된 인지행동치료 프로그램을 처치한 실험집단, 기존의 인지행동치료를 실시한 비교집단, 처치를 하지 않은 대기집단 간 차이를 통해서 개발된 인지행동치료 프로그램의 효과성을 검증하였다. 나아가 처치 유무에 따른 사전-사후뿐만 아니라 추후검사를 통해 효과의 지속성까지 검증을 시도하였다. 이를 통해 프로그램을 처치하지 않은 대기집단, 기존의 인지행동치료를 처치한 비교집단에 비해 새롭게 개발된 프로그램을 처치한 실험집단에서 유의미한 효과를 검증함으로써 이 프로그램이 사회불안장애 청소년에게 효과가 있는 것을 알 수 있다.

이처럼 특정 개입(예: 스마트폰 중독예방 프로그램, 인지처리과정 강화 인지행동치료 프로그램)에 따른 집단의 변화를 집단차이 연구를 통해 추론할 수 있다. 최근에는 프로그램 효과를 더 정밀하게 측정하고 비교하기 위해 실험집단(효과를 확인하고 싶은 처치방법), 비교집단(기존에 사용되고 있는 처치방법) 및 대기집단(효과를 확인하기 위하여 처치는 하지 않으나 연구가 끝난 후 처치가 이루어질)으로 구분하거나 사전-사후 뿐만 아니라 추후 효과를 통해 처치가 끝난 후에도 효과에 어떠한 변화가 이루어지며, 어느 정도 지속되는지 확인하고자 하는 연구가 늘어나고 있다.

따라서 집단차이 연구는 단순히 집단 간 또는 집단 내 차이를 검증하여 집단의 특성을 추론하는 연구라고 생각할 수 있으나, 사실 연구목적에 따라 다양한 설계와 검증방법이 있는 것을 알 수 있다. 그렇기 때문에 집단차이 연구는 집단차이라는 단독 주제로 연구가 이루어지기도 하나, 이를 활용하여 관계연구나 프로그램 개발연구 등에서도 많이 적용되고 있다. 즉, 이러한 특성에 따라 집단차이 연구는 집단의 단순비교부터 타 연구방법에서 연구의 추가적인 결과나 의미를 도출할 수 있도록 접근하고 다양하게 적용 가능한 연구방법이다.

2. 집단차이 연구의 종류

앞서 이야기한 바와 같이 집단차이는 설계방식에 따라 그 종류가 매우 다양한 연구방법이다. 보통 집단의 수에 따라 검증방식이 달라지는데 2개 이하의 집단과 3개 이상의 집단으로 나뉘게 된다. 2개 이하 집단과 3개 이상의 집단으로 구분하는 이유는 2개 이하의 집단에서는 t검정(t-test)이 실시되는 편이며, 3개 이상의 집단에서는 분산분석(ANOVA)이 실시되기 때문이다.

하지만 집단 수에 따른 방법은 대표적인 접근일 뿐 집단 수에 따라 방법이 확정되는 것은 아니기에 유의해야 할 필요가 있다. 예를 들어, 2개 이하의 집단이라도 연구설계와 연구목적에 따라 사전-사후 검증과정에서 사전 점수를 공변인으로 검증하는 공변량분석(ANCOVA) 등 다양한 분석방법이 활용 가능하기 때문이다. 이에 이

TIP

집단 수에 따라 검증방법이 달라지는 이유는 t검정의 특성상 1:1로 비교가 이루어지게 되는데, 3개 이상의 집단(A, B, C)에서 t검정 수행 시 3회의 비교(A:B/A:C/B:C)가 이루어지기에 1종 오류의 확률이 증가하게 된다. 따라서 3개 이상의 집단부터는 t검정이 아닌 분산분석을 실시한다.

장에서는 여러 가지 집단차이의 방법 중 집단 속성에 따른 특성 비교, 2개 이하의 집단 및 3개 이상의 집단의 대표적인 차이 비교 방법에 대해 다루고자 한다.

1) 집단 속성에 따른 특성 차이 비교

집단 속성에 따른 특성 비교는 일반적으로 집단 간 유사한 특성을 가지고 있지만 그럼에도 차이가 나타나는 특성에 대해 알아보는 데 주요 목적이 있다. 왜냐하면 집단선정에 있어 확연한 차이가 있는 집단 간에는 집단차이 비교의 의미가 퇴색되기 때문이다. 따라서 유사한 집단(예: 한국-미국 집단상담자, 초급-중간-숙련 경험 집단상담자, 비자살적 자해 유지-중단) 간 알고 싶은 차이의 특성에 대한 비교가 주로 이루어지게 된다.

이러한 과정을 김지윤 등(2020)의 연구를 각색하여 연구설계 및 연구목적으로 나타내면 다음과 같다.

- 연구배경

  자해와 비자살적 자해에 대한 비교와 차이 연구들이 이루어지기 시작하면서 비자살적 자해가 하나의 새로운 연구 영역이 되었으며, 나아가 비자살적 자해의 특징과 영향을 미치고 있는 다양한 요인에 대한 관심이 요구되고 있다.

- 문제제기

  이에 연구자는 비자살적 자해에 대한 주제에 관심을 가지게 되었으며, 세부적으로 '비자살적 자해를 경험한 대상 중 자해를 유지하는 경우도 있고 중단하는 경우도 있는데 그 이유는 무엇이고 그 집단 간 어떠한 차이가 있을까?'에 대해 알고자 하였다.

- 연구정보

  -집단대상: 비자살적 자해경험이 있는 성인

  -집단구분: 자해 중단집단, 자해 유지집단

  -알고자 하는 특성: 방법의 심각도, 자해의 빈도, 자해방법 수

- 연구목적

  자해 중단집단과 자해 유지집단에 따라 자해특성의 차이가 있는가?

앞의 각색한 예처럼 자해 중단집단과 유지집단 간의 차이에 대한 문제제기를 바탕으로 집단차이 연구를 설계할 수도 있다. 자해 중단집단과 유지집단을 구분하고 각 집단 간 설문 내용을 바탕으로 알고자 하는 특성에 대해 정리하여 통계적인 결과를 제시한 후, 그 의미에 대해 고찰하여 논의로 이어질 수도 있다. 이를 위해 검증하는 통계적 방법으로는 기초적인 빈도분석을 시작으로 카이스퀘어(X^2) 차이분석 및 t검정 등 다양한 통계적 기법을 활용하여 집단차이를 분석할 수 있다.

2) 2개 이하의 집단차이 비교

2개 이하의 집단을 주로 비교하는 경우는 앞서 비자살적 자해집단(자해 중단집단–자해 유지집단) 간 자해빈도나 자해방법 수가 차이가 있는지, 또는 스마트폰 중독예방 프로그램 집단(프로그램 처치–프로그램 처치하지 않음) 간 차이가 있는지 등에서 이용된다.

이러한 과정을 김동일 등(2020)의 연구를 각색하여 연구설계 및 연구목적으로 나타내면 다음과 같다.

- 연구배경

  기존의 개발된 스마트폰 중독예방 프로그램의 동향을 살펴보니 자기조절력 특성에 대한 개입이 효과적인 것으로 나타났으나, 기존의 프로그램에서는 ○○으로 인해 개입에 제한점이 있어 왔다. 이에 자기조절력에 초점화하여 집중시킨 스마트폰 중독예방 프로그램 개발의 필요가 요구되고 있다.

- 문제제기

  이에 연구자는 자기조절력에 초점화한 스마트폰 중독예방 프로그램을 개발하였으며, 세부적으로 개발된 '스마트폰 중독예방 교육 프로그램이 효과가 어떠한가?'에 대해 알고자 하였다.

- 연구정보

  –집단대상: 인터넷 중독진단 초등학생 및 예방교육을 희망하는 초등학생

  –집단구분: 프로그램 참여(실험)집단, 프로그램 미참여(비교)집단

  –측정도구: 스마트폰·인터넷 중독 관련 척도

• 연구목적

스마트폰 중독예방 프로그램을 실행한 실험집단이 비교집단에 비해 스마트폰 중독 관련 점수가 낮아졌는가?

이 각색한 예처럼 개발한 스마트폰 중독예방 프로그램의 효과가 어떠한지에 대한 문제제기를 바탕으로 2개 이하의 집단차이 비교 연구를 설계할 수도 있다. 먼저, 프로그램 참여집단과 미참여집단에 대한 사전–사후 스마트폰 · 인터넷 중독 관련 점수를 산출한다. 산출된 점수를 통해 표본의 정규성 가정을 충족하는지, 참여집단과 비참여집단이 동질한 집단인지 등을 확인한다. 표본의 정규성 가정 및 동질집단임이 확인되었다면 프로그램 실시 전후의 점수에 대해 비교검정을 하거나 비교집단에 비해 실험집단이 얼마나 차이가 나는지 등에 대한 비교검정을 통해 그 의미를 고찰한 후 논의로 이어질 수도 있다. 이를 위해 검증하는 통계적 방법으로는 정규성 가정을 확인하기 위한 Shapiro–Wilk 검정, 동질성 확인을 위한 Levene 검정, t검정, 공변량분석 등의 다양한 통계적 기법을 활용하여 집단차이를 분석할 수 있다.

3) 3개 이상의 집단차이 비교

3개 이상의 집단 역시 앞서 언급된 인지처리과정 강화 인지행동치료 프로그램처럼 실험집단(개발된 신규 프로그램 처치), 비교집단(기존의 인지행동치료 프로그램 처치) 및 대기집단(별도의 처치를 하지 않은) 간 차이가 있는지 등에서 이용된다.

이러한 과정을 유선미와 김정민(2018)의 연구를 각색하여 연구설계 및 연구목적으로 나타내면 다음과 같다.

• 연구배경

기존 인지행동치료 프로그램들은 ○○변인과 ○○변인에 대해 개입함으로써 효과적인 역할을 하고 있으나, ○○변인과 ○○변인에 치중한 나머지 인지적 과정에 대해서는 고려하지 않은 제한점이 있다. 이에 인지적 과정까지 반영한 인지행동치료 프로그램 개발의 필요가 요구되고 있다.

- 문제제기

  이에 연구자는 인지처리과정에 대한 강화 내용을 포함한 프로그램을 개발하였으며, 세부적으로 개발된 '인지처리과정 강화 인지행동치료 프로그램의 효과가 어떠한가?'에 대해 알고자 하였다.

- 연구정보

  – 집단대상: 사회불안장애 청소년 및 참여를 희망하는 청소년
  – 집단구분: 개발된 인지행동치료 프로그램 참여(실험)집단, 기존의 인지행동치료 프로그램 참여(비교)집단, 프로그램 미참여(대기)집단
  – 측정도구: 사회불안장애 관련 척도

- 연구목적

  인치처리과정 강화 인지행동치료 프로그램을 실행한 실험집단이 비교집단 및 대기집단과 비교하여 사회불안장애 관련 점수가 낮아졌는가?

이 각색한 예처럼 인지처리과정 강화 인지행동치료 프로그램의 효과가 어떠한지에 대한 문제제기를 바탕으로 3개 이상의 집단차이 비교 연구를 설계할 수도 있다. 마찬가지로 각 집단별(실험–비교–대기) 정규성 가정 및 동질성 검정 등을 실시한다. 그 후 실험집단, 비교집단 및 대기집단 간 차이에 대해 결과를 검정하여 그 결과를 제시하고 해석 및 논의할 수도 있다. 또한 최근에는 사전–사후뿐만 아니라 추후효과를 통해 효과의 지속 유무 및 추후 변화에 대해 확인하고자 하는 연구가 늘어나고 있다. 이를 위해 검증하는 통계적 방법으로는 마찬가지로 정규성 및 동질성 검정을 포함한 분산분석, 공변량분석, 사후검증(Scheff) 등의 다양한 통계적 기법을 활용하여 집단차이를 분석할 수 있다.

3. 집단차이 논문 작성의 실제

앞서 설명한 바와 같이 집단차이 연구의 경우는 연구목적에 따라 다양한 설계와 검증방법이 있어 작성방법이 다양한 편에 속하기에 유의해야 한다. 다음에 제시한 논문을 예시로 하여 구체적인 집단차이 논문 작성방법을 살펴보고자 한다.

강민혜, 정찬문, 나진경(2021). 코로나19와 마스크: 한국과 미국을 중심으로 본 마스크 착용에서의 동서양 문화차이. **한국심리학회지: 사회 및 성격**, 35(4), 77-103.

1) 서론의 주요 사항

서론에서는 연구의 주요 주제, 필요성 및 목적을 통해 본 연구에 대한 전반적인 개관을 한다고 볼 수 있다. 이때 논문의 작성양식이나 연구자의 의도에 따라 서론의 내용을 서론과 이론적 배경으로 분리하여 서술하거나 또는 서론 내에서 소제목을 통해 내용을 구분하여 서술하는 경우도 있다. 이제부터 살펴볼 예시논문은 서론 내에 소제목을 통해 내용을 구분하여 서술한 논문이다.

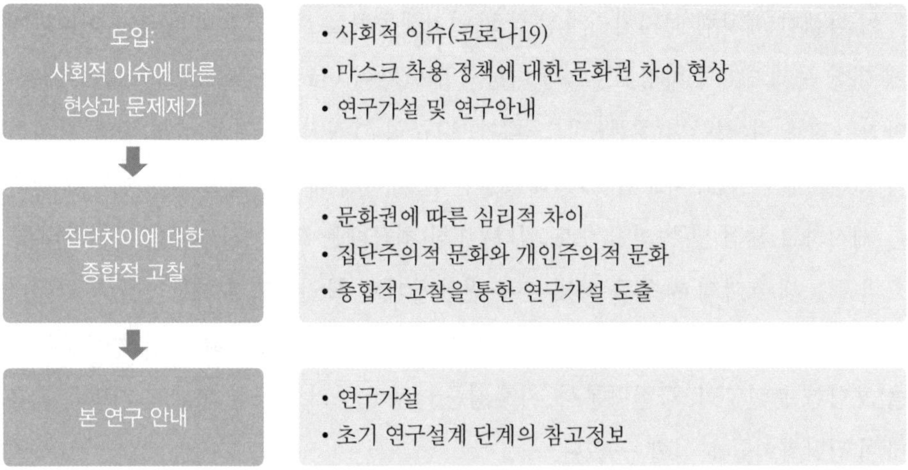

[그림 5-1] 서론의 주요 사항

다음은 예시논문을 바탕으로 그림에서 표시된 내용에 대해 구체적으로 살펴보고자 한다.

(1) 도입: 사회적 이슈에 따른 현상과 문제제기

코로나19라는 사회적 이슈에 대한 소개와 여러 가지 대책 중 마스크 착용 정책을 통해 본 연구를 안내하고 있다. 이에 국가별 마스크 착용 정책에 대한 개인주의와 집단주의의 문화적 태도의 차이를 살펴보고 있다. 이때 문화적 태도라는 집단의 속성으로 인해 나타나는 행동의 차이의 연관성에 대해 안내한 후 이를 종합하여 마스크 착용과 관련한 동양과 서양의 다른 반응을 이해하기 위한 연구가설을 제시하였다.

① 사회적 이슈(코로나19)

코로나19 발생 이후 생긴 사망자, 경제적 피해, 인종차별 및 혐오범죄 등의 문제를 통한 사회적 이슈와 그에 대한 여러 국가의 방역대책을 함께 제시하고 있다. 이를 통하여 방역대책 중 마스크 착용 정책으로 연구주제를 더 주목할 수 있는 발판을 마련하였으며, 독자가 연구주제인 코로나19와 마스크 주제에 관심을 가질 수 있도록 연결하고 있다.

> 2019년 11월 중국 우한에서 보고된 첫 코로나 바이러스 감염증-19(코로나19) 이후 거의 2년이 되어 가는 현재, 2021년 9월 기준으로 코로나19는 전 세계적으로 총 470만 명 이상의 공식적인 사망자를 기록했으며(세계보건기구 COVID-19 Dashboard, '2021 9월') (중략) 이처럼 코로나19는 세계사회의 다양한 측면에 막대한 영향을 끼쳤고, 코로나19에 맞서 여러 대책이 세워졌다. 한국의 마스크 대란(Kim, 2020), 뉴질랜드의 강력한 셧다운 정책(Robert, 2020), 화이자의 코로나19 백신 개발(Polack et al., 2020) 등 전 세계적으로 갖가지 방법으로 (후략)

② 마스크 착용 정책에 대한 문화권 차이 현상

연구자는 초기 마스크 의무착용에 대해서 서구권은 격렬한 반대 시위가 이루어진 반면, 동양에서는 공공장소에서 적극 착용하는 모습에서 '왜 이런 문화권에 따른 차이가 발생하는가?'에 대한 이유를 고찰하고 있다.

> 처음부터 마스크를 적극적으로 착용하였던 아시아권 국가들과는 달리 서구권에서는 마스크 착용에 대한 반발이 매우 심했다. 이와 같은 마스크 의무화 조치에 대한

태도의 차이는 문화적인 원인에서 기인한 것일 가능성이 보인다. (중략) 본인이 마스크를 쓰거나 쓰지 않음으로써 얻는 집단적 이익과 손해는 집단주의적 문화에서 더 중요하게 고려하고, 개인적 이익과 손해는 개인주의적 문화에서 더 의미 있게 생각할 수 있다.

③ 연구가설 및 연구안내

이에 연구자는 공공장소에서의 마스크 착용에 대한 반응이 동양과 서양에 따라 왜 다른 것인지 이해하고자 연구가설을 세운 후 이를 검증하고자 하였다.

연관성이 발견된다면 공공장소에서의 마스크 착용에 있어서 동양과 서양에서 왜 그렇게 다른 반응이 나타났는지 이해할 수 있을 것이다. (중략) 동양에서는 서양에 비해 사회적 이유가 마스크 착용에 상대적으로 더 중요하지만, 서양에서는 동양에 비해 개인적 이유가 마스크 착용에 영향이 더 크다는 가설을 검증해 보았다.

(2) 집단차이에 대한 종합적 고찰

앞서 설명한 바와 같이 예시논문의 경우 서론 내에서 소제목을 통하여 내용을 구분하고 있다. 집단차이에 대한 종합적 고찰을 위하여 연구자는 '문화와 코로나19'라는 소제목으로 구분하여 내용을 정리하고 있다. 이에 먼저 문화권에 따른 심리적 차이와 이러한 차이를 만들어 내는 동기와 이유에 대해 살펴보고 있다. 그리고 집단주의 문화의 핵심적 특징인 사회조화와 개인주의 문화의 핵심적 가치인 개인의 독특성에 대한 종합적 고찰을 통해 연구가설을 도출하고 있다.

① 문화권에 따른 심리적 차이

사회 안의 기능이 문화에 따라 다르며 차이가 있을 수 있다는 점을 안내하고 각 문화권에 따른 심리적 차이가 존재할 수 있음을 밝히고 있다.

> 물론 국가마다 어느 정도로 집단주의적 또는 개인주의적 문화인지는 개별적인 차이가 있겠으나, 동북아시아 문화에서는 집단주의가 지배적이며 서구권은 개인주의가 강한 문화로 익히 알려져 있고, 집단주의-개인주의 경향성에 기반을 둔 다양한 심리적인 차이가 있음이 매우 많은 연구로 뒷받침되어 왔다(Heine, Lehman, Markus, & Kitayama, 1999; Oyserman & Lee, 2008; Triandis, 2018).

② 집단주의적 문화와 개인주의적 문화

문화권에 따라 심리적 차이가 존재할 수 있다는 가정하에 연구자는 집단주의적 문화와 개인주의적 문화의 핵심적인 특징과 가치 및 구체적인 특성에 대해 살펴보고 있다.

> 집단주의적 문화권의 사람들에게는 마스크를 착용하는 동기 또한 사회적 이유가 클 수 있는데, 이는 집단주의의 핵심적 특징이 곧 집단의 조화를 지키고자 하는 것이기 때문이다. 집단주의적 문화는 사회조화(social harmony)를 강조한다는 것은 이미 수많은 연구가 입증했는데, (중략) 한편, 집단주의 문화와 달리 개인주의적 문화의 핵심 가치는 개인의 독특성이다(Markus & Kitayama, 1994; Realo, Koido, Ceulemans, & Allik, 2002). 개인주의적 문화권은 개인의 필요를 집단의 필요보다 더 가치 있게 여긴다는 것 그리고 그런 문화권에 속한 사람의 사회적 행동은 대체로 개인적 선호와 태도가 좌우한다는 (후략)

③ 종합적 고찰을 통한 연구가설 도출

문화권에 따라 심리적인 차이가 있을 것을 가정하고, 집단주의적 문화와 개인주의적 문화에 대한 특징 및 특성을 구체적으로 살펴본 후 이를 종합 정리하여 연구가설을 다시 한번 도출하고 있다.

종합하면, 집단주의 문화권의 사람들은 개인주의 문화권의 사람들에 비해 마스크 착용을 권장하는 사회적 규범에 순응하여 마스크를 착용할 의향 및 실제 착용 빈도가 높을 것이라고 예상할 수 있다. 이와 같은 마스크 착용 의향 및 빈도에서의 문화차이에 더하여 마스크 착용에 영향을 미치는 요인에서도 문화차이가 나타날 수 있다.

'문화와 코로나19'라는 소제목은 문화권 차이에 대한 선행연구를 바탕으로 연구가설이 수립된 이론적 배경을 다루고 있음을 알 수 있다.

(3) 본 연구 안내

앞의 종합적 고찰 내용을 다시 한번 정리한 후, 연구가설 및 검증에 대해 안내하고 있다. 더불어 코로나19의 특수성을 감안하여 연구준비 기간의 특수한 사항(신규 확진자 수, 접종국가, 국내 마스크 착용 의무화 행정명령 시기)에 대해 밝혔다.

정리하면, 본 연구에서는 동양 문화권인 한국에서는 마스크 착용 의향에 사회적 요인의 중요성이 상대적으로 더 크지만, 서구문화권인 미국에서는 개인적 요인의 중요성이 상대적으로 더 클 것이라는 가설을 검증해 보았다. (중략) 그러므로 미국인 응답자들과 동일하게 한국인들도 법적으로 마스크를 쓰는 것이 의무화되기 전 자발적인 마스크 착용 빈도를 측정한 것임을 밝혀 둔다.

2) 방법의 주요 사항

방법에서는 관계연구와 유사하게 연구대상, 설문 진행에 대한 상세 절차, 측정도구 및 분석을 위한 프로그램과 방법에 대해 안내하고 있다.

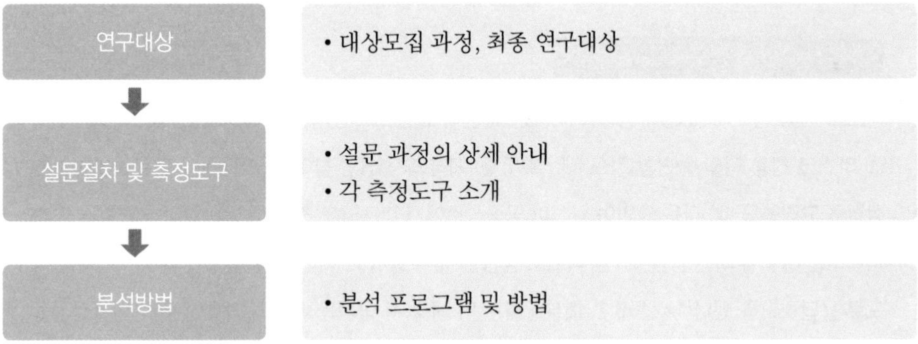

[그림 5-2] 방법의 주요 사항

(1) 연구대상

미국과 한국에서 연구대상자를 모집하기 위한 주요 출처와 과정에 대해 안내하고 있다. 또한 선별 전 제외기준에 대해 안내한 후 최종적으로 확정된 연구대상을 안내하고 있다.

> 미국인 참여자의 경우 사회과학적 연구에 널리 쓰이고 있는 아마존 메카니컬터크(Amazon MTurk)를 통해 온라인으로 모집했고, (중략) 주의 확인 문항을 통과하지 못하였거나 총 소요 시간이 2분 미만인 참가자들을 제외하였다.

(2) 설문절차 및 측정도구

설문 시작 전 안내사항 및 설문과정에 대해 상세히 안내한 후, 측정도구를 안내하고 있다. 측정도구의 경우, 일반적으로 사용되고 있는 개발 및 타당화된 척도가 아니기 때문에 진술하는 양식이 일부 상이한 부분이 있다. 예시논문에서는 요인 분류의 이유, 예시문항, 척도점수 등으로 구성되어 있다.

> 본 연구는 온라인 설문으로 진행되었다. (중략) 그러나 참여자들에게는 그러한 분류방식에 대해서는 알리지 않았고, 단순히 여덟 가지 요소를 보고 각 요소가 자신이 공공장소에서 마스크를 쓸지 안 쓸지 결정하는 것에 얼마나 영향을 끼치는지 응답하도록 했다.

개인적 요인(측정도구 소개 예시)

마스크 착용 여부에 있어서 영향을 끼치는 개인적 요인으로 분류된 이유들은 ① 마스크의 가격, ② 마스크 착용 시의 불편함 정도, ③ 날씨, ④ 자유의지였다. 참여자들에게는 "(코로나바이러스 상황을 고려했을 때) 다음 요인이 당신이 공공장소에서 마스크를 쓸지 여부에 얼마나 영향을 미칩니까라는 질문에 대한 응답을 7점 척도로 응답을 해 주십시오."라는 질문과 함께 각 항목에 7점 척도로 응답하도록 했다(1=전혀, 7=매우 많이). 이 네 가지 항목은 개인의 기호에 따라 의사결정을 할 수 있는 이유들이기 때문에, 이 항목들에 대한 각 참여자의 응답을 합산하고 평균을 낸 값을 '개인적 요인'으로 명명하였다.

(3) 분석방법

분석방법에서는 분석을 위해 활용할 프로그램 및 각 연구결과를 도출해 내기 위한 분석방법에 대해 안내하고 있다.

IBM의 SPSS Statistics 21 프로그램을 사용해 통계분석을 했다. 문항 신뢰도 확인을 위해 상관관계와 신뢰도 분석을, 평균 차이 비교를 위해 독립집단 t-검증을, 집단 간 비교를 위해 혼합 ANCOVA 분석을 진행했다. 또한 매개효과 검증을 위해 Hayes Process Macro(Hayes, 2018)를 사용하였다.

3) 결과의 주요 사항

방법에서는 관계연구와 유사하게 연구대상, 설문 진행에 대한 상세 절차, 측정도구 및 분석을 위한 프로그램과 방법에 대해 안내하고 있다.

기초통계 → • 기술통계, t검정 및 신뢰도 분석

요인 간 평균비교 → • 개인적 요인 및 사회적 요인의 평균 비교

추가분석 → • 각 요인의 매개효과 검증

[그림 5-3] 결과의 주요 사항

(1) 기초통계

연구자는 기초통계로 기술통계, 상관관계, t검정 및 신뢰도분석을 실시하였다. 이때 예시논문에서는 기술통계 및 상관관계를 표로 간략히 제시했다는 특징을 보이고 있다(기술통계의 상세내용은 방법의 연구대상에 기술되어 있음). 또한 마스크 착용 빈도와 문화 간 차이가 있는지 t검정을 실시하였다.

기술통계

먼저 연구참여자들의 모든 변인 간의 상관관계표를 보고한다.

표 1 연구에 사용된 모든 변인 간의 상관관계를 한국과 미국 표본집단별로 구분하여 나타낸 표

	AM	NM	Pri	Dis	Wea	Fre	Soc	Cro	Pre	Who	Gen	Age	Pol	SES
AM	1	.18**	.05	−.05	.16*	.30**	.22**	.26**	.18**	.2**	.14*	.09	−.12	−.00
NM	.09	1	.36**	.23**	.29**	.37**	.28**	.29**	.27**	.24**	.03	.07	.08	.14*
Pri	.04	.05	1	.48**	.56**	.39**	.28**	.13*	.36**	.44**	.05	−.05	.33**	.17*
Dis	−.15**	−.08	.34**	1	.46**	.31**	.33**	.26**	.49**	.37**	.05	−.09	.30**	.01
Wea	−.06	−.08	.28**	.51**	1	.37**	.32**	.34**	.41**	.50**	.12	−.14*	.18**	.09
Fre	.23**	.04	.08	−.08	−.07	1	.39**	.42**	.38**	.33**	.09	.06	.01	.11
Soc	.10	.08	.20**	.18**	.15**	.11	1	.38**	.42**	.37**	.01	−.00	.19**	.07
Cro	.14**	.04	.13*	.12*	.14*	.20**	.20**	1	.44**	.32**	.10	−.03	.07	.05
Pre	.11	.03	.05	.22**	.21**	.06	.36**	.26**	1	.48**	.09	−.01	.21**	.08
Who	.12*	.00	.04	.11**	.18**	.05	.22**	.36**	.40**	1	.12	−.09	.19**	.18**

Gen	.16**	.03	.02	−.17**	−.06	.06	.01	−.08	.04	.03	1	.05	.07	−.12
Age	−.11	.08	.04	−.10	−.08	.01	−.18**	−.09	−.18**	−.07	−.15**	1	.15**	.18**
Pol	−.01	.04	.04	.10	.11	−.04	.04	−.12*	−.03	−.08	−.06	−.08	1	.09
SES	−.08	.01	−.09	−.02	−.04	.08	.04	.05	−.05	.03	−.15*	.19**	.00	1

주: 대각선 위쪽은 미국표본, 아래쪽은 한국표본의 통계치이며, 각 변인의 줄임말은 다음과 같다. AM: 실제 마스크 착용 빈도, NM: 제 기능을 하지 않는 마스크 착용 의향, Pri: 마스크 가격, Dis: 착용 시 불편감, Wea: 날씨, Fre: 자유의지, Soc: 사회적 비난 가능성, Cro: 군중밀집도, Pre: 타인의 존재, Who: 누구와 함께인지, Gen: 성별, Age: 나이, Pol: 정치적 성향, SES: 사회경제적 지위.

*$p \le .05$, **$p < .001$

마스크 착용의 실제 빈도와 의향의 문화차이 검증

독립 t-검정 결과 한국인이 미국인보다 더 자주 마스크를 착용하는 것으로 나타났다[t(559) =−16.93, $p<.001$, 한국 M =6.71, SD=0.66 미국 M=5.17, SD=1.45]. (중략) 따라서 참가자들이 단순히 마스크를 착용하는 습관 때문에 제 기능을 하지 못하는 마스크를 쓰겠다고 응답했을 가능성은 높지 않다.

(2) 요인 간 평균비교

다음으로 연구자가 분류한 개인적 요인과 사회적 요인의 평균비교를 실시하였다. 분석은 두 문화집단(미국/한국)과 두 요인(개인적/사회적) 간 비교이므로 2×2 혼합 ANCOVA 분석을 하되, 나이, 성별, 정치 성향 및 사회경제적 지위를 통제하여 분석을 실시하였으며, 이를 통해 본 연구의 가설을 검증하고자 하고 있다. 그 과정에서 문화와 요인 간 유의미한 상호작용 효과가 관찰됨에 따라 이에 대해 더 자세히 확인하기 위하여 t검정을 추가로 실시하였다.

분석 결과, 문화의 주 효과[$F(1,504)=8.04$, $p=.005$, $n_p^2=.02$]와 요인의 주 효과가 유의했다[$F(1,504)=28.79$, $p<.001$, $n_p^2=.05$], 미국인 참가자들보다 한국인 참가자들이 전반적으로 주어진 요인들을 더 많이 고려하는 것으로 나타났고(미국 M=4.53, SE=0.07; 한국 M=4.79, SE=0.06), (중략) 하지만 가장 중요한 결과인 문화와 요인 간 상호작용 효과도 관찰되었다[$F(1,504)=229.13$, $p<.001$, $n_p^2=.31$].

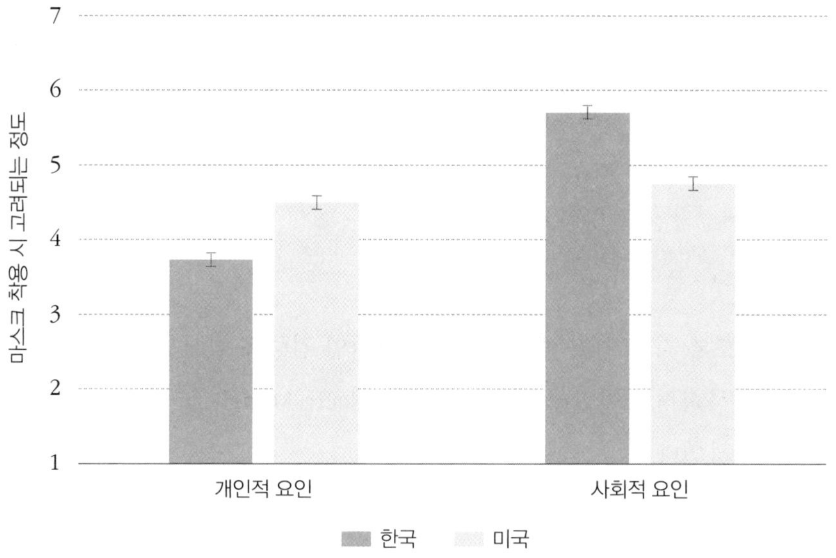

[그림 1] 문화별로 나타난 마스크 착용에 고려되는 두 요인의 평균 점수
주: 오차막대는 ±1 평균오차를 의미한다.

이 차이를 조금 더 자세히 확인하기 위해 두 집단 간 개인적 요인의 평균 차이를 독립집단 t-검증으로 분석해 보니 문화차이가 유의했다[$t(559)=7.67, p<.001, d=0.65$].

표 2 마스크를 착용할 때 고려하는 여덟 가지 항목의 중요도에 나타난 집단 간 평균 차이 및 독립 t-검정 결과

요소	한국의 평균과 표준편차	미국의 평균과 표준편차	효과크기(d)
마스크의 가격	$2.74^a(1.73)$	$4.27^b(1.82)$	0.86
착용 시 불편감	$3.85^a(1.79)$	$4.46^b(1.71)$	0.35
날씨	$2.93^a(1.79)$	$4.50^b(1.74)$	0.89
자유의지	$5.52^a(1.52)$	$4.88^b(1.63)$	0.41
사회적 비난 가능성	$5.41^a(1.62)$	$4.81^b(1.61)$	0.37
장소의 군중밀집도	$6.28^a(1.28)$	$4.89^b(1.69)$	0.93
타인의 존재	$5.66^a(1.63)$	$4.74^b(1.72)$	0.55
누구와 함께인지	$5.57^a(1.58)$	$4.72^b(1.59)$	0.54

주: a를 표시한 값과 b를 표시한 값의 차이는 모두 유의확률 .001 미만의 차이이다.

종합하면, 사회적 요인은 상대적으로 한국에서 더 중요하고, 개인적 요인은 상대적으로 미국에서 더 중요하게 고려되어 연구의 가설과 일치한다고 볼 수 있다.

t검정에서 효과크기란 두 집단의 평균 차이를 일정한 기준으로 표현한 것으로, Cohen 의 *d*값 해석방법은 작은 효과(0.2), 중간 효과(0.5), 큰 효과(0.8)의 기준으로 살펴볼 수 있다.

(3) 추가분석

연구자는 빈도와 각 요인이 매개되는지 추가적인 검증을 실시하였다. 각 요인은 개인적 요인과 사회적 요인인데 Hayes Process Macro Model 4를 이용하여 그에 대한 분석을 실시하였다.

개인적 요인의 매개효과 유의성

실제 마스크 착용 빈도와 제 기능을 하지 않는 마스크 착용 의향에서 나타나는 문화차이는 개인적 요인의 문화차이에 의해 매개되지 않았다. 먼저 실제 마스크 착용 빈도를 종속변인으로 두었을 때, 문화에서 개인적 요인으로의 회귀계수는 통계적으로 유의미하였으나(b=–0.57, SE=0.11, p<.001), 개인적 요인과 마스크 실제 착용 빈도 사이에는 유의미한 관계가 없었다(b=0.00, SE=0.05, p=.98).

집단차이 연구의 경우 집단차이 방법뿐만 아니라 추가분석을 위한 매개효과 검증처럼 연구목적 및 연구자의 의도에 따라 다양한 연구방법을 혼합하여 검증할 수 있다.

4) 논의의 주요 사항

논의에서는 본 연구에 대한 전반적인 내용을 재안내함으로써 연구의 목적과 의의를 상기시키고, 연구결과를 바탕으로 연구가설에 대한 답을 내리고 있다. 이를 바탕으로 주요 의의를 정리한 후, 그럼에도 본 연구의 한계점에 대해 명확히 제시하고, 이를 바탕으로 진행된 내 연구에 대한 함의를 기술하였다.

전체연구의 종합정리	• 본 연구 재안내 및 연구가설에 따른 결과 종합정리
연구결과의 함의	• 문화권에 따른 마스크 착용 차이 • 코로나19 대응책에 대한 제언 • 문화에 따른 다양한 사회문제적 접근방향 모색
연구의 한계점	• 연구결과에서의 한계 • 연구방법에서의 한계 • 문화관점에서의 한계

[그림 5-4] 논의의 주요 사항

(1) 전체연구의 종합정리

본 연구가 이루어지게 된 전반적인 내용과 연구가설에 대해 다시 한번 종합정리를 한 후, 연구결과에 따른 연구가설의 답을 밝히고 있다.

> 본 연구에서는 사람들이 코로나19 상황에서 마스크를 왜 착용하는지에 있어서 문화차이를 조사하였다. 우리는 실제 마스크 착용 빈도가 미국에서보다 한국에서 더 클 것을 예측했고 마스크 착용 의향에 있어서 서구문화권인 미국 사람들에게는 동양권의 사람들에 비해 개인적 이유가 더 클 것을, 동양문화권인 한국 사람들에게는 서구권의 사람들에 비해 사회적 이유가 더 클 것을 예측했다. (중략) 연구결과 위 가설들은 지지되었다. 한국인이 미국인보다 더 자주 마스크를 착용하는 것으로 나타났으며, 심지어는 마스크가 제 기능을 못할지라도 착용할 의향이 한국인들에게서 유의하게 더 높게 나타났다. 또한 마스크 착용 의향과 관련된 이유들을 개인적 요인과 사회적 요인으로 분류하여 분석하였을 때도 문화차이가 있었다.

(2) 연구결과의 함의

연구가설과 그에 대한 결과까지 제시되었다면, 이제 그 결과의 의미에 대해 충분히 고찰하여 제시하여야 한다. 단순히 연구문제나 연구가설에 대한 답을 제시하는 경우는 그 연구의 의미가 반쪽에 그칠 뿐이다. 따라서 왜 이러한 결과가 나왔으며, 이러한 결과가 이론적 · 실천적 · 사회적으로 어떠한 의미를 가지며, 그 의의가 무엇인지 끊임없이 고민을 하고 고찰한 내용을 밝힐 때 연구가 완성된다고 볼 수 있다.

① 문화권에 따른 마스크 착용 차이

연구가설이 지지된 연구결과와 기존 선행연구의 종합고찰을 통하여 문화권에 따른 마스크 착용의 차이에 대해 연구자의 함의를 풀어내고 있다.

> 이는 기존의 뉴스 기사(Montpetit & MacFarlane, 2020; Shumaker, 2020) 및 여론조사(Kramer, 2020)가 보고한 바와 같이 서구권보다 동양권에서 더 적극적으로 마스크를 쓰는 경향이 있음을 뒷받침한다. 더욱이 한국인들이 미국인들보다 사회적 요인을 더 중시하고, 사회적 요인을 중요히 생각할수록 기능하지 않는 마스크라도 착용할 의향이 높았다. 이 결과는 한국이 집단주의 문화의 특징인 집단의 이익과 조화를 중요하게 여기는 사회라는 것을 보여 주며, 어떻게 한국에서는 마스크 착용 의무화 정책이 일상에 쉽게 녹아들 수 있었는지 부분적으로 설명해 줄 수 있다.

② 코로나19 대응책에 대한 제언

연구자는 연구결과를 바탕으로 문화 특성에 따른 효과적인 대응 방향, 집단주의 성향이 코로나19 확산을 막는 심리적 기제로서의 가능성 및 백신과 치료제에 대한 태도 등 코로나19 대응책에 대해 제안하였다. 그중 일부의 제안을 요약하면 다음과 같다.

> 또한 본 연구의 결과는 코로나19에 맞서는 대응책들이 어떻게 각 문화의 특성에 맞춰 최대의 효과를 낼 수 있을지 구상함에도 도움이 될 수 있다. 개인주의 문화에서는 개인의 이익이 최우선시되므로(Hofstede, 2001), 서구권에서는 코로나19 관련 조치들을 따르는 것이 스스로의 건강과 안녕, 직업과 경제적 상황과 같은 개인적 차원의 긍정적 영향을 강조한다면 더 효과적일 것이다. 반면 집단주의 문화인 동양

권에서는 집단의 조화가 중요하므로(Triandis, Bontempo, Villareal, Asai, & Lucca, 1988) 가족, 직장, 지역사회, 사회적 책임 등 타인과 관련된 요소들을 더 부각하는 것이 도움이 될 것이다.

③ 문화에 따른 다양한 사회문제적 접근방향 모색

또한 연구자는 코로나19 외에도 다른 사회적 문제에 대해서도 함의하고 있다.

본 연구의 결과는 코로나19 이외의 다른 사회적 문제와 관련해서도 의의가 있다. 본 연구의 결과는 집단에 위기가 있을 때는 집단주의 문화가 개인주의 문화보다 더 적응적일 수 있다는 선행연구들과 일맥상통한다(Murray, Trudeau, & Schaller, 2011; Schaller & Duncan, 2007). 일례로 한 연구는 집단주의 성향의 사람들이 개인주의 성향의 사람들보다 기후위기에 대처할 수 있는 친환경적인 행동을 하는 경향이 높다고 보고했다(Xiang, Zhang, Geng, Zhou, & Wu, 2019). 본 연구를 포함한 이러한 연구들은 집단적인 행동이 필요한 위기 상황에서는 문화적 성향의 고려도 필요함을 시사한다.

(3) 연구의 한계점

본 연구에 대한 전체적인 종합정리 및 연구결과에 대한 주요 함의까지 모두 살펴보았다면 이제 연구를 진행하며 가질 수밖에 없는 한계점에 대해 언급해야 한다. 한계점이란 연구를 제한하는 부분으로 생각될 수 있지만 반대로 내 연구의 한계점을 명확히 함으로써 연구의 제한점을 극복할 수 있는 부분이기도 하다.

통상적으로 논의의 마지막은 한계점을 제시한 후 이 연구만의 가치, 의의나 함의 등으로 다시 한번 정리한 후 논문이 마무리된다.

① 연구결과에서의 한계

다양한 연구의 한계점 중 먼저 연구의 결과만으로 이해나 해석이 어려운 점에 대한 한계점과 동시에 후속연구를 위한 제언을 함께 하고 있다.

> 나머지 일곱 가지 항목과는 달리 자유의지 항목만 유일하게 예상과 반대의 결과를 보였다. 이에 대해 추측해 볼 수 있는 이유로는 자유의지는 제시된 여덟 가지 항목 중에 가장 추상적인 개념이기에 설문 응답자들마다 다르게 해석하였을 가능성이 있다. (중략) 따라서 자유의지 항목만 예상과 다른 결과가 나온 점의 이해에 있어서는 그러한 가능성을 고려할 필요가 있으며, 더욱 정확한 원인 파악을 위해서는 후속연구로 확인할 필요가 있겠다.

② 연구방법에서의 한계

다음으로 방법적인 부분에서 마스크에 대한 부정적 태도나 착용자의 태도 등 측정오차에 대한 통제나 응답의 편향성을 배제하지 못한 한계점에 대해 제시한 후 후속연구를 위한 제언을 함께 하고 있다.

> 이와 같이 코로나19 이전에 이미 존재했을 수 있는 마스크에 대한 부정적인 태도를 고려하여 마스크에 대한 친숙성이나 마스크 착용자에 대한 태도를 측정하여 통제하였더라면 본 연구결과의 신뢰성이 더 높아졌을 수도 있다. (중략) 이처럼 본 연구에서는 문화 집단 간 평균 비교를 목적으로 하였기 때문에 표준화 없이 분석을 시행하고 그 결과를 보고하였지만, 문화 집단 간 응답 편향의 차이는 비교 문화 연구 결과에 중요한 함의가 있을 수 있기 때문에 후속연구에서는 이 부분에 대한 고려도 필요할 것이다.

③ 문화관점에서의 한계

끝으로 본 연구는 개인주의적 문화와 집단주의적 문화를 구분하여 연구가 이루어졌지만 그 외의 다른 문화차이 관점에서도 살펴볼 여지가 있음을 연구자는 밝히고 후속연구를 위한 제언을 함께 하고 있다.

> 일례로 문화적 빡빡함(cultural tightness)과 문화적 느슨함(cultural looseness)을 들 수 있는데, 기존의 연구들은 한국과 일본과 같은 '빡빡한' 문화권에서는 사회 규범 및 이탈 행동에 대한 처벌에 있어 엄격하고, 그 때문에 개인의 자유는 비교적 적다고 한다. (중략) 그러므로 왜 동양과 서양에서 코로나19 대응책들에 다르게 반응하는지 개인주의-집단주의 관점이 아닌 사회적 빡빡함-느슨함 관점으로도 설명할 수도 있다. (중략) 다양한 문화 요인들이 마스크 착용에 있어 나타난 문화차이와 어떻게 관련되어 있는지를 보다 체계적으로 연구할 필요가 있다.

참고문헌

강민혜, 정찬문, 나진경(2021). 코로나19와 마스크: 한국과 미국을 중심으로 본 마스크 착용에서의 동서양 문화차이. **한국심리학회지: 사회 및 성격, 35**(4), 44-103.

권경인, 김태선, 조수연(2018). 상담경력과 집단상담 윤리 인식: 한국과 미국 집단상담자 비교연구. **한국심리학회지: 상담 및 심리치료, 30**(4), 985-1007.

김동일, 우예영, 임정은, 이수빈, 승주석, 최수미(2020). 스마트폰 중독 예방 교육 프로그램 효과성 검증: 자기조절력을 중심으로. **상담학연구, 21**(5), 315-338.

김지윤, 김성연, 이동훈(2020). 비자살적 자해의 중단 및 유지집단 간 비교연구: 자해특성과 통합적 이론모델의 위험요인을 중심으로. **한국심리학회지: 상담 및 심리치료, 32**(3), 1095-1124.

유선미, 김정민(2018). 사회불안장애 청소년을 위한 인지처리과정 강화 인지행동치료 프로그램 개발 및 효과. **상담학연구, 19**(6), 267-289.

6장

메타분석

1. 메타분석의 이해

메타분석이란 동일한 주제에 대한 다양한 연구결과를 통계적으로 통합 또는 비교하는 과정을 통해 객관적이며 계량적으로 종합 분석하는 방법을 의미한다. 예를 들면, 특정 변인(예: 완벽주의)에 대한 다수의 연구물을 메타분석한다면, 완벽주의와 관련된 다양한 변인에 대한 관계를 종합적으로 알 수 있다. 또는 특정 프로그램(예: 진로지도)에 대한 다수의 연구물을 메타분석한다면, 진로지도 프로그램이 어느 정도 효과적이며, 어떠한 개입을 할 때 가장 효과적인지 종합적으로 분석할 수도 있다.

이처럼 메타분석은 동일한 주제에 대한 연구물들을 종합하여 재분석하는 것으로, 비슷한 연구들이 반복되는 비효율성과 개별연구의 한계를 극복하기 위해 종합적인 결과를 제시하며, 이를 바탕으로 연구의 새로운 가능성을 제시할 수 있다는 강점이 있다.

하지만 동일한 주제라고 하더라도 대다수의 연구결과는 각 연구마다 일관적이지 못하거나 간혹 상충되는 경우도 있다. 그 이유는 연구대상(표본)을 비롯한 가외변수 통제 등의 이유로 매번 동일한 환경에서 연구가 이루어질 수 없는 개별연구의 한계가 존재하기 때문이다. 따라서 개별연구의 한계를 극복하기 위한 방안으로 각 개별연구의 결과들을 종합하여 체계적이고 계량적으로 분석하고자 시도하였는데 이것이 바로 메타분석이다.

특히 메타분석의 필요성이 강조되는 상황은 동일한 주제의 연구결과가 서로 다르거나 또는 상충되어 이에 대한 종합적인 결과가 필요하다. 〈표 6-1〉을 살펴보자.

표 6-1 상관관계의 연구결과 예시

연구	표본	상관관계	유의확률
A	200	0.71	0.58
B	500	0.35	0.12
C	300	−0.23	0.51
D	400	0.41	0.05

이를 살펴보면, B와 D 연구의 연구자 및 연구결과를 살펴본 이들은 상관관계가 .3~.4 사이로 유의하다고 생각할 것이다. 반대로 A와 C 연구의 연구자 및 연구결과를 살펴본 이들은 상관이 없다고 생각할 것이다. 또 다른 예시인 〈표 6-2〉를 살펴보자.

표 6-2 집단 프로그램의 사전·사후 연구결과 예시

연구	실험집단(표본)	사전	사후	대응 t값	유의확률
A	12	15.05	18.07	−1.86	.01
B	15	12.62	22.48	−1.54	.05
C	18	22.48	21.13	−1.23	.12
D	14	19.81	25.98	−1.18	.00

이를 살펴보면, A, B 그리고 D 연구의 경우 사전에 비해 사후 값의 상승으로 A 집단 프로그램 효과를 확인할 수 있다. 그러나 반대로 C 연구의 경우는 사전과 사후 값이 거의 동일하거나 감소한 것을 확인할 수 있으며, 이는 집단 프로그램의 효과가 없음으로 판단될 것이다. 이처럼 동일한 주제의 연구라도 각 개별연구의 결과가 일관되지 못하거나 상충되는 경우 연구자는 연구결과에 대해 혼란스러울 뿐만 아

니라 어떠한 연구결과를 신뢰하여야 할지 판단하기 어려워지기 때문에 메타분석을 통한 종합적 결과 제시가 필요하다.

메타분석의 절차 및 결과를 이해하기 위해서는 각 개별연구의 효과크기(effect size), 효과모형, 이질성 및 출간오류에 대해 이해할 필요가 있다. 먼저 효과크기란 각 개별연구들의 상이한 측정도구를 하나의 공통된 단위로 변환시킨 메타분석에서의 분석 단위를 의미한다. 다시 말해, 변인 간 관계의 크기 또는 프로그램 처치로 인한 효과크기를 표현하는 값이다. 다음으로 평균효과크기를 산출하는 효과모형은 고정효과모형(fixed-effect model)과 무선효과모형(random-effect model)이 있다. 두 모형의 가장 큰 차이는 고정효과모형의 경우 각 연구들이 동일한 모집단을 공유하고 있다고 가정하는 것이며, 이와 반대로 무선효과모형은 각 연구들의 모집단이 서로 다르다고 가정하는 것이다. 한편, 이질성이란 각 개별연구에서 나타난 효과크기의 정도를 의미하며, 각 효과크기가 일관되지 않은 정도를 의미한다. 하지만 여기서 유의할 점은 모형의 선택 기준은 이질성(동질성)에 따라 결정하는 것이 아닌 분석논문의 특성을 고려하며, 개별연구들의 효과크기 분산의 의미를 해석하는 데 그 목적을 두어야 한다는 것이다.

끝으로 메타분석은 출간된 논문을 이용하기 때문에 출간오류를 검토할 필요가 있다. 일반적으로 연구에서 그 결과가 유의하지 않거나 또는 의미 없는 경우 제외되는 경향성이 있으며, 반대로 긍정적이고 통계적으로 유의한 결과가 더 쉽게 출간되는 경우가 더 많다. 물론 출간된 연구의 결과가 틀리거나 왜곡된 것은 아니나, 이러한 경향성은 개별연구물을 종합하여 결과를 도출하는 메타분석에서는 고려할 필요가 있다. 따라서 메타분석을 위해 수집된 개별연구들에 대한 출간오류를 검증하는 과정이 꼭 필요하다.

2. 메타분석의 절차

메타분석은 일반적으로 연구주제 선정 및 문제제기, 연구자료의 범위 선정 및 수집, 데이터 코딩, 통계 처리, 결과 제시 및 해석 순으로 이루어지며 그 절차는 다음과 같이 진행된다.

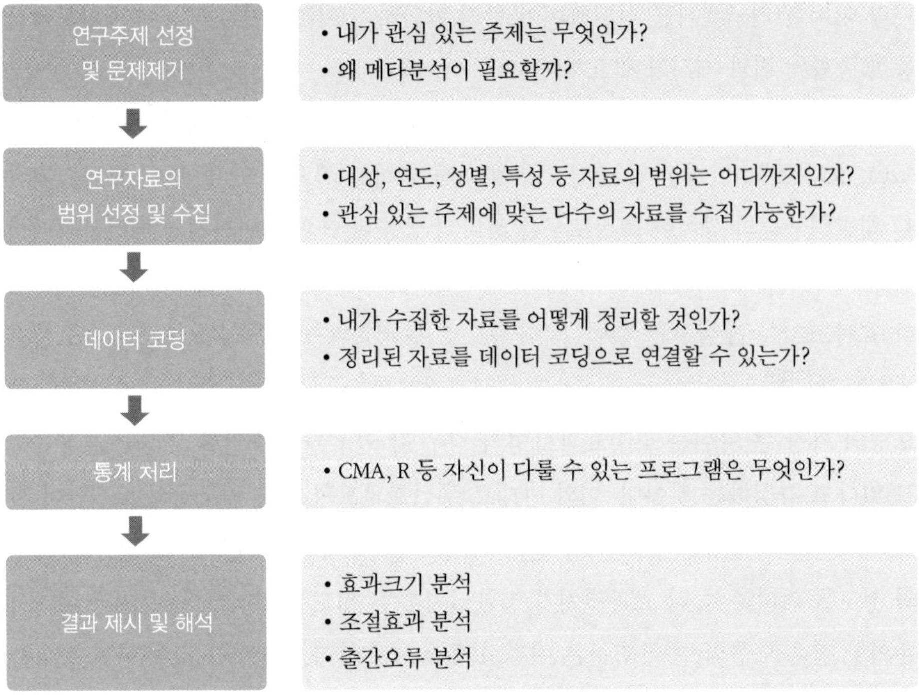

[그림 6-1] 메타분석의 절차

1) 연구주제 선정 및 문제제기

연구의 첫걸음이자 많은 고민을 하게 되는 부분이 바로 연구주제 선정일 것이다. 연구주제를 선정할 때는 내가 관심을 가지고 있으며 연구를 통해 밝히고자 하는 목적과 메타분석이 부합하는지를 먼저 확인해 보아야 한다. 이후 메타분석을 실시하기에 논문의 수가 적절한지 확인해야 한다. 이론적으로는 2편의 논문만으로도 메타분석이 가능하지만, 아무래도 결과의 정밀도나 신뢰도를 고려하여 다양한 추가분석을 할 수 있도록 적절한 논문의 수를 확인하는 것도 중요하다.

2) 연구자료의 범위 선정 및 수집

먼저 연구자료의 범위를 결정해야 한다. 다시 말해, 나의 연구주제 및 목적에 부합하는 자료의 범위와 선정기준을 가져야 하는데, 연구정보(저자, 출판 연도 등), 포함/배제 사유, 연구방법, 연구대상, 비교중재, 연구결과, 기타사항 등을 고려한 구체적인 기준을 수립한다.

다음으로 수립된 기준에 부합하는 검색어, 검색전략을 바탕으로 누리미디어(DBPIA), 한국학술정보(KISS), 국가과학기술정보센터(NDSL), 학술연구정보서비스(RISS) 등과 같은 주요 국내 데이터베이스를 이용하여 연구자료를 수집한다. 이때 검색된 연구자료 중 적절한 자료를 선택하는 작업으로 적어도 2명의 연구자가 독

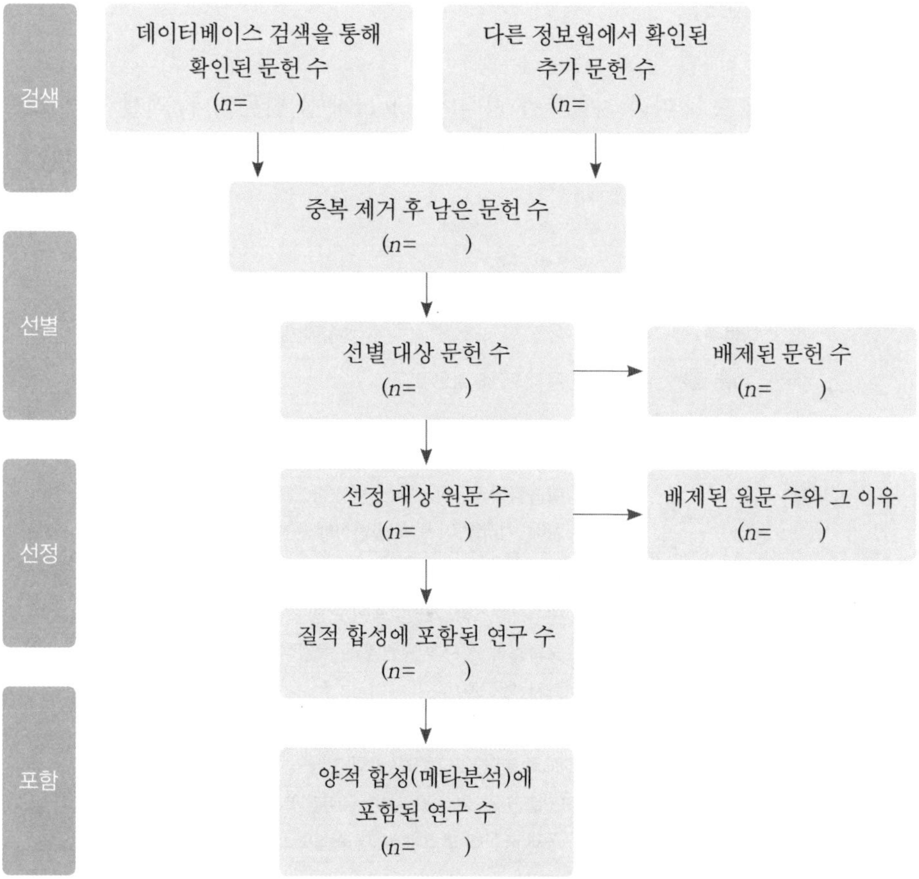

[그림 6-2] PRISMA의 한국어판 흐름도

립적으로 선정을 하고, 자료선택 결과에서 연구자 간에 불일치가 있는 경우 연구자 간의 토론 혹은 제3자의 검토를 통하여 불일치를 해소하고 자료수집 절차의 타당성을 갖춰야 한다. [그림 6-2]는 메타분석에서 적합한 분석자료를 선정하기 위하여 Moher, Liberati, Tetzlaff, Altman과 The PRISMA Group(2009)이 제안한 PRISMA의 한국어판 흐름도이다.

통상적으로 연구자료의 수집 및 데이터 코딩의 절차에서 연구자를 포함한 공동 연구자 또는 메타분석 논문을 작성해 보았거나, 게재 경험이 있는 대상과 함께 적합성 및 코딩의 오류를 검토하는 과정을 거쳐야 한다.

3) 데이터 코딩

연구자의 선호도에 따라 자료추출 형식(data format)을 만들거나, 엑셀 등의 소프트웨어에 직접 입력하거나, 수기로 작성한 후 자료 코딩표를 작성하기도 한다. 이

표 1 대상연구 분석 틀

대범주		하위범주
연구 기본 정보		저자, 제목, 출판 연도
연구 참여자 특성	대상 연령 및 학년	학령 전, 초등학교 저학년, 초등학교 고학년, 중학생, 고등학생
	장애 특성	학습장애 및, 학습부진, 발달장애(지적, 자폐성 장애), 중도 중복 장애, 기타(언어 및 뇌병변장애 등)
연구도구 특성	검사도구 유형	연구자 개발 검사도구, 표준화 검사도구
중재 처치	중재 방법	학습콘텐츠형, 개인맞춤형 모델링, 학습도구형, ACC
	중재 영역	교과영역, 정서적 지원영역, 직업적 지원영역, 그 외 영역
	중재 실시자	교사, 연구자
물리적 중재 특성	중재 장소	일반학급, 특수학급, 특수학교, 기타
	중재 실시 횟수	20회 미만, 21~30회, 31회 이상
	중재 시간	20분 미만, 21~30분, 31~40분, 41분 이상
	중재 충실도	중재 충실도 보고함, 중재 충실도 보고하지 않음

출처: 김동일, 조영희, 조은정, 임정은(2021).

단계는 실수가 빈번히 발생할 수 있는 단계이고, 잘못된 값 추출은 결과에 큰 영향을 미치게 되므로 주의를 기울여야 한다.

4) 통계 처리

앞서 코딩한 데이터를 바탕으로 메타분석을 실시한다. 메타분석을 실시하면 각 개별연구의 효과크기를 비롯한 전체연구의 효과크기, 유의성, 이질성, 동질성 등을 확인할 수 있다.

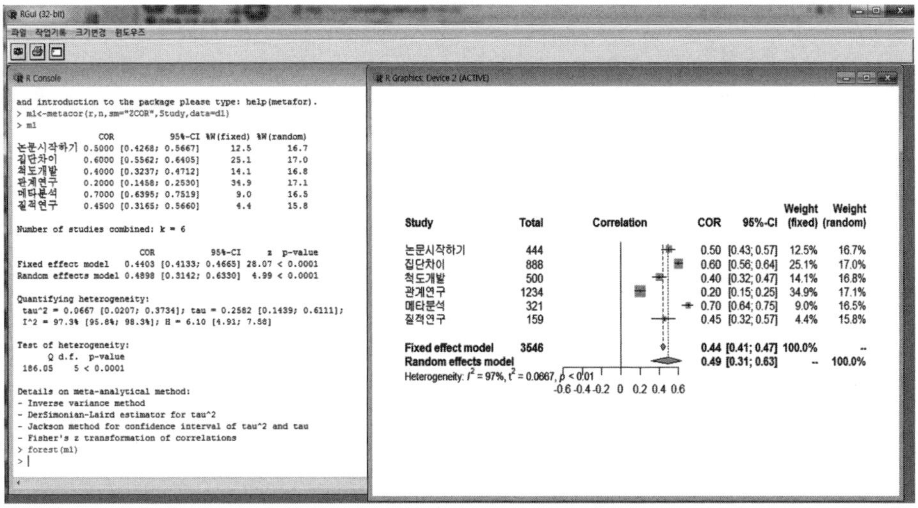

[그림 6-3] 통계 처리

5) 결과 제시 및 해석

메타분석의 결과 제시 순서는 일반적으로 효과크기 분석, 조절효과 분석 및 출간오류 분석의 순서로 이루어진다.

(1) 효과크기 분석

효과크기 분석에서는 변인명, 사례 수(K), 효과크기(ES), 신뢰도(95% CI), 동질성(Q), 이질성(I^2) 및 효과크기모형 등이 제시되어야 한다. 먼저, 개별연구 및 전체연구의 효과크기를 제시한 후, 효과크기의 정도(작은 · 중간 · 큰)를 해석한다. 또한 각 효과크기의 신뢰구간을 제시하는데 메타분석에서는 신뢰구간에 0을 포함하지 않을 시 통계적으로 유의하다고 해석할 수 있다. 그 외 동질성, 이질성, 유의확률, 효과크기 산출을 위해 선택한 모형 등 연구목적에 부합한 결과들을 제시하도록 한다. 효과크기 해석에는 Wolf(1986), Rosenthal과 Rubin(1982)의 지표 등 여러 견해가 있으나, 일반적으로 널리 사용되는 Cohen(1988)의 기준에 따라 제시하였다.

표 6-3 효과크기 분석

효과크기 해석	상관계수(r)	평균차이(d)
작은 효과크기	0.1	0.2
중간 효과크기	0.3	0.5
큰 효과크기	0.5	0.8

출처: Cohen (1988).

표 6-4 이질성 분석

이질성 해석	이질성(I^2)	신뢰구간
작은 이질성	I^2 25%	95% 신뢰구간 내 0을 포함하지 않을 시 통계적으로 유의함
중간 이질성	I^2 50%	
큰 이질성	I^2 75%	

출처: Higgins & Green (2011).

표 6-5 효과크기모형

효과크기모형	특징
고정효과모형 (fixed effect model)	• 모든 연구의 모집단의 효과크기가 동일함을 가정 • 산출된 결과를 모집단으로 일반화하기 어려움
무선효과모형 (random effects model)	• 모든 연구의 모집단의 효과크기가 다름을 가정 • 산출된 결과를 모집단으로 일반화할 수 있음
• 사회과학연구에서는 분석에 포함된 개별연구의 연구대상자, 개입 방법, 운영 방식 등이 다양하므로 서로 상이한 모집단을 가정하는 무선효과모형을 많이 사용하고 있음	

출처: Borenstein, Hedges, Higgins, & Rothstein (2009).

표 6-6 효과크기 분석의 예

표 2 외상 후 성장을 위한 치료적 개입의 평균 효과크기

종속변인	*k*	*ES(g)*	95% CI		U3(%)	*Q*	*p*	I^2
			LL	UL				
외상 후 성장	36	1.141	.870	1.411	87.29	144.426	.000	75.766
긍정성 변인	70	.979	.779	1.179	23.65	290.207	.000	76.224
부정성 변인	99	−.618	−.757	−.480	26.76	307.369	.000	68.119

출처: 김혜리, 한명호, 하늘(2020).

연구자의 연구설계에 따라 개별연구 및 전체연구의 효과크기 범주가 달라질 수 있다. 통상적으로는 공통된 범주의 개별연구 및 전체연구의 효과크기를 살펴볼 수 있으나, 앞의 예시처럼 보호요인-위험요인 등의 범주로 구분하여 살펴볼 수도 있다.

(2) 조절효과 분석

조절효과란 효과크기 간 이질성을 설명하기 위한 방법으로 대상자의 연령, 특성, 회기 수, 회기당 시간 등의 조절변인에 따른 효과크기 차이를 검증하는 방법이다. 결과의 해석은 효과크기 분석과 유사하며, 조절효과 분석의 방법은 동질성(Q)을 이용하며, 유의할 경우 조절효과가 있음을 의미한다($p<.05$).

표 6-7 조절효과 분석

조절효과 유무	조절효과 있음	조절효과 없음
조절변인 간 Q(동질성) 검증	$p<.05$	$p>.05$
예: 조절효과가 있는 경우	~(특성)에 따라 효과크기가 유의한 차이가 있는 것으로 나타났다(Q=1.123, df=5, $p<.05$)	
예: 조절효과가 없는 경우	~(특성)에 따라 효과크기가 유의한 차이가 없는 것으로 나타났다(Q=1.123, df=5, $p>.05$)	

(3) 출간오류 분석

앞서 설명한 바와 같이 메타분석은 출간된 논문을 이용하기 때문에 출간오류를 검토할 필요가 있다. 출간오류 분석은 분석 결과의 타당성을 알아보기 위한 방법으로써, 출간된 논문들의 편향성이나 표본 크기가 작은 연구가 상대적으로 큰 효과크기를 보이는 경향 등으로 인해 결과의 편향 가능성을 의심할 필요가 있다(황성동, 2014). 출판편향 검증방법으로는 깔대기 그림(Funnel Plot), Egger의 회귀분석, Fail-Safe N 및 Trim and Fill 방법 등이 있다.

표 6-8 출간오류 분석

출판편향	고려사항
깔대기 그림 (Funnel Plot)	• 연구의 분포, 대칭 정도에 따른 출판편향 분석 • 단, 시각적 평가에 의존하기 때문에 추가 검증이 필요
Egger의 회귀분석	• p<.05으로 귀무가설을 기각 시 출판편향 의심
Fail-Safe N	• Rosenthal 기준, N>5k+10 • N이 '5×개별연구+10'보다 적을 시 출판편향 의심
Trim and Fill	• 기존 추정치와 결측연구 보정 후 수정된 추정치 비교 • 추정치의 변화 정도가 크다면 출판편향 의심

출처: Duval & Tweedle (2000); Egger, Smith, & Altman (2003); Rosenthal (1979).

메타분석에서 출판편향이란 유의확률과는 조금 다른 의미를 가진다. 출판편향이 존재할 시, 연구결과가 유의하지 않는 것이 아닌 출판편향으로 인한 결과의 해석에 주의할 것을 의미한다.

3. 메타분석 논문 작성의 실제

메타분석 논문 작성의 실제를 살펴보기 위해 다음에 제시한 논문을 예시로 구체적인 메타분석 논문 작성방법을 살펴보고자 한다.

강선아, 김안나, 최보영(2020). 상담자 소진 메타 연구: 상담자 개인 요인 중심. **상담학연구**, 21(6), 1-27.

1) 서론의 주요 사항

서론은 독자의 관심을 끌기 위해 논문의 화두를 제시하고, 주요 주제에 대한 의미와 연구동향을 제시하여 연구의 필요성을 밝혀 연구목적을 이끌어 내는 논리적 과정으로 이루어지는데 메타분석에서도 동일한 구조를 가지고 있다. 먼저, 논문의 주요 이슈를 통한 논문의 화두를 제시하여 독자의 관심을 이끈다. 이후 메타분석을 진행할 주요 주제(변인 또는 프로그램)에 대한 선행연구를 고찰함과 동시에 메타분석에서는 주요 주제와 함께 메타분석 연구 고찰을 진행하는 차이점이 있다. 즉, 주요 주제 및 그에 따른 메타분석 연구에 대한 동향과 비판적 고찰이 진행된다. 이 과정을 종합 정리하여 연구목적 및 연구문제를 도출하게 된다. 메타분석 연구에서 서론의 흐름을 그림으로 나타내면 다음과 같다.

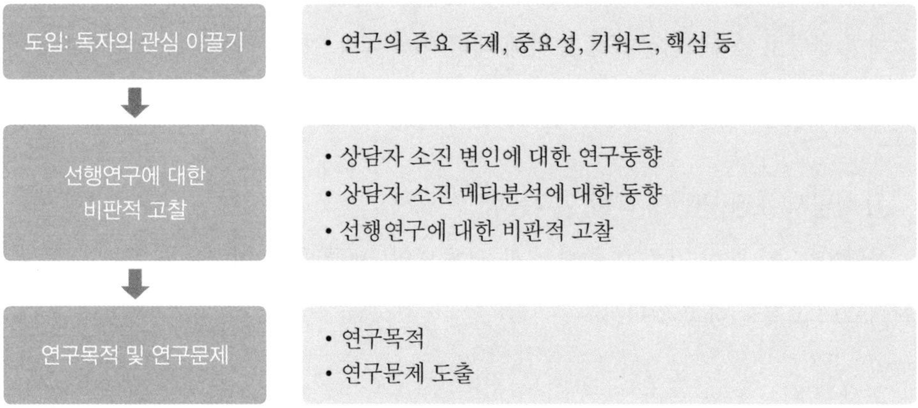

[그림 6-4] 서론의 주요 사항

(1) 도입: 독자의 관심 이끌기

상담자 소진에 대한 중요성과 이를 간과할 시 상담자뿐만 아니라 내담자, 나아가 상담에까지 부정적 영향을 미칠 수 있음을 밝힘으로써 상담자 소진에 대한 독자의 관심을 이끌고 있다.

> 상담은 '자신을 녹초로 만들면서 요구되는 것이 많은 직업'(Norcross, 2000)이다. 상담자 개인 요인, 내담자 요인, 환경 요인 등으로 인해 스트레스를 받게 되고, 이를 적절히 관리하지 않게 되면 정서적 소모감과 무기력을 경험하게 되어 상담에서 아무런 만족감과 성취감을 느낄 수 없게 된다(Maslach, 1982). 상담자에게 소진은 개인의 정신건강 및 심리적 안녕뿐만 아니라 내담자와의 상호작용과 상담성과에도 부정적인 결과를 초래하고 더 나아가 상담이라는 일의 의미와 가치에도 영향을 미치는 현상이라고 볼 수 있다.

(2) 선행연구에 대한 비판적 고찰

앞서 안내한 바와 같이 메타분석에서는 주요 주제와 함께 주요 주제에 대한 메타분석 연구의 동향과 비판적 고찰을 함께 진행한다. 이에 따라 예시논문에서도 연구주제인 상담자 소진 및 상담자 소진에 대한 메타분석 연구의 동향과 비판적 고찰이 이뤄지고 있다.

① 상담자 소진 변인에 대한 연구동향

상담자 소진 관련 기존 연구에 대한 선행요인, 분류체계, 연구동향 등에 대해 종합적으로 고찰을 하고 있다.

> 상담자 소진 관련 기존 연구들 대부분은 소진을 유발하는 선행요인과 관련된 것들인데, 선행요인은 다시 개인 요인, 내담자 요인, 직무환경 요인으로 분류하기도 하고(김정숙, 유금란, 2010; 최혜윤, 정남운, 2003), 개인 요인과 직무환경 요인으로 분류하기도 한다(기성진, 2012; 윤아랑, 정남운, 2011; Lim et al., 2010). (중략) 국

내의 소진 관련 연구는 2000년 이전에는 사회복지 혹은 의료 장면에 국한된 소수의 연구가 이루어지다가 아내 학대 관련 기관 상담원 소진에 대한 윤부성(2000)의 연구를 필두로 상담자 대상의 소진 연구가 꾸준히 증가해 왔다.

② 상담자 소진 변인에 대한 메타분석 동향

2000년부터 2020년 4월까지의 상담자 소진과 관련된 학술지 및 학위논문을 조사하고, 상담자 소진과 관련한 메타분석의 논문을 고찰하여 전반적인 상담자 소진 메타분석 연구에 대해 종합적으로 고찰을 진행하고 있다.

본 연구자가 확인한 바, 2000년부터 2020년 4월까지 국내에서 학술지 및 학위논문으로 출간된 상담자 소진 관련 연구는 총 380편으로 조사되어 상담자 소진에 대한 연구가 활발히 이루어지고 있음을 알 수 있었다. (중략) 먼저, 김승아(2016)는 2000년부터 2016년 3월까지 출간된 학술지 및 학위논문 116편의 연구를 대상으로 상담자 소진과 개인 및 환경 변인 간의 상관관계 메타분석을 하였다. (중략) 전문상담교사 대상의 임신일(2019)의 메타 연구에서는 총 23편 연구를 대상으로 일반특성 변인, 보호 변인, 위험 변인으로 구분하여 분석하였다.

③ 선행연구에 대한 비판적 고찰

상담자 소진 변인 및 메타분석 연구의 선행연구 고찰을 바탕으로 현재까지의 연구에 대한 진행 상황 및 한계점을 종합 정리하여 제시하고 있다.

그러나 이 연구는 연구대상을 전문상담교사로 한정하였다는 제한점이 있다. (중략) 본 연구에서 확인한 바 김승아(2016년 3월)의 메타 연구 이후 현재(2020년 4월)까지 약 4년간 출간된 상담자 소진 연구는 모두 179편으로, 이는 2000년부터 2020년까지 20년간 출간된 상담자 소진에 관한 연구 380편 중 절반(47%)에 가까운 수치이다. 즉, 김승아(2016)의 연구 이후 근 4년간 이루어진 연구가 지난 16년간 이루어진 연구물 편수와 비슷할 정도로 상담자 소진에 대한 연구가 급증한 것이다. 또 한 가지

흥미로운 점은 김승아(2016)의 연구에서 사례 수(k) 부족으로 분석에서 제외된 변인들을 살펴본 바 환경 요인보다는 개인 요인 관련 변인들이 다수임을 알 수 있었다. 실제로 김승아(2016)의 연구에서 심리 · 성격 측면에 포함시킨 변인은 스트레스 대처방식, 인지적 정서조절, 정서조절 방략, 심리적 안녕감, 삶의 의미, 성격5요인, 자아존중감, 자기효능감, 자아 탄력성에 그치고 있다.

(3) 연구목적 및 연구문제

종합고찰을 바탕으로 현재까지 이루어진 연구의 한계점을 극복하거나 발전할 수 있는 방향을 제시하며, 이를 위한 해당 연구의 설계 및 목적과 시사점을 안내한 후, 연구목적을 달성하기 위한 연구문제를 제시하고 있다.

이러한 맥락에서 본 연구는 상담자 소진 관련 개인 요인 중심으로 메타분석을 수행함으로써 최근 연구동향을 반영하여 상담자 소진 연구가 어떻게 진행되어 왔으며 관련 변인들이 구체적으로 어떤 영향을 미치는지 살펴보고자 한다. 그리고 이를 토대로 상담자의 자기돌봄과 소진 예방 방안을 모색하여 후속연구의 방향을 제안할 것으로 기대한다.
본 연구의 연구문제는 다음과 같다.

- 연구문제 1. 상담자 소진과 개인 변인군(인구 통계학적 변인군, 성격 및 정서 변인군, 스트레스 대처 및 인지적 정서조절 변인군, 상담자 개인성숙 변인군, 상담역량 변인군) 간의 상관관계 효과크기는 어느 정도인가?
- 연구문제 2. 상담자 소진과 관련 변인군과의 관계에서 조절요인(출간형태, 측정도구, 연구대상, 출간년도)에 따라 차이가 있는가?

2) 방법의 주요 사항

메타분석에서는 크게 자료의 논문의 수집 및 선정 절차, 코딩 방법 및 메타분석의 통계적 설명과 절차로 구성되어 있다. 연구자에 따라 이 과정을 통합 또는 세분화하여 기술하기도 한다.

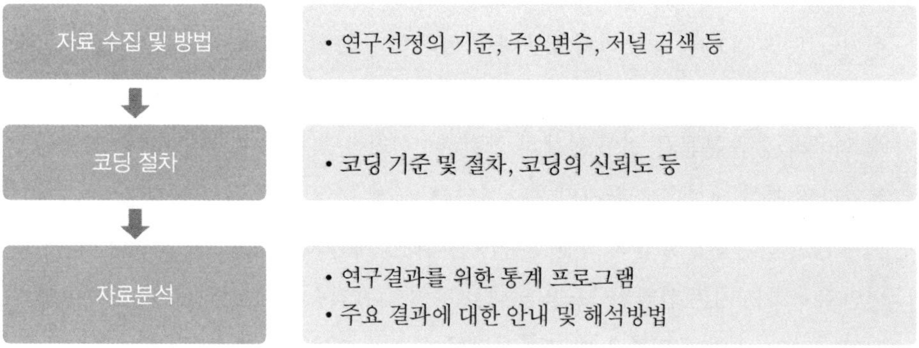

[그림 6-5] 방법의 주요 사항

(1) 자료 수집 및 방법

연구자료 수집의 범위를 제시한 후, 자료를 검토하는 과정 및 코딩 과정에 대해 안내한다. 이때 앞의 일련의 과정이 정확하고 객관적이며 적합하였는지에 대한 내용을 제시하여 자료 수집 과정의 신뢰성에 대해 안내하는 것이 필요하다.

> 본 연구는 2000년부터 2020년 4월까지 상담자 소진과 이와 관련된 개인 요인과의 관계를 밝힌 국내에서 발표된 학술지 및 석·박사 학위논문을 대상으로 하였다. (중략) 자료선정 일련의 과정은 2명의 연구자가 수행하였으며, 최종 선정된 논문의 적합성은 3명의 연구자가 함께 검토, 확인하였다. 그리고 메타분석 자료의 코딩 과정에서 생기는 오류를 범하지 않기 위해서 코딩 작업 후 대상 연구 중 50%의 연구물을 무작위 추출하여 2명의 연구자가 각각 코딩한 후 평가자 일치도를 확인하고 오류를 확인, 수정하였다.

(2) 코딩 절차

데이터 코딩의 주요 절차에 대한 안내 및 분석에 사용될 자료의 기준을 제시한 후 이에 따라 코딩이 이루어지게 된다. 자료의 기준에 따라 논문을 선정하며, 기준에 부합하지 않을 시 제외한 논문의 기준도 함께 제시한다면 더욱 신뢰할 수 있는 절차를 나타낼 수 있다.

이메일, SNS, ZOOM 화상 미팅을 통하여 여러 차례 논의 및 합의 과정을 거쳤고, 중요한 사항은 6회의 대면 미팅을 통하여 결정하였다. 첫째, 척도개발 연구와 유형 탐색 연구의 경우 본문을 열어 상세히 살핀 후, 심리적 소진과의 인과관계를 기술해 놓았다면 분석 대상에 포함시키기로 하였다. 둘째, 심리적 소진의 전체 값이 제시되지 않고 하위 값으로만 제시된 경우는 분석대상에서 제외시키기로 하였다. 셋째, 변인 유목화는 기존 선행연구들을 토대로 하였으나(김승아, 2016; 윤아랑, 2011; 임신일, 2019), 소진에 영향을 미치는 상담자의 개인 요인에 초점을 둔 본 연구의 색깔이 잘 드러나도록 하는 데 중점을 두었다. (중략) 넷째, 관련 변인의 전체 상관 값과 하위 상관 값이 모두 제시된 경우, 전체 값을 분석에 사용하였다. (중략) 다섯째, 어떤 한 변인을 측정할 때 동일한 척도를 사용하지는 않았으나 이론적 개념과 측정 목표가 유사하다고 합의된 경우, 통합하여 살펴보기로 하였다. 본 연구에서는 상담자 자기효능감, 공감 능력, 삶의 의미와 같은 변인이 이에 해당된다.

(3) 자료분석

자료분석에서 메타분석을 위해 사용될 통계 프로그램 및 결과 제시를 위한 과정과 주요 내용에 대해 안내하여야 한다. 효과크기모형 선정기준, 이질성 및 출간오류 분석방법 등에 대해 자세히 작성해야 하는 이유는 데이터에 따라 분석 단위가 달라지며 모형선정 및 검증방법이 다양하기 때문이다.

자료분석은 R프로그램 4.0.0 version을 이용하였다. (중략) 본 연구는 서로 독립적인 개별연구에서 산출된 효과크기가 분석대상이므로 연구 간 이질성을 가정하였고, 동질성 검정 결과 모든 자료가 이질적인 것으로 나타났기 때문에 무선효과모형을 적용하여 효과크기를 산출하였다. (중략) 그다음으로 각 연구에서 나타난 효과크기의 분포 정도 및 연구 간 효과크기가 일관되지 않는 정도를 알아보기 위해 이질성(heterogeneity) 검증을 하였다. (중략) 마지막으로, 본 연구에서 분석을 통해 얻은 결과가 얼마나 신뢰할 만한 것인지 확인하기 위해 출간오류 분석을 진행하였다.

3) 결과의 주요 사항[1)]

메타분석 결과에는 분석논문 특성(선택), 효과크기, 조절효과 및 출판편향 내용이 기술된다. 이 중 분석논문의 특성이란 논문의 출판 연도·형식 또는 사용된 척도나 이론 등의 논문 특성을 요약 정리하는 것을 말한다. 이러한 결과를 나타내는 것이 일반적이지만 생략하는 경우도 있다.

기술통계	• 연구를 위해 수집된 논문에 대한 기술통계
⬇ 주요분석	• 수집된 논문을 바탕으로 효과크기 결과 제시 • 수집된 논문을 바탕으로 조절효과 결과 제시
⬇ 출간오류	• 결과 해석 시, 일부 논문의 편향성 및 결과에 영향을 미치는 정도를 파악

[그림 6-6] 결과의 주요 사항

> 출간오류의 경우, 연구자에 따라 주요분석에 앞서 출간오류 검증 결과를 제시하거나 또는 주요분석이 완료된 후 마지막에 출간오류 검증 결과를 제시하는 경우도 있다.

(1) 기술통계

타 연구방법의 인구통계학적 제시와 마찬가지로 메타분석은 논문을 대상으로 연구가 이루어졌기에 타 연구방법의 인구통계학적 제시와 마찬가지로 본 연구에서 사용된 논문에 대한 기술통계를 제시한다.

---

1) 학술지 내 연구결과에서 영문 표기의 경우 국문으로 번안하여 제시하였다.

최종 분석대상인 136편의 논문에서 316개의 효과크기를 산출하였고, 일반적 특징은 <표 3>과 같다. 상담자 소진 관련 국내연구는 2000년 1편을 시작으로 하여 꾸준히 증가해 왔으며, 김승아(2016)의 메타분석이 이루어진 2016년 3월 이후에 출간된 연구는 60편이다.

표 3 일반적 특징

	분류	계	비율(%)	사례 수(k)
출판 연도	2016~2020	63	46.3	127
	2011~2015	52	38.2	129
	2006~2010	18	13.2	49
	2000~2005	3	2.2	11
출간형태	학술지	56	41.2	130
	학위논문	80	58.8	186

(2) 주요분석

메타분석을 통해 분석할 수 있는 다양한 고급통계방식이 있으나, 일반적으로 효과크기 및 조절효과에 대한 결과를 기본적으로 제시하고 있어 이에 대한 내용을 다루고자 한다.

① 효과크기 결과

효과크기에 대한 결과를 제시하며, 사례 수 · 효과크기 · 유의확률 · 동질성 · 이질성 등의 결과를 내 연구의 목적에 따라 제시한다.

상담자 소진 관련 변인군 및 변인군별 개별변인의 효과크기 분석 결과는 <표 4>와 같이 나타났다. 관련 변인군 중 효과크기가 가장 큰 변인군은 상담자 개인성숙 변인군(−.482)이며, (후략)

표 4 상담자 소진 관련 변인군 및 개별변인의 효과크기

변인	하위변인	k	Es_r	95% CI		Q	I^2(%)	Qb
				LL	UL			
인구통계학적 변인	나이	19	−0.231	−.027	−0.181	43.83	58.9	29.57***
	학력	7	−0.093	−0.142	−0.043	6.08	1.3	
	성별	3	0.083	−0.054	0.217	4.66	57.1	
	결혼 유무	4	−0.220	−0.293	−0.144	0.67	0	
	경력	19	−0.139	−0.223	−0.054	133.73	86.5	
	전체	52	−0.169	−0.203	−0.120	243.28***	79	

$^{***}p < .001$

② 조절효과 결과

메타분석에서 조절효과란 같은 그룹 내 차이 정도를 살펴보는 것으로, 예컨대 성별에 대한 조절효과란 남성과 여성에 따른 효과크기의 차이가 있는지 살펴보는 것이다. 또 다른 예는 각 학교에 대한 조절효과를 살펴보고자 할 때 A학교, B학교, C학교에 따른 효과크기의 차이가 있는지 살펴보는 것이다.

이는 각 연구에서 나타난 효과크기의 차이가 크고 일관되지 않음을 의미한다. 따라서 효과크기 간에 이질성이 나타난 이유를 알아보기 위해서 출간형태, 측정도구, 연구대상을 조절요인으로 하여 메타 ANOVA를, 출간연도를 조절요인으로 하여 메타 회귀분석을 실시하였고 결과는 〈표 5〉에 제시하였다.

표 5 조절효과 분석(메타 ANOVA)

변인	조절변인		k	Es_r	95% CI		Q	I^2(%)	Qb	R^2
					LL	UL				
인구통계학적 변인	출간형태	학술논문	34	−0.140	−0.193	−0.087	125.97	73.8	1.83	0%
		학술지	18	−0.201	−0.269	−0.130	114.45	85.1		

(3) 출간오류

출간오류란 연구를 위해 수집된 논문 중 편향된 논문으로 인하여 연구결과에 어느 정도 영향을 미치고 있는지 확인하여, 연구결과의 신뢰성을 확인하는 과정을 의미한다.

출간오류 검증을 위해 우선 변인군별로 깔대기 도표(funnel plot)의 시각적 분석을 진행하여 자료 분포가 대칭적으로 분포하는지를 확인하였다. 그 후 통계적 유의성을 판별하기 위해 Egger의 회귀분석을 시행하였는데 모든 변인군에서 통계적으로 유의하지 않았다(〈표 6〉 참조).

표 6 Egger의 회귀분석

	인구통계학적 변인	성격과 감정		스트레스 대처와 인지감정조절		상담자 개인성숙	상담역량
		보호	위험	보호	위험		
초기값	–0.787	1.258	1.405	–5.550	–4.569	1.258	1.751
t	–0.583	1.015	0.725	–1.656	–0.872	1.015	0.823
p	0.563	0.315	0.472	0.117	0.400	0.315	0.419

그리고 나머지 변인군들의 경우는 비대칭을 교정한 후의 깔대기 도표는 [그림 1], [그림 2]와 같다. 그러나 〈표 6〉에서 보듯이 기존의 효과크기 값과 교정 후의 효과크기 값이 일치하지는 않으나 앞선 Egger의 회귀분석에서 통계적으로 유의하지 않음이 밝혀졌고, 기존 값과 교정 값의 차이가 적어 연구결과에 영향을 미칠 만큼의 편향은 없는 것으로 해석할 수 있다.

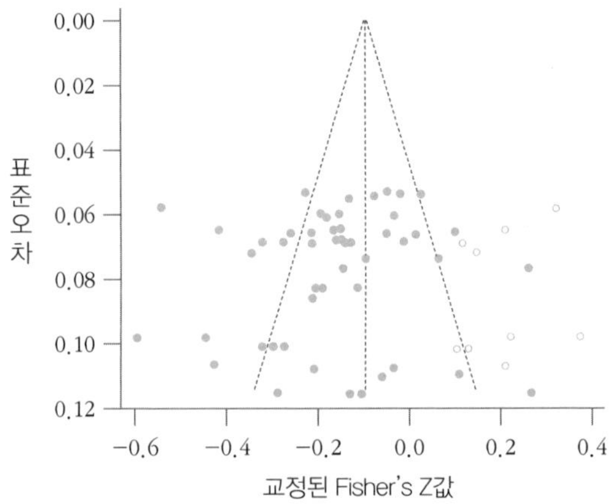

[그림 1] 인구통계학적 변인

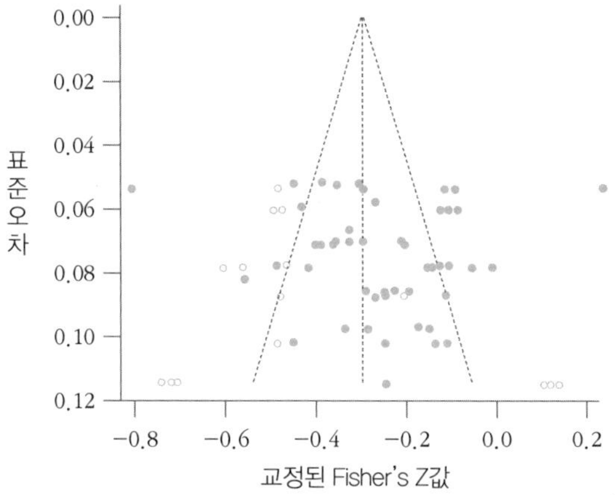

[그림 2] 성격 및 감정 보호변인

4) 논의의 주요 사항

메타분석 논의도 일반적인 논의 기술과 그 맥을 함께한다. 본 연구에 대한 개요에 대해 안내한 후, 연구문제에 따른 결과와 그에 따른 선행연구와의 비교를 통해 내 연구의 의의를 제시한다. 연구문제에 따른 의의를 종합하여 내 연구의 공헌점과 시사점에 대해 기술한 후, 이를 바탕으로 내 연구의 한계점과 이를 극복하기 위한 방

본 연구의 목적	• 연구를 통해 무엇을 밝히고자 하였는지 요약 기술
↓	
연구결과의 설명 및 해석	• 결과를 바탕으로 연구문제에 대한 답을 제시 • 선행연구 일치 여부와 이러한 결과에 대한 연구자의 해석 • 선행연구와 불일치 시, 그 이유에 대한 연구자의 해석
↓	
연구의 의의	• 연구를 통한 기여점 및 이론적 · 실천적 관점의 시사점
↓	
한계점 및 제언	• 연구의 한계와 이를 극복하기 위한 대안 • 후속연구에 대한 제언

[그림 6-7] 논의의 주요 사항

향 및 후속연구에 대한 제언으로 마무리한다.

(1) 본 연구의 목적

본 연구의 목적과 이를 달성하기 위한 절차를 포함한 본 연구의 대한 주요 목적에 대해 안내한다.

본 연구는 상담자 소진과 관련된 개인 요인들을 인구통계학적 변인군, 성격 및 정서 변인군(보호 및 위험), 스트레스 대처 및 인지적 정서조절 변인군(보호 및 위험), 상담자 개인성숙 변인군, 상담역량 변인군으로 분류하여 상관계수 효과크기를 살펴보았다. 그리고 모든 개별변인군에서 효과크기의 이질성, 즉 효과크기의 차이가 큰 것으로 나타나 그 이유를 탐색하고자 출간형태, 측정도구, 연구대상, 출간년도를 조절요인으로 하여 메타 ANOVA 및 메타 회귀분석을 실시하였다. 선행 메타 연구인 김승아(2016) 연구와 본 연구의 가장 큰 차별점은 개인 변인군에 속하는 개별변인의 수가 대폭 증가하여 상담자 소진에 영향을 미치는 다양한 개인 요인을 살펴볼 수 있었다는 점이다.

(2) 연구결과의 설명 및 해석

본 연구목적을 달성하기 위해 제시한 연구문제의 순서에 따라 연구문제의 답과 선행연구 고찰, 이를 통한 연구결과에 대한 의미와 시사점에 대해 정리한다.

먼저, 상담자 소진 관련 변인군 중 효과크기가 가장 큰 변인군은 상담자 개인성숙 변인군(−.482)이었고, 이 변인군은 14개의 개별변인을 포함하고 있어 다른 변인군에 비해 개별변인의 수가 월등히 많았다. 그리고 상담역량 변인군(−.480)의 경우, 포함하는 개별변인은 3개로 적지만 상담자 개인성숙 변인군과 거의 비등하게 큰 효과크기를 보이고 있다. (중략) 한편, 가장 큰 효과크기를 보인 개별변인은 자아 탄력성(−.670)인데, 이는 선행 메타분석 연구들과 일치하는 결과이다. 전체 상담자 대상의 김승아(2016) 연구와 전문상담교사 대상의 임신일(2019) 연구에서 자아 탄력성의 효과크기가 동일하게 −.700로 여타의 변인들 중 가장 큰 효과크기를 보였다. 자아 탄력성은 '외적, 내적 스트레스에 맞서 유연하고 풍부하게 적응할 수 있는 일반적 능력'을 말한다(Klohnen, 1996: 김가은, 선우현, 2012, 재인용). (중략) 따라서 자기 자비는 내담자와의 관계에서 보다 더 공감적인 태도로 임하게 하여 내담자와의 작업동맹에 긍정적인 영향을 미치게 된다(노지애, 조현주, 2015). 이처럼 마음 챙김, 자기 자비, 자기 위로, 자기 돌봄 등의 연결고리는 결국 상담역량으로 이어지고, 이는 다시 자존감, 자기효능감, 자아 탄력성을 강화시키고 다시 또 순환된다고 볼 수 있겠다.

통상적으로 연구결과에 대한 논의에서는 내 연구의 문제에 대한 답(결과)을 제시한 후, 선행연구와의 일치 여부를 확인하고 이를 통한 연구결과의 의미에 대해 논의한다. 만일 선행연구와 일치하지 않는다면 그 이유에 대해 설명한 후 그 의미에 대해서도 함께 논의하여야 한다.

(3) 연구의 의의

본 연구의 목적 및 연구결과의 의미와 시사점을 종합 정리하여 본 연구의 의의를 제시한다. 통상적으로 메타분석 실시를 위해 수집한 많은 논문을 바탕으로 주요 주제와 관련한 전반적인 연구동향을 알 수 있으며, 각 연구에서 사용된 상이한 측정도구를 하나의 분석 단위인 효과크기로 변환함으로써 각 효과의 순위를 확인할 수 있는 큰 특징을 가지고 있다.

이상의 결과와 논의점을 바탕으로 한 본 연구의 의의는 다음과 같다. 첫째, 본 연구는 상담자 전체를 대상으로 상담자 소진에 영향을 미치는 개인 요인에 초점을 맞추어 지난 20년간의 선행연구들을 메타분석하였다. (중략) 둘째, 본 연구에서 좀 더 관심을 기울였던 부분은 상담자 개인성숙 및 상담역량과 소진과의 관련성이었는데, 다른 변인군에 비해 큰 효과크기를 보였으며 특히 상담자 개인성숙 관련 개별변인 수가 14개로 다양하고 폭넓은 연구들이 이루어지고 있음을 알 수 있었다. (중략) 셋째, 개별변인군 중 완벽주의와 스트레스 대처방식의 경우 각각 속성이 다른 개별적인 하위요인으로 구성되어 있다는 점을 감안하여 전체 값을 사용하지 않고 하위 값을 사용하여 좀 더 세부적으로 살펴보았다.

(4) 한계점 및 제언

본 연구의 제한점과 함께 이를 바탕으로 후속연구에 대한 제언을 제시한다. 메타분석은 수집된 논문의 결과를 바탕으로 이루어지기 때문에 논문에 제시된 결과 값에 의존하는 경향이 크다. 다시 말해, 결과에 대한 효과크기의 순위를 확인할 수 있는 장점이 있으나 반대로 결과에 따른 의미와 내용에 대해 깊은 고찰을 할 수 없는 한계가 있다. 더불어 출판된 논문에 의존하기에 출간오류를 줄이기 위한 연구의 질 평가나 엄격한 논문수집 기준이 필요할 것이다.

본 연구가 갖는 제한점과 후속연구에 대한 제언은 다음과 같다. 첫째, 상담자 소진에 영향을 미치는 개인 요인에 대한 선행연구들을 본 연구의 분석에 모두 포함하지 못하였는데, 그 이유는 사례 수의 부족 때문이다. (중략) 둘째, 모든 변인군에서 효과크기의 이질성이 상당하다고 나타나 조절효과 분석을 통하여 각 변인군 효과크기 이질성의 원인을 탐색해 보고자 하였다. (중략) 셋째, 본 연구는 상담자 소진에 영향을 미치는 개인 요인을 다룬 선행연구들을 대상으로 메타분석을 실시하였다. (중략) 넷째, 2000년부터 2020년 4월까지 출간된 상담자 소진 관련 연구동향을 살펴보던 중, 양적 연구 못지않게 질적 연구(97편) 또한 활발히 이루어졌음을 확인하였다.

참고문헌

강선아, 김안나, 최보영(2020). 상담자 소진 메타 연구: 상담자 개인 요인 중심. **상담학연구**, 21(6), 1-27.

김동일, 조영희, 조은정, 임정은(2021). 장애학생을 위한 스마트 교육의 중재 효과: 단일대상 메타분석 활용. **학습장애연구**, 18(3), 21-50.

김혜리, 현명호, 하늘(2020). 외상 후 성장을 위한 치료적 개입 효과에 대한 메타분석. **한국심리학회지: 건강, 25**(2), 417-441.

황성동(2014). **알기 쉬운 메타분석의 이해**. 서울: 학지사.

Borenstein, M., Hedges, L. V., Higgins, J. P. T., & Rothstein, H. R. (2009). *Introduction to Meta-analysis*. London, UK: John Wiley & Sons.

Cohen, J. (1988). *Statistical Power Analysis for the Behavioral Sciences* (2nd ed.). Hillsdale, NY: Lawrence Earlbaum Associates.

Duval, S. J., & Tweedie, R. L. (2000). Trim and fill: A simple funnel-plot based method of testing and adjusting for publication bias in meta-analysis. *Biometrics*, *56*, 455-463.

Egger, M., Smith, D. W., & Altman, D. G.(2003). *Systematic Reviews in Health Care: Meta-analysis in Context* (2nd ed.). London, UK: BMJ Books.

Higgins, J. P. T., & Green, S. (2011). *Cochrane Handbook for Systematic Reviews of Interventions*. London, UK: John Wiley & Sons.

Littell, J., Corcoran, J., & Pillai, V. (2008). *Systematic Reviews and Meta-analysis*. New York, NY: Oxford University Press.

Moher, D., Liberati, A., Tetzlaff, J., Altman, D. G., & PRISMA Group. (2009). Preferred reporting items for systematic reviews and meta-analyses: The PRISMA statement. *Annals of Internal Medicine*, *151*(4), 264-269.

Rosenthal, R. (1979). The File drawer problem and tolerance for null results. *Psychological Bulletin*, *86*(3), 638-641.

Rosenthal, R., & Rubin, D. B. (1982). A simple, general purpose display of magnitude of experimental effect. *Journal of Educational Psychology, 74*(2), 166-169.

Wolf, F. M. (1986). *Meta-analysis: Quantitative Methods for Research Synthesis*. Thousand Oaks, CA: Sage.

부록

논문 작성 전 살펴보기

1. 인용 및 참고문헌

1) 인용

논문 작성 과정에서 표절을 피하기 위해 인용과 인용정보를 정확히 제시하며, 모든 인용에 대해 저자와 출전을 분명하게 밝혀야 하므로 인용과 관련한 규정을 살펴보고자 한다.

본문 중 문헌의 인용은 괄호 안에 제시하는 경우와 본문 속에 참조하는 것으로 나뉘며, 저자 수에 따라서, 그리고 인용문헌이 논문인 경우와 단행본인 경우에 따라서 인용방법을 달리한다.

(1) 저자가 1~2인인 경우

모든 인용에 저자 1~2인을 모두 기재한다.

- 괄호 안에 제시

  (김준성, 천성문, 2022), (Haville & Hellen, 2020)
- 본문 속에 참조

  김준성과 천성문(2021)은, Haville과 Hellen(2020)은

(2) 저자가 3인 이상인 경우

미국심리학회(APA)에서 발행한 『Publication Manual of the American Psychological Association (7th ed.)』을 참고하여 안내한다.

본문 인용의 저자 요소의 형식은 저자 수에 따라 변하고 어떤 경우에는 축약된다. 3인 또는 그 이상의 저자 저작물의 경우, 모호성을 초래하지만 않는다면 첫 번째 인용을 포함하여 모든 인용에서 첫 번째 저자명만 포함한다. 국문의 경우 '제1저자 외', 영문의 경우 '제1저자 et al.'로 표기한다.

표 1 국문에서 기본적인 본문 인용 양식

저자 유형	소괄호 인용	서술식 인용
1인 저자	(박은아, 2017)	박은아(2017)는
2인 저자	(정현구, 천성문, 2020)	정현구와 천성문(2020)은
3인 이상 저자	(박은아 외, 2018)	박은아 등(2018)은

표 2 영문에서 기본적인 본문 인용 양식

저자 유형	소괄호 인용	서술식 인용
1인 저자	(Luna, 2020)	Luna(2020)는
2인 저자	(Salas & D'Agostino, 2020)	Salas와 D'Agostino(2020)는
3인 이상 저자	(Martin et al., 2020)	Martin 등(2020)은

(3) 2개 이상의 다른 저술을 인용할 때

한국인 제1저자 이름의 가나다순, 외국인 제1저자 이름의 알파벳순으로 나열하며 각각의 사이에 '세미콜론(;)'을 표기한다.

(박정아, 2014; 천혜숙, 2007; Lindesley, Brass, & Thomas, 1995; Mitchell, Hopper, Daniels, George-Falvy, & James, 1994).

(4) 저자가 기관, 단체 등인 경우

약칭을 사용하는 기관이나 단체의 경우, 첫 번째 인용 시에 정식명칭과 약칭을 함께 기재하고, 그 이후는 약칭만 기재 가능하다. 참고문헌 작성 시에는 풀네임으로 작성한다.

- 괄호 안에 제시

  (American Psychological Association [APA], 2020), (한국도서관협회 [한도협], 2021)

- 본문 속에 참조

  According to the American Psychological Association(2020), 한국도서관협회(2020)의 통계에 의하면

(5) 재인용의 경우

원저의 저자명을 쓰고 괄호로 묶어 재인용된 연구의 저자명과 재인용 연구의 출판연도를 제시하여 재인용 출처를 밝힌다. 참고문헌에서는 재인용 문헌만 제시한다.

저자가 원저자(Baker)의 저작물을 읽어 보지 않은 상태에서 한상협(가명)의 논문에 인용된 것을 다시 인용하는 경우에는 참고문헌 목록에는 인용한 연구의 논문을 수록하고 본문에는 다음과 같이 인용한다.

- 본문 인용

  Baker(2018: 한상협, 2019, 재인용)는 희망을

- 참고문헌

  한상협(2019). 정서행동장애 학생의 문제행동에 대한 긍정적 행동지원 중재 방안모색. 한국대학교 대학원 석사학위논문.

2) 참고문헌

참고문헌은 연구자가 논문 작성 과정에서 어떤 자료를 이용하였는지에 관한 정보를 독자에게 제공하는 역할을 한다. 그리고 관련 자료를 적절하게 이용하였는가에 대해 독자들로부터 검증받는 역할을 하므로 자신이 인용한 연구자료를 독자들이 찾아볼 수 있도록 자세하고 정확하게 참고문헌을 작성해야 한다.

❖ 연구에 참고한 자료의 정보를 정확하게 제공하여야 한다.

❖ 논문에 인용된 자료는 반드시 참고문헌에 제시하여야 한다.

❖ 참고자료의 정보를 임의적으로 수정, 삭제, 생략할 수 없으며, 원래대로 제공하여야 한다.

(1) 참고문헌의 기본 작성방법

참고문헌 목록은 본문에 인용 또는 언급된 것으로 제한한다.

참고문헌은 국문서, 동양서, 서양서 순으로 적는다. 한국인 저자 이름의 가나다순, 외국인 저자 이름의 알파벳순으로 나열한다. 그리고 같은 저자에 의한 출판물은 연도순으로 나열한다. 일본어 또는 기타 외국어 저자명은 괄호 속에 영문 또는 한글 표기를 한다.

이동귀, 함경애, 배병훈(2016). 청소년 자해행동: 여중생의 자살적 자해와 비(非)자살적 자해. **한국심리학회지: 상담 및 심리치료, 28**(4), 1171-1192.

황성동(2014). **알기 쉬운 메타분석의 이해**. 서울: 학지사.

皆藤章(카이토우 아키라)(1964). **風景構成法その基礎と實踐**. 東京: 誠信書房.

Cohen, J. (1988). *Statistical Power Analysis for the Behavioral Sciences* (2nd ed.). Hillsdale, NY: Lawrence Earlbaum Associates.

Rosenthal, R. (1979). The File drawer problem and tolerance for null results. *Psychological Bulletin, 86*(3), 638-641.

(2) 국문 단행본, 정기간행물, 학위논문 작성방법

국문의 경우 단행본(단행본명), 정기간행물(간행물명과 권), 학위논문(논문제목)은 서체를 진하게 표기한다. 그리고 학회지에 실린 논문의 경우에는 맨 뒤에 페이지를 명기하며 이때 숫자만 표기한다. 예시를 제시하면 다음과 같다.

천성문, 이영순, 박명숙, 이동훈, 함경애(2021). **상담심리학의 이론과 실제**(제4판). 서울: 학지사.

강문선, 이영순(2019). 내현적 자기애와 사회불안의 관계에서 내면화된 수치심과 자기 비난의 매개효과. **교육치료연구**, **11**(1), 51-72.

박은아(2017). **유치원 교사를 위한 상담기술 훈련프로그램 개발과 효과**. 경성대학교 대학원 박사학위논문.

(3) 영문 단행본, 정기간행물, 학위논문 작성방법

단행본의 경우 단행본명과 권을 이탤릭체로 표기하고 매 단어마다 첫 글자(spell)를 대문자로 쓰며 저자(출판 연도), 제목(판), 출판도시: 출판사 이름순으로 표기한다.

정기간행물은 간행물명을 이탤릭체로 표기하고 모든 저자의 이름(출판 연도), 제목, 학술지명, 권(호), 시작 페이지–마지막 페이지 순으로 기재한다. 학술지에 논문이 출판 중에 있는 경우 출판 연도 대신 (in press)로 표기한다.

학위논문은 논문제목을 이탤릭체로 표기하고 논문 제목이나 서명은 첫 단어의 첫 번째 글자(spell)만 대문자로 한다.

McMillan, J. H. (2001). *Classroom Assessment: Principles and Practice for Effective Instruction* (2nd ed.). Boston, MA: Allyn and Bacon.

Diener, M. J., & Monroe, J. M. (2011). The relationship between adult attachment style and therapeutic alliance in individual psychotherapy: A meta-analytic review. *Psychotherapy: Theory, Research, Practice, Training. 48*(3), 237-248.

Hilferty, F. (2006). *Theorising teacher professionalism as an enacted discourse of power*. Ph.D. University of Pittsburgh.

(4) 번역서 제시방법

번역서일 경우 번역서를 제시하고 편저(Ed., Eds.)를 참고한 경우는 편저자와 함께 쪽수도 표기한다.

Rogers, C. R. (2007). **칼 로저스의 사람-중심 상담**[*A Way of Being*]. (오제은 역). 서울: 학지사. (원저는 1980년에 출판).

김성희(1992). 현실적 상담. 이형득 편저, **상담이론**(pp. 413-464). 서울: 교육과학사.

Rogers, N. (2001). Person-centered expressive arts therapy. In J. A. Rubin (Ed.), *Approaches to Art Therapy: Theory and Technique* (pp. 163-177). New York, NY: Routledge.

(5) 인터넷 자료 인용 시 저자, 논문명, 웹주소의 제시방법

인터넷 자료 인용 시 웹주소를 표기하여야 하며, 기사의 경우에 해당 일자를 함께 표기한다.

통계청(2010). 인구주택총조사. https://www.nso.go.kr

김병구, 최선남, 신영희(2006). 인터넷 중독 미술치료 개발연구. 인터넷 중독예방센터 연구보고서. https://www.kado.or.kr/iapc/default.asp

박지영(2010. 10. 9.). 서울 중산층 유아 사교육비 월평균 80만원 넘어. 경향신문, 2011년 12월 6일. http://news.khan.co.kr

나라일보(2000). 북한 배급체계 붕괴-암시장 판친다. 2000. 3. 24. http://www.naranews.com

(6) 학술대회 발표 논문집과 대학의 논문집의 제시방법

출판된 자료는 해당 페이지를 반드시 밝혀야 한다.

오제은(2009). 이마고 부부관계치료와 세계적 동향. **한국상담심리학회 학술대회자료집**(pp. 214-229). 서울: 한국심리학회.

김희숙, 이지영, 신혜린(2015). 대학생을 위한 좌절대처능력향상 프로그램개발. **서강상담연구, 8**, 21-45. 서강대학교 학생생활상담연구소.

(7) 일간지 및 주간지의 기사와 칼럼의 제시방법

기사와 칼럼의 경우, 기자명이 있는 경우와 없는 경우에 유의하여 정확하게 표기하여야 한다.

- 기자명이 있는 경우(본문)

(박지영, 2010), (Schwartz, 1993)

- 기자명이 있는 경우(참고문헌)

박지영(2010. 10. 9.). 서울 중산층 유아 사교육비 월평균 80만원 넘어. **경향신문**, pp. 12, 18-19.

Schwartz, J. (1993, September 30). Obesity affects economic, social status. *The Washington Post,* pp. A1, A4.

- 기자명이 없는 경우(본문)

동아일보(2001)

- 기자명이 없는 경우(참고문헌)

동아일보(2001. 9. 23.). 사이버 대학 1학기 수강생 10명 중 8명 꼴 재등록. 19면.

표 3 참고문헌 작성 시 사용하는 기호

내용	사용기호
edition	ed.
revised edition	rev. ed.
second edition	2nd ed.
Editor	Ed.
Editors	Eds.

2. 온라인 설문조사

인터넷 기술의 발달과 보급의 확산으로 온라인으로 설문조사를 시작하면서 웹을 기반으로 한 다양한 설문조사의 형태가 등장하고 있다. '구글 Forms'나 '네이버 폼'과 같은 특정 웹사이트가 대표적이다.

1) 온라인 설문조사의 장단점

온라인 설문조사의 경우 기존의 설문조사 방식에 비해 비용이 적게 들고 편리하며 조사기간이 오래 걸리지 않은 장점이 있다. 그리고 사용자로서도 원하는 시간에 설문을 진행할 수 있으며 물리적인 인터뷰어가 없기 때문에 이로 인해 발생할 수 있는 오차를 줄일 수 있는 장점을 가지고 있다. 하지만 온라인 설문조사의 경우 응답률이 기존 방식에 비해 떨어진다는 단점은 여전히 존재하고 있어 응답률이나 응답품질을 높이는 디자인을 위한 다양한 연구가 꾸준히 진행되고 있다. 연구자들은 응답률이나 응답품질을 높이기 위해 인센티브를 주거나 여러 번 알림을 주는 등의 온라인 설문조사 내부 방식 등을 고려하고 있다.

2) 온라인 설문조사를 위한 설계

설문을 배포한 후 응답이 시작되면 문항 수정이 어려우므로 설문조사를 하기 전 어떻게 설문을 구성할 것인가를 디자인해야 한다. 먼저 온라인 설문을 설계할 때 실수하기 쉬운 점을 살펴보고 활용할 수 있는 팁을 제공하고자 한다.

(1) 가장 간결한 방식 선택

온라인 설문조사는 초등학교 5, 6학년이면 이해할 수 있는 가장 쉬운 단어로 써야 한다. 문항을 읽는데 모르는 단어나 용어가 있으면 설문에 대한 집중도가 떨어져 성실한 답변을 받기 어려워진다. 때로는 모르는 단어나 용어를 찾기 위해 검색창을 열게 되는데 그럴 경우 다시 설문으로 돌아오기 힘든 상황이 많아 이 또한 응답률을 떨어뜨리게 되는 원인이 될 수 있다. 그러므로 설문조사에 사용하는 모든 표현은 쉽게, 문항은 최소한의 수만 구성하는 것이 설문에 효과적이다.

특히 전문 용어 사용은 응답자에게 부담감을 줄 수 있고 잘못 이해하고 있을 경우 응답의 신뢰도를 떨어뜨릴 수 있다. 부득이하게 전문 용어를 사용해야 할 경우 사전 안내에 충분한 설명을 제시할 필요가 있다.

(2) 선택이 명확한 보기문항 제시

선택은 언제나 어려운 문제이다. 선택의 상황에서 문항이 모호할 경우 응답자들은 갈등을 겪게 되고, 이러한 상황이 반복될 경우 소위 말하는 기둥 세우기나 찍기를 하여 조사의 신뢰도를 떨어뜨릴 수 있다.

당신은 일주일에 몇 번 정도 운동을 합니까?

① 할 때도 있고 안 할 때도 있다. ② 한두 번 한다.

③ 가끔 한다. ④ 많이 한다.

이 문항에 대해 일주일에 하루나 이틀 정도 운동을 하는 응답자의 경우 생각하기에 따라 ①이라고 할 수도 있고 ② 또는 ③이라고도 할 수 있다. 그러므로 모호하지 않게 확실히 구분할 수 있는 상호 배타적인 보기문항을 제시해야 한다. 이를 수정해 본다면 다음과 같이 문항을 제시할 수 있다.

당신은 일주일에 30분 이상 하는 운동을 며칠 합니까?

① 거의 하지 않는다. ② 하루 이상, 3일 미만

③ 3일 이상 6일 미만 ④ 거의 매일 한다.

(3) 한 문항에 한 가지 질문

좋은 질문이 좋은 답을 도출한다.

A. 다음은 집단상담 참여 경험에 관한 질문입니다.

- 집단상담에 참여하면서 어떤 경험을 했나요?

질문이 적절하지 않으면 답을 받고도 해석을 할 수 없는 상황이 되기도 하고 여러 질문을 동시에 하면 질문에 대해 쉽게 응답할 수 있는 답변만 제시하여 데이터에 대한 유효성과 신뢰성에 손상이 생길 수 있다. 이를 수정해 본다면 다음과 같이 문항을 제시할 수 있다.

B. 다음은 집단상담 참여 경험에 관한 질문입니다.

- 집단을 참여하면서 본인이 경험한 것 중 도움을 받았던 부분과 어려움을 느낀 부분에 대해 각각 두 가지씩 구체적으로 적어 주시기 바랍니다.

  –도움을 받았던 부분:

  –어려움을 느낀 부분:

(4) 중립적인 단어의 사용

어떤 단어를 선택하느냐에 따라 응답 결과가 달라질 수 있다. 설문 문항이 답을 특정 방향으로 유도하는 듯한 느낌을 주고 있지는 않은지 주의해서 살펴야 한다. 그리고 개인의 자존심이나 감정을 자극하는 질문은 피해야 한다. 특히 우리 사회가 다문화 사회가 되어 가고 있는 만큼 문화 차별적이거나 인종 차별적인 내용이 담기지는 않았는지 신중하게 점검해야 한다.

소득을 묻는 질문입니다.

1. 월급 200만 원 이하
2. 월급 200만 원 이상 300만 원 이하
3. 월급 300만 원 이상 400만 원 이하

4. 월급 400만 원 이상 500만 원 이하
5. 월급 500만 원 이상

이상, 이하는 값을 포함하기 때문에 월급 300만 원인 응답자는 2번과 3번을 모두 응답할 수 있다. 또 월급을 받지 않는 자영업자인 경우 응답을 망설일 수 있기 때문에 이를 포괄할 수 있도록 '월 소득'으로 표현을 바꾸고 '기타' 보기를 추가하는 것이 좋다.

1. 월 소득 200만 원 미만
2. 월 소득 200만 원 이상 300만 원 미만
3. 월 소득 300만 원 이상 400만 원 미만
4. 월 소득 400만 원 이상 500만 원 미만
5. 월 소득 500만 원 이상
6. 기타

(5) 초두 효과 줄이기

보기를 어떻게 제시하는지에 따라 설문 응답이 달라질 수 있다. 보기를 읽는 순서가 응답자 반응에 영향을 미칠 수 있기 때문에 보기 순서를 무작위로 섞는 것을 고려해야 한다. 통상 온라인 설문조사에서는 처음에 제시된 보기를 선택할 가능성이 높고, 전화 설문조사에서는 목록에서 가장 마지막에 들리는 항목(후속 효과)을 선택할 가능성이 있다. 필요하다면 응답자 그룹을 2개로 나누어서 보기 순서를 변경해서 다른 설문을 제시할 수 있다. 이때 주의해야 하는 점은 척도형 질문에서는 보기를 순서대로 제시할 때 이해가 더 쉽고 연속해서 선택할 수 있기 때문에 보기 순서는 임의로 섞지 않고 순서대로 제시해야 한다.

❖ 보기 순서를 섞을 때의 세 가지 주의사항

- 척도형 질문에서는 순서를 섞지 않고 규칙대로 유지한다.
- 척도형 질문에서는 긍정적인 선택지와 부정적인 선택지를 동일한 개수로 제시한다.
- 척도형 질문에서는 중립적인 선택지(예: 보통, 잘 모르겠다 등)도 함께 제시해야 한다.

(6) 온라인 설문 테스트

설문은 책과 닮아서 출판하고 나면 수정이 어렵다. 이미 설문에 응답을 마친 응답자에게 설문에 실수가 있었다고 양해를 구하고 다시 설문에 응답해 달라고 요청한다는 것은 리서치 신뢰도에 큰 손상을 미칠 수 있다. 그러므로 다음과 같이 프로토타입 테스트 과정을 거치는 것이 중요하다.

❖ 온라인 설문을 테스트하는 세 가지 방법

- 설문조사 질문을 소리 내서 읽어 보고 자연스럽게 고치기
- 설문조사 질문 순서를 유사한 주제끼리 그룹으로 묶고 재배치하기
- 디자인팀이나 협력하는 조직 대상으로 먼저 설문을 배포하고 피드백 받기

그리고 온라인 설문조사는 설문 참여자 대상으로 사례금을 지급하는 경우가 있다. 그러므로 개인정보를 수집할 때 설문 배포 전 반드시 개인정보 수집 및 활용 동의에 대한 법무 검토를 받아야 한다. 그리고 사례금 지급을 마친 후에는 수집한 개인정보를 바로 파기해야 하며 필수 동의 항목과 선택 동의 항목을 구분해서 나중에 활용하기 위한 목적으로 개인정보를 수집하지 않도록 주의를 기울여야 한다.

3) 온라인 설문조사의 실제

요즘에는 설문조사가 온라인으로 이루어지는 경우가 많은데 구글과 네이버가 대표적이다. 이런 웹 서비스에서는 이미 만들어진 템플릿이 있어 자신의 연구에 맞게 선택하여 설문지를 만들 수도 있고 변경하거나 새롭게 만들 수도 있다.

(1) 구글에서 설문지 만들기

구글에서는 설문지 만들기가 가능한 템플릿을 따로 제공해 주고 있어 '템플릿 갤러리'를 눌러 들어가면 된다.

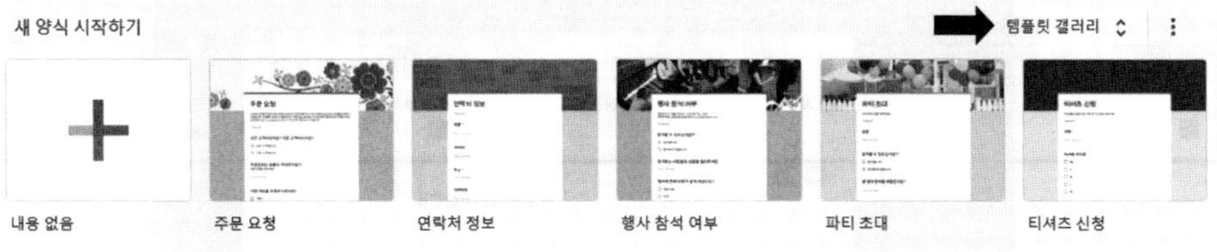

첫 번째로, 아이디 및 비밀번호를 입력해 로그인한 후 오른쪽 상단 메뉴란에서 '설문지' 아이콘을 클릭한다.

여섯 번째로, 결과 파일을 복사하여 엑셀로 옮길 수 있고, '파일'에서 '다운로드'로 들어가 'Microsoft Excel' 엑셀 파일로 저장할 수 있다.

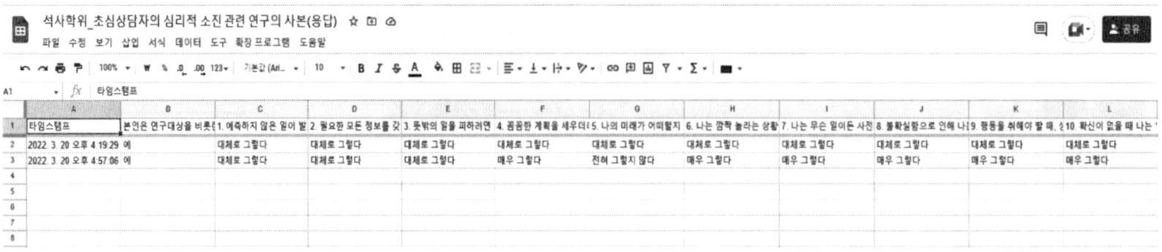

(2) 네이버에서 설문지 만들기

네이버에서는 오피스에 들어가면 폼 탭을 선택하여 이용할 수가 있다.

첫 번째로, 아이디 및 비밀번호를 입력해 로그인한 후 오른쪽 상단 메뉴란에서 블로그 위쪽 우측화살표(>)를 누르면 옆으로 이동된다. '오피스'가 보이면 클릭 후 새 문서 만들기를 클릭한다.

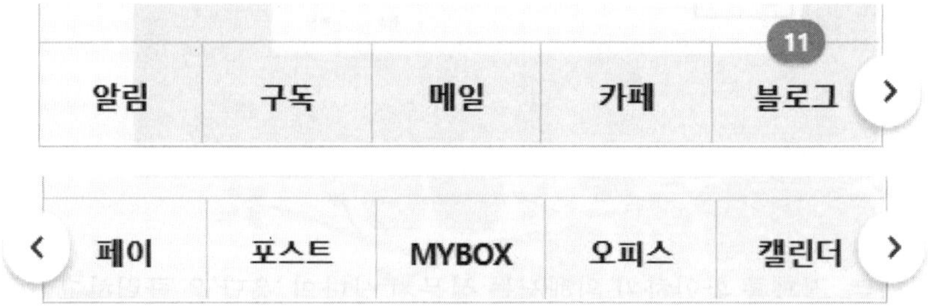

두 번째로, 폼 클릭 후 주제별로 만들어진 예시 템플릿 중 하나를 선택하거나 새로 만들기를 한다.

세 번째로, 폼을 클릭하면 가이드 화면이 나오므로 읽어 본 후 닫기를 하면 샘플 몇 개와 생성화면이 나타난다. 응답기간을 설정하고 제시된 내용에 따라 자신의 설문을 입력하면 된다. 항목 제목 부분은 꼭 써 주어야 하며 설명하기에는 부가적인 설명이나 예시를 넣어 준다. 주관식 단답형을 클릭하면 펼침 메뉴가 나오므로 질문 유형을 선택하면 된다. 항목을 추가하며 설문을 작성하면 된다.

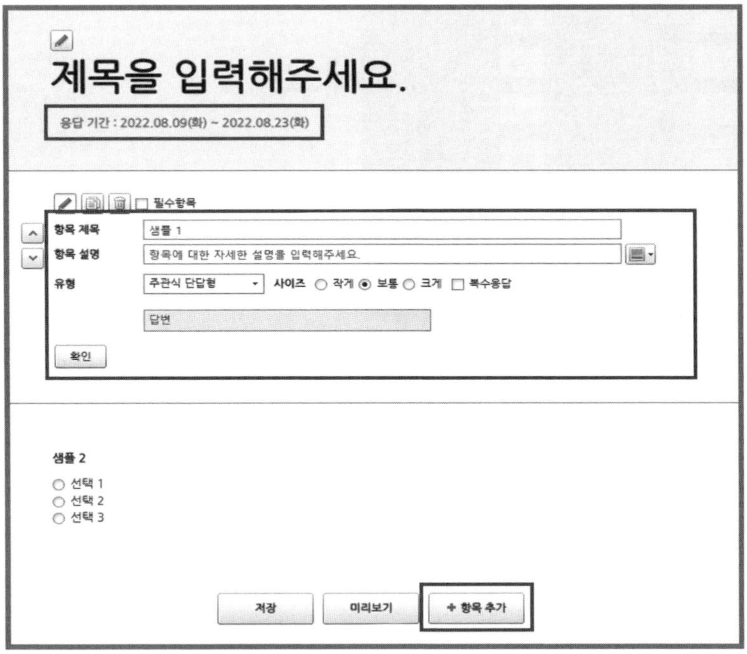

선택형일 경우 어떤 답변을 했느냐에 따라 이동되는 페이지를 임의로 정할 수 있다. 하단의 클릭하면 추가를 누르면 답변 개수를 추가할 수 있다.

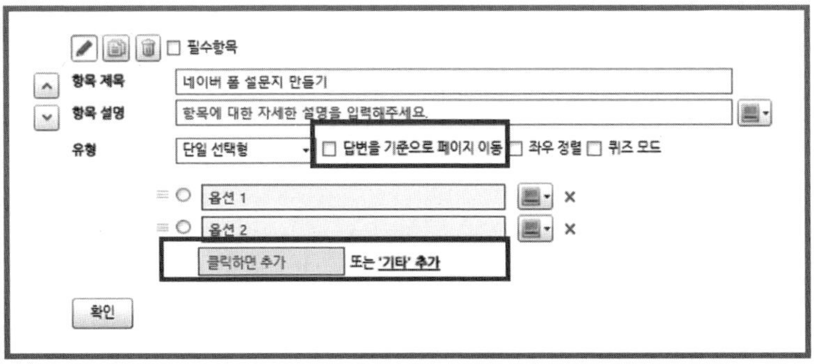

유형을 선택해서 추가하고 싶다면 상단 좌측의 저장 옆 항목 추가를 클릭하면 다양한 유형을 확인할 수 있다.

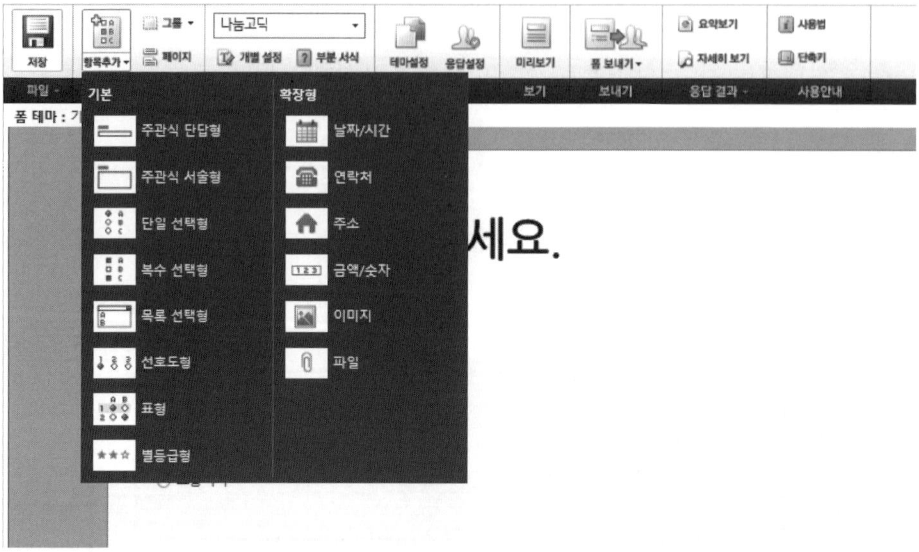

네 번째로, 설문지를 공유하기 위해서는 상단 폼 보내기를 눌러 주소를 복사하거나 메일로 보내면 된다. 웹페이지 자체에 삽입하기 위해서는 내용을 복사할 수 있다.

(3) 설문조사를 위한 웹

최근에는 온라인 설문조사가 면대면 설문조사보다도 간편하고 빠르게 조사가 완료될 수 있다는 점에서도 많이 사용된다. 더하여 설문조사 후 엑셀 자료로 데이터를 바로 받을 수 있다는 점에서 연구자들이 많이 선호하는 추세이다.

온라인 설문조사 업체는 많이 있으므로 본인의 연구에 필요한 인력풀을 갖추고 있는 업체 선정에 주의를 집중할 필요가 있겠다. 예시로 업체 몇 곳의 사이트를 안내하므로 직접 자신의 연구에 적합한 설문이 가능한가를 확인해 보는 것도 좋은 방법이라 생각된다.

① 서베이빌리(http://www.surveybilly.com)

IT기반 모바일/온오프라인 리서치 서비스를 '고객 맞춤형'으로 '신속'하고 '쉽게' 그리고 '경제적'으로 제공해 준다.

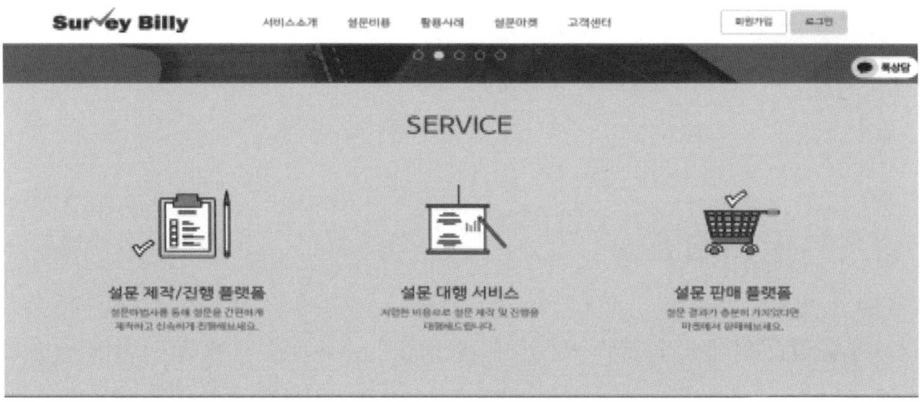

② 나우앤서베이(https://www.nownnow.com/now2019/index.php)

누구나 언제 어디서나 온라인 설문을 손쉽게 작성 및 배포하여 실시간으로 조사 결과를 확인하고 분석할 수 있는 오픈 서베이 플랫폼이다.

③ 두잇서베이(http://www.dooit.co.kr/page/dooit07)

세계 최초 위치 기반 설문조사 업체이다.

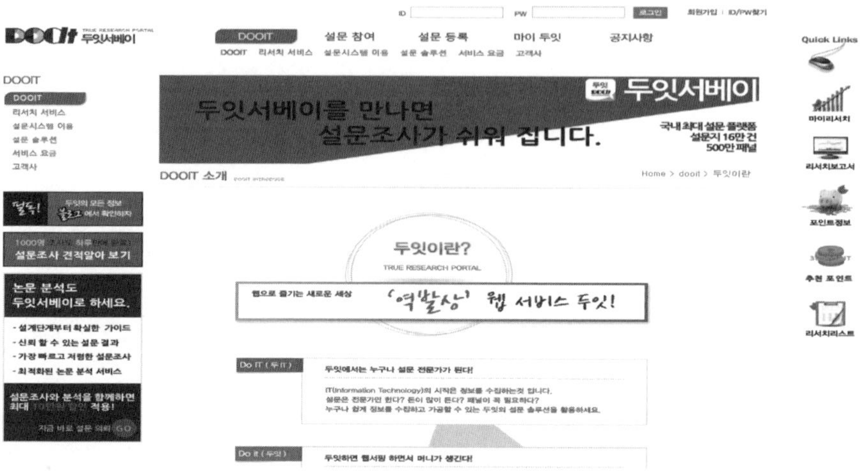

3. 연구윤리 Q & A

연구윤리란 연구자가 연구수행의 전 과정에서 알고 실천해야 할 가치나 규범으로서 연구를 신청하고, 수행하며, 결과를 보고하는 과정에서 지켜야 할 원칙이나 행동양식을 의미한다.

연구윤리는 윤리로서 연구자에게 강제성을 부여해 왔지만 최근에는 저작권법, 인권 침해, 명예 훼손 등 관련 법률 조항의 적용으로 법적 처벌이 가능해짐에 따라 그 엄격성이 더해지고 있다. 사회과학은 인간의 행위와 관련된 내용을 연구하므로 인간이 연구대상인 경우가 많으며, 또한 인간이 연구를 위한 도구가 되기도 한다. 이에 사회·문화 현상의 연구과정에서 연구대상자가 되는 인간의 권리는 침해되지 않는 것이 중요하다. 따라서 사회과학자들은 연구대상자들에게 연구 시행과 관련된 허락을 받아야 하며 그들의 이익을 보호해야 할 책임이 있다.

연구를 하는 목적은 인류의 삶을 보다 편리하고 풍요롭게 하여 삶의 질을 개선하기 위한 것이므로 뚜렷한 사명을 지니고 연구에 임하는 자세가 무엇보다 중요하다. 이처럼 연구윤리가 중요한 사항으로 인식되어 교육부에서도 연구자 및 대학 등의 연구윤리를 확립하고, 연구 부정행위에 대한 종류와 대학의 책무를 보다 명확히 하고자 「학술진흥법」을 개정(2020. 12. 22.)하였다.

연구자들의 윤리 조항

- 연구대상자 개인의 사생활이나 민감한 부분들에 대한 권리를 보호해야 한다.
- 연구결과 또는 과정을 연구자의 의도대로 조작·은폐해서는 안 된다. 자신이 예상하는 연구결과가 나오지 못한 경우에도 그 사실을 그대로 시인하고 연구결과로 보고해야 한다.
- 다른 연구자의 연구 관련 저작물을 자신의 저작인 것처럼 가져다 쓰는 표절행위는 강력하게 규제되고 있다.

이 모든 윤리 조항은 불법행위나 테러행위 등 고려해야 할 더 중요한 이유가 없다면 반드시 지켜져야 한다.

이 장에서는 연구 부정행위에 해당하는 내용에 대해 간략하게 제시하고 구체적인 연구윤리에 대한 내용을 확인해 볼 수 있는 자료집과 사이트를 안내하고자 한다.

1) 꼭 알아야 할 연구 부정행위

연구 부정행위란 연구 진실성을 직접적으로 저해하는 위조 · 변조 · 표절, 부당한 저자 표기, 부당한 중복게재, 부정행위 조사를 방해하거나 제보자에게 위해를 가하는 행위, 각 학문 분야에서 통상적으로 용인되는 범위를 심각하게 벗어난 행위 등을 말한다(한국연구재단, 2019).

표 4 연구 부정행위 예방을 위한 바람직한 연구수행 예시

관련 연구 부정행위	바람직한 연구수행
위조/변조	• 올바른 데이터 처리 –데이터의 처리, 선정, 보관, 분석의 원칙 준수 –데이터 공유 • 바른 이미지 처리 원칙 • 논문철회와 위/변조 • 연구데이터의 기록과 보관: 연구노트

표절/부당한 중복게재 (자기표절)	• 올바른 인용법 • 유사도 검사의 개념과 실제 • 표절과 중복게재의 예외
부당한 저자 표시	• 저자 자격과 지적재산권 등과 관련한 공정한 기여도
기타 연구 부정행위	
• 연구 부정행위에 대한 조사방해 행위 • 기타 각 학문 분야에서 통상적으로 용인되는 범위를 심각하게 벗어나는 행위 • 출판과 관련된 사항: 완성되지 않은 연구결과의 발표, 연구가 종결되지 않은 상태에서의 선부른 결론, 연구의 일부만 잘라서 보고하는 등의 행위	

출처: 한국연구재단(2019).

2) 연구 부정행위의 범위

위조란 존재하지 않는 자료나 연구결과를 만들어 내고 이를 기록하거나 보고하는 행위를 의미한다.

변조란 연구자료, 장비 또는 과정을 조작하거나 자료나 연구결과를 변경하거나 생략하여 연구 기록이 진실에 부합하지 않게 하는 행위를 의미한다.

표절이란 정당한 권한 없이 타인의 아이디어, 과정, 결과 또는 기록을 도용하는 행위를 의미한다.

부당한 저자 표시란 연구의 과정과 결과에 함께 참여하지 않은 사람은 공저자로 포함하는 행위로, 연구내용 또는 결과에 대한 지적 공헌 또는 기여가 없음에도 저자 자격을 부여하는 경우를 의미한다.

부당한 중복게재란 저자가 다른 학술지에 투고하여 심사 중인 논문과 동일한 내용을 담은 논문을 이중으로 투고하거나 하나의 연구논문을 2개 이상의 소논문으로 나누어 발표하는 행위를 말한다.

연구 부정행위에 대한 조사방해 행위는 본인 또는 타인의 부정행위에 대한 조사를 고의로 방해하거나 제보자에게 위해를 가하는 행위를 말한다.

3) 연구 부정행위 자가 체크리스트

연구자는 다음의 자가 체크리스트를 통해 자신의 연구가 연구 진실성을 전제로 하는지 확인해 볼 필요가 있다. 연구 진실성은 연구의 전 과정(제안, 계획, 수행, 보고, 검토, 확산 등)에서 연구의 핵심 가치인 객관성, 정직성, 개방성, 공정성, 책무성, 관리 등을 지켜 나가는 것을 의미한다.

연구 부정행위 자가 체크리스트를 통해 자신이 연구에 대해 가지고 있는 진실성은 어느 정도인가 확인해 보는 것을 권해 본다.

표 5 연구 부정행위 자가 체크리스트

구분	세부	내용	예	아니요
위조	(1)	연구수행 전 과정에서 존재하지 않는 데이터 또는 결과 등을 거짓으로 만들거나 기록한 사실이 없는가?		
변조	(1)	연구수행 과정에서 데이터 또는 결과 등을 임의적으로 사실과 다르게 변형, 삭제, 왜곡하여 기록한 사실이 없는가?		
표절	(1)	이미 발표된 타인의 독창적인 아이디어나 연구 성과물을 활용하면서 출처를 정확하게 표기하였는가?		
	(2)	일반적 지식이 아닌 타인의 독창적인 개념, 용어, 문장, 표현, 그림, 표, 사진, 영상 데이터 등을 활용하면서 출처를 정확하게 표기하였는가?		
	(3)	타인의 연구 성과물을 그대로 쓰지 않고 풀어쓰기(paraphrasing) 또는 요약(summarizing)을 하면서 출처를 정확하게 표기하였는가?		
	(4)	외국어 논문이나 저서를 번역하여 활용하면서 출처를 정확하게 표기하였는가?		
	(5)	2차 문헌을 활용하면서 재인용 표기를 하지 않고 직접 원문을 본 것처럼 1차 문헌에 대해서만 출처를 표기한 적이 없는가?		
	(6)	출처 표기를 제대로 했으나, 인용된 양 또는 질이 해당 학문 분야에서 인정하는 범위 이내라고 확신할 수 있는가?		
	(7)	타인의 저작물을 여러 번 인용한 경우 모든 인용 부분에 대해 정확하게 출처를 표기하였는가?		

	(8)	타인의 저작물을 직접 인용할 경우, 적절한 인용 표기를 했는가?		
부당한 저자표기	(1)	연구에 지적 기여를 한 연구자에게 저자의 자격을 부여하였는가?		
	(2)	연구에 지적 기여를 하지 않은 연구자에게는 저자의 자격을 제외하였는가?		
	(3)	저자들의 표기 순서와 연구 기여도가 일치하는가?		
부당한 중복게재	(1)	자신의 이전 저작물을 활용하면서 적절한 출처 표기를 하였는가?		
	(2)	자신의 이전 저작물을 여러 번 활용하면서 모든 인용 부분에 대해 정확하게 출처 표기를 하였는가?		
	(3)	자신의 이전 저작물을 활용하면서 출처 표기를 제대로 했으나 인용된 양 또는 질이 해당 학문 분야에서 인정하는 범위 이내라고 확신할 수 있는가?		
연구 부정행위 조사방해	(1)	본인 또는 타인에 대한 연구 부정행위 조사를 고의로 방해하는 일이 없었는가?		
	(2)	제보자 또는 피조사자에게 위해를 가하는 일이 없었는가?		

주: 모든 질문항목에 대한 대답이 '예'가 되어야 한다.
출처: 한국연구재단(2019).

- ❖ 한국연구재단(2019). 신진연구자를 위한 가이드북연구윤리 첫걸음.
- ❖ 한국연구재단 및 사단법인 대학연구윤리협의회 홈페이지(http://kucre.or.kr) 내 자료실에서 다운로드.
- ❖ 연구윤리정보센터(2021). CRE 연구윤리 질의 응답집(http://www.cre.or.kr).
- ❖ 국가연구개발 연구윤리 길잡이(2022).
- ❖ 한국상담심리학회 홈페이지 카드뉴스 43. 학술윤리위원회×홍보위원회 협업편_[연구윤리 확보를 위한 지침].

참고문헌

김아영, 차정은, 이채희,주지은, 임은영(2016). 혼자 쓰는 연구 논문. 서울: 학지사.

리나쑤(2021. 3. 9.). 네이버 폼 신청서 만들기 낱낱이 파헤치기. https://blog.naver.com/linayoo85/222269355227

통계맨토(2019. 3. 26.). 논문통계분석의뢰-무료 온라인 설문조사 하는 방법은. https://blog.naver.com/spss1122/221497887788

한국교원대학교 교육연구원 교수학습센터(2021). 논문 작성 및 연구 윤리 KNUE 지침서.

한국연구재단(2019). 신진연구자를 위한 가이드북연구윤리 첫걸음.

American Psychological Association. (2022). APA 논문작성법(제7판)[*Publication Manual of the American Psychological Association* (7th ed.)]. 강진령 역. 서울: 학지사. (원저는 2020년에 출판).

저자 소개

천성문(Cheon, Seong-moon)

현 부경대학교 평생교육상담학과 교수

전 미국 스탠퍼드 대학교 연구 및 방문 교수

서울대학교 초빙객원교수

(사) 한국상담학회 학회장

〈저서〉

상담심리학의 이론과 실제(4판, 공저, 학지사, 2021)

학교집단상담의 실제(2판, 공저, 학지사, 2013) 외 다수

〈자격증〉

상담심리사 1급, 전문상담사 1급, 정신보건임상심리사 외

함경애(Ham, Kyong-ae)

현 성균관대학교 교육대학원 초빙교수

연세대학교 심리과학이노베이션 전문연구원

한국상담심리학회 학술윤리위원장

전 경성대학교 · 신라대학교 대학원 겸임교수

〈저서〉

상담심리학의 이론과 실제(4판, 공저, 학지사, 2021)

청소년 자살행동 치료프로그램 매뉴얼(공저, 학지사, 2015) 외 다수

〈자격증〉

상담심리사 1급, 전문상담사 1급, 청소년상담사 1급 외

박은아(Park, Eun-a)

현 데이브레이크 대학교 교수

부경대학교 대학원 겸임교수

성균관대학교 외상심리건강 연구소 연구원

전 경성대학교 대학원 겸임교수

〈저서〉
집단상담 프로그램의 실제(공저, 학지사, 2022)
상담이론에 기초한 집단상담의 실제(공저, 학지사, 2021) 외 다수

〈자격증〉
전문상담사 1급, 전문상담교사 1급 외

김준성(Kim, Jun-seong)
현 경성대학교 대학혁신지원사업단 전임연구원
전 경성대학교 교수학습센터 전임연구원
부산남구청소년상담복지센터 상담원
부경대학교 학생상담센터 인턴상담원

〈저서〉
집단상담 프로그램의 실제(공저, 학지사, 2022)
상담이론에 기초한 집단상담의 실제(공저, 학지사, 2021)

〈자격증〉
청소년상담사 2급, 청소년지도사 2급, 사회복지사 2급 외

강문선(Kang, Moon-sun)
현 한일장신대학교 심리상담학과 교수
전주교육대학교 대학원 · 우석대학교 강사
전 전북대학교 심리학과 강사
전주교육지원청 전주Wee센터 임상심리사

〈자격증〉
임상심리전문가, 정신보건임상심리사 2급, 상담심리사 2급 외

상담심리 연구방법의 실제
Counseling Psychology Research Methods

2022년 9월 20일 1판 1쇄 인쇄
2022년 9월 30일 1판 1쇄 발행

지은이 • 천성문 · 함경애 · 박은아 · 김준성 · 강문선

펴낸이 • 김진환
펴낸곳 • (주)학지사
04031 서울특별시 마포구 양화로 15길 20 마인드월드빌딩
대표전화 • 02-330-5114 팩스 • 02-324-2345
등록번호 • 제313-2006-000265호

홈페이지 • http://www.hakjisa.co.kr
페이스북 • https://www.facebook.com/hakjisabook

ISBN 978-89-997-2749-8 93180

정가 17,000원